노사분규 **안 생기는** 경영지침서

노사상생을 위한

# 평가인증 시스템

# 노사상생을 위한 평가인증 시스템

**초판 1쇄 발행** 2015년 12월 1일

**지 은 이**  최승오
**발 행 인**  권선복
**편집주간**  김정웅
**디 자 인**  이현자
**마 케 팅**  정희철
**전 자 책**  신미경
**발 행 처**  행복한에너지
**출판등록**  제315-2011-000035호
**주    소**  (157-010) 서울특별시 강서구 화곡로 232
**전    화**  0505-613-6133
**팩    스**  0303-0799-1560
**홈페이지**  www.happybook.or.kr
**이 메 일**  ksbdata@daum.net

값 25,000원
ISBN  979-11-86673-25-6  93330

Copyright ⓒ 최승오, 2015

행복한에너지는 독자 여러분의 아이디어와 원고 투고를 기다립니다. 책으로 만들기를 원하는 콘텐츠가 있으신 분은 이메일이나 홈페이지를 통해 간단한 기획서와 기획의도, 연락처 등을 보내주십시오. 행복에너지의 문은 언제나 활짝 열려 있습니다.

노사분규 **안 생기는** 경영지침서

# 노사상생을 위한

# 평가인증
# 시스템

공인노무사/경영지도사 **최 승 오**

행복한에너지

| 서 문 |

　우리나라의 경제발전은 현장에서 일하는 근로자들의 근면과 희생이 초석이었음을 부인할 수 없습니다.

　오늘날 2만 불 시대를 넘어 3만 불 시대를 바라보면서 새로운 노사관계시대를 열어 나가지 않으면 선진국 대열에서 낙오가 되는 것은 자명합니다.

　따라서 새로운 노사관계시대는 다름이 아닌 노사상생시대가 대안이라고 말씀드리고 싶습니다.

　노사상생이라는 구호는 지금까지 고용노동부로부터 권장 정책으로 오랜 기간 시도를 하였다고 보입니다만 실질적으로는 파급효과가 미흡한 실정임은 여러 가지 사례를 보아도 알 수 있습니다.

　세상의 이치가 그러하듯이 타율적으로 강요를 받았을 때의 효과보다는 자율적인 참여의 효과가 극대화된다는 경험을 누구나 하였습니다.

　필자는 노사상생관계와 노사협력관계를 자율적인 방법으로 정착시키는 시스템을 제안하고자 본 교재를 편집하게 되었습니다.

　편집에 앞서 저에게 이러한 계획을 세워주신 하나님께 제일 먼저 감사를 드립니다. 또한 오늘날까지 인사노무관리 전문가로 활동을 하게 하고 경험을 할 수 있도록 환경을 만들어 주신 주님께 감사를 드립니다.

　노사상생관계를 형성하게 되면 사용자와 근로자는 물론 국가와 사회의 안전망이 형성되어 국가경제발전은 계속될 것이며, 국가신뢰도는 높아지고 기업의 신뢰도와 평판에 의한 기업이미지 역시 높아져서 충성고객의 확충에도 일조를 할 것입니다.

이러함에도 불구하고 노사상생제도가 정착되지 못한 이유는 경제성장, 기업성장이라는 일관된 목표 아래 다른 부수적인 목표들은 중요시되지 않은 면도 있었고, 우리나라의 오랜 관습인 유교사상의 가부장적인 의식이 사라지지 않았던 이유도 한몫을 담당했었다고 봅니다.

하지만 이제는 바뀌었습니다. 생각들이, 행동이, 공생하지 않으면 지속적인 성장은 불가능하다는 진리를 깨달은 것입니다.

본 교재가 노사상생의 기반을 다지는 디딤돌이 되었으면 합니다.

특히 정부에서는 노동개혁을 우선순위에 두고 노사정위원회가 중심이 되어 개혁의 물꼬를 터주어 개혁의 성과가 나타나도록 노력을 하고 있습니다.

좋은 성과를 이룩하기 위해서는 터진 물꼬만을 가지고는 어렵습니다. 이를 시발점으로 하여 모든 기업체가 자발적인 참여와 지속적인 노력을 하지 않으면 일과성에 머무는 정도에서 만족하게 됩니다.

따라서 본 교재는 모든 기업체의 CEO와 근로자, 노동조합 등 관련 부문의 모두가 상생을 할 수 있는 기틀을 마련하고 이를 지속적으로 유지 관리할 수 있는 시스템을 제시하고자 합니다.

끝으로 본 교재가 출판이 될 수 있도록 힘써주신 출판사 사장님과 노사상생관계우수기업인증사업 추진을 결정하여 주신 (사)노사공포럼 수석공동대표 유용태 전 고용노동부장관님, 노측대표 박인상 공동대표님, 사측대표 심갑보 공동대표님, 원로교수대표 신홍 공동대표님과 노준석 운영위원장님께 감사를 드립니다.

시스템 컨설팅자문단 출범에 힘써주고 조언을 아끼지 않은 후배노무사들께도 감사를 드리며, 언제나 변함없이 기도를 해 주는 사랑하는 집사람에게도 감사를 드립니다.

최 승 오

# 추 천 서

제목 : 노사상생관계우수기업 인증제도 추천의 건

    노사상생관계는 정부, 기업, 노동조합, 근로자 모두가 염원하는 제도로서 노사 및 관계자들이 정부의 강요나 권고 없이도 자율적으로 상생할 수 있는 제도(시스템)를 민간주도로 도입함으로써 많은 기업에서 거부감 없이 노사상생관계가 조속히 정착되는 동기부여가 될 것이 판단되어 이를 추천합니다.

2015. 7. .

노사정위원회 상임위원  최 영 기  (인)

# 추 천 서

제목 : 노사상생관계우수기업 인증제도 추천의 건

    노사상생관계는 정부, 기업, 노동조합, 근로자 모두가 염원하는 제도로서 노사 및 관계자들이 정부의 강요나 권고 없이도 자율적으로 상생할 수 있는 제도(시스템)를 민간주도로 도입함으로써 많은 기업에서 거부감 없이 노사상생관계가 조속히 정착되는 동기부여가 될 것이 판단되어 이를 추천합니다.

2015.  7.  7.

한국노총 국민연합 위원장  정 연 수  (인)

한국노사관계인증원

# 추 천 서

제목 : 노사상생관계우수기업 인증제도 추천의 건


　　노사상생관계는 정부, 기업, 노동조합, 근로자 모두
가 염원하는 제도로서 노사 및 관계자들이 정부의 강요나
권고 없이도 자율적으로 상생할 수 있는 제도(시스템)를
민간주도로 도입함으로써 많은 기업에서 거부감 없이 노사
상생관계가 조속히 정착되는 동기부여가 될 것이 판단되어
이를 추천합니다.


2015.　7.　13.

사단법인 금속산업사용자협의회 회장　신 쌍 식

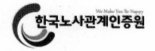

# 추 천 서

제목 :  노사상생관계우수기업 인증제도 추천의 건

    노사상생관계는 정부, 기업, 노동조합, 근로자 모두
가 염원하는 제도로서 노사 및 관계자들이 정부의 강요나
권고 없이도 자율적으로 상생할 수 있는 제도(시스템)를
민간주도로 도입함으로써 많은 기업에서 거부감 없이 노사
상생관계가 조속히 정착되는 동기부여가 될 것이 판단되어
이를 추천합니다.

2015.  9.  22.

(사)한국경영기술지도사회 회장  송 갑 호 (인)

| 목 차 |

# 제1장 서론

### 제1절 노사상생관계우수기업 평가인증제도의 개념
1. 노사관계 시대적 변천과정 _ 16
2. 타 제도와의 차이점 비교 _ 19
3. 노사상생관계우수기업 평가인증제도의 성격구분 및 명칭 _ 25

### 제2절 노사상생관계우수기업 평가인증제도의 필요성
1. 노동관계법 준수 노사관계 성숙단계 정착 _28
2. 인사관리 시스템의 선진화 _34
3. 노사상생관계우수기업 평가인증제도의 활용가능 예상분야 _38

# 제2장 노사상생관계우수기업 인증 절차

### 제1절 노사상생관계우수기업 인증 평가기관
1. 노사공포럼인증원 _46
2. 기타 국내 평가기관 _47
3. 기타 국외 평가기관 _48

### 제2절 노사상생관계우수기업 인증 심사위원
1. 노사관계평가사 자격시험 _49
2. 노사상생관계우수기업 인증 심사위원 선정 _51

**제3절 노사상생관계우수기업 인증 신청**

　1. 노사상생관계우수기업 최초인증 신청　　　　　　　_55

　2. 노사상생관계우수기업 유효기간 갱신 신청　　　　_58

## 제3장 노사상생관계우수기업 인증 평가항목

**제1절 Driver 평가항목**

　1. 리더십 평가항목과 평가요령

　　1) 최고경영자의 경영철학　　　　　　　　　　　　_62

　　2) 노사상생 리더십과 기업문화　　　　　　　　　　_65

　　3) 기업윤리와 사회적 책임　　　　　　　　　　　　_68

　2. 노사상생 경영전략 평가항목과 평가요령

　　1) 노사상생 목표수립 및 실천계획과 전개　　　　　_71

　　2) 노사협력 평가체제와 정보 활용　　　　　　　　_73

**제2절 System 평가항목**

　1. 채용관리 시스템 평가항목과 평가요령

　　1) 채용계획/모집절차/채용방법의 적정성　　　　　_76

　　2) 신입/경력 채용직원 근로계약 체결의 적법성　　_80

　2. 인재육성 시스템 평가항목과 평가요령

　　1) 인재육성 목표수립 및 실천계획과 전개　　　　　_85

　　2) 사내교육(OJT) 및 사외교육, CDP(경력개발) 이행정도　　_88

### 3. 평가보상 시스템 평가항목과 평가요령

1) 직원의 평가제도/평가방법/평가절차 등의 적정성 _91

2) 직원의 동기부여/승진·승급/상·벌/급여관리의 적정성 _95

### 4. 고용안정 시스템 평가항목과 평가요령

1) 비정규직 운영의 적절성과 해고절차 준수여부 _100

2) 고령/경력단절/장애인 등 고용 및 처우실태 _103

### 5. 안전보건 시스템 평가항목과 평가요령

1) 안전사고 예방을 위한 조치 및 교육/훈련 이행정도 _105

2) 안전사고 발생 여부 및 조치 이행정도 _108

### 6. 노사협력 시스템 평가항목과 평가요령

1) 고충처리제도/직원제안제도 등 참여제도 유무 _111

2) 복리후생제도/동호회/사우회 등 지원제도 이행정도 _114

## 제3절 Results 평가항목

### 1. 노동법 I 준수결과 평가항목과 평가요령

1) 노무기장 서류/취업규칙/근로계약서 등 작성 및 보관 _117

2) 근무시간/휴일, 휴게, 휴가, 휴직/임금지급 등 기타 준수결과 _120

### 2. 노동법 II 사회보험법, 기타 사회적 책임 준수결과 평가항목과 평가요령

1) 노조법/근참법 등 기타 준수 결과 _125

2) 사회보험법 등 기타 사회적 책임준수/국가시책준수 결과 _127

### 3. 면담 평가 지표 _131

### 4. 기간연장 신청회사의 개선지적사항 이행결과 _140

# 첨부

1. 노사상생관계우수기업 인증 면담평가지표 _142

2. 노사상생관계우수기업 인증평가 일정표 _151

3. 노사상생관계우수기업 인증 심사기준(지표) _159

4. 노사상생관계우수기업 인증운영 규정 _192

5. 노사상생관계우수기업 인증서 _206

6. 심사위원 윤리강령 서약서 _207

7. 확약서(심사위원용) _208

8. 노사상생관계우수기업 인증 신청서 _209

9. 위촉장(심사위원) _211

10. 인증서 기재사항 변경 및 재교부 신청서 _212

11. 노사상생관계우수기업 인증 재심사 신청서 _213

12. 노사상생관계우수기업 표시 _214

13. 노사상생관계우수기업 인증 심사위원 선정 기준표 _215

14. 노사상생관계우수기업 인증제도 개요 _219

15. 심사위원 연합 교육 일정표 _222

16. 심사위원 연합 교육 신청서 _223

17. 노사상생관계우수기업 심사·평가위원 지원서 _224

# 제1장

# 서 론

제1절    노사상생관계우수기업 평가인증제도의 개념

제2절    노사상생관계우수기업 평가인증제도의 필요성

제1절

# 노사상생관계우수기업 평가인증제도의 개념

## 1. 노사관계 시대적 변천과정

우리나라의 노사관계는 자율적인 노사관계가 아니라 고용노동부의 관 주도형 근로감독을 통하여 노사관계가 유지되기 시작하였다. 이후 고용노동부에서는 근로개선지도를 통하여 노사관계를 지도하는 방향으로 선회를 하였다.

이렇게 근로개선지도를 병행하면서 취약사업장에 대해서는 자율점검을 실시하여 자율적으로 노사관계를 개선해 나갈 수 있도록 지도를 하고 있다.

자율점검이라는 제도에 이르기까지 기업체에서는 노사관계 개선에 많은 노력을 해 왔기 때문에 상당 부분 그 효과를 나타내고 있는 것은 사실이다.

하지만 노사관계는 고정성이 있는 것이 아니라 가변성이 있기 때문에 법률개정이라든지 새로운 판례가 나오게 되면 그에 맞게 노사관계도 새롭게 업그레이드를 해야 하는 것이 오늘날의 노사관계라 할 수 있다.

그림 1 | 우리나라 노사관계 시대 변천

| 근로감독에 의한 노사관계 시대 | 근로개선지도에 의한 노사관계 시대 | 자율개선지원에 의한 노사관계 시대 | 노사관계인증에 의한 노사관계 시대 |

[ 그림 1 ]에서 보는 바와 같이 변천과정을 살펴보면 자율개선지원에 의한 노사관계라 할지라도 대상 기업체를 고용노동부에서 취약사업장 중에서 지명을 하여 개선하도

록 강제성을 부여하고 있기 때문에 마지못해 대상사업장으로 지목되어 개선을 하는 실정이다.

그러나 개선을 하고 난 이후에는 자율개선 대상사업장으로 다시 지명이 되지 않는 한 자율적으로 업그레이드를 하려는 노력은 기대하기가 어려운 실정이다.

따라서 향후에는 기업체에서 스스로 노사상생관계우수기업인증을 받지 않으면 기업경영이 정상적으로 안 되도록 시스템을 만들 필요가 있다.

즉, 노사상생관계우수기업인증을 받지 않으면 우수한 인재를 확보하기 어렵게 되는 시스템인 것이다. 이유는 우수한 인력들이 회사를 선택할 때 노사상생관계우수기업인증을 받음으로써 직원들에게 우호적이며 협력적이며 복지후생제도라든지 근로조건을 제대로 갖춘 회사라는 인증을 확인할 수 있기 때문이다. 또한 거래처에서도 인증을 받지 않으면 거래를 기피하는 현상이 나타날 것이며, 회사의 신용도를 평가할 때에도 노사관계가 불안한 기업은 인증을 받은 기업에 비해 상대적으로 저평가되어 신용에도 악영향을 끼치게 될 것은 쉽게 짐작을 할 수 있다.

지속경영을 해 나가기 위해서는 직원들을 파트너로 인식하고 직원들과 함께 성장해 나가려는 경영철학이 최고 경영자에게 요구되는 시대를 맞이하였기 때문에 필수적으로 노사상생관계우수기업인증을 받으려 할 것이다.

노사상생관계우수기업 인증 심사항목에는 최고경영자 경영철학을 포함하여 리더십, 노사관계 유지 개선노력, 채용관리 시스템, 인재육성 시스템, 평가보상 시스템, 고용안정 시스템, 안전보건 시스템, 노사협력 시스템, 노동법1, 노동법2, 사회보험법, 사회적 책임 이행 및 국가정책 준수여부 등을 심사하고 평가하여 1,000점 만점에 700점 이상의 점수를 확보하여야 인증을 받을 수 있도록 설계를 한다.

[ 표 1 ]에서와 같이 심사항목과 평가 항목을 평소에 갖추고 경영을 한다면 고용노동부의 근로감독이라든지 근로개선지도를 받을 이유가 없는 것이며 더더욱 취약사업장으로 선정이 되어 자율점검의 대상이 될 이유도 없는 것이다.

결국은 고용노동부에서는 예산을 소비하면서 근로개선지도의 노력을 하지 않아도 되는 결과를 기대할 수 있다.

다만 노사상생관계우수기업인증제도가 시작되면서부터 위와 같은 기대를 하는 것은 아니다. 고용노동부에서 노사상생관계우수기업 인증제도가 정착될 수 있도록 물심양면으로 협조를 하여야만이 가능한 기대치임을 솔직히 밝히며, 아울러 고용노동부의 숙원사업이기 때문에 주도적으로 본 제도가 정착되도록 지원을 할 것으로 믿기 때문이다.

표 1 | 노사상생관계우수기업인증 심사항목 및 평가내용

| 심 사 항 목 | 세 부 평 가 내 용 | | 배 점 | |
|---|---|---|---|---|
| **1. 리더십** | 1-1 CEO경영철학 | 30 | 100 (10%) | |
| | 1-2 노사관계 리더십과 기업문화 | 50 | | |
| | 1-3 기업윤리와 사회적 책임 | 20 | | |
| **2. 노사상생 경영전략** | 2-1 노사상생 목표수립 및 실천계획 전개 | 50 | 100 (10%) | |
| | 2-2 노사관계 평가체계와 정보활용(직원 사기조사 활용 등) | 50 | | |
| **3. 채용관리 시스템** | 3-1 채용계획/모집절차/채용방법의 적정성 | 20 | 50 (5%) | |
| | 3-2 신입/경력 채용직원 근로계약의 적법성 | 30 | | |
| **4. 인재육성 시스템** | 4-1 인재육성 목표수립 및 실천계획과 전개 | 50 | 100 (10%) | |
| | 4-2 사내교육(OJT) 및 사외교육, CDP(경력개발) 이행정도 | 50 | | |
| **5. 평가보상 시스템** | 5-1 직원의 평가제도/평가방법/평가절차 등의 적정성 | 50 | 100 (10%) | |
| | 5-2 직원의 동기부여/승진, 승급/상, 벌/급여관리의 적정성 | 50 | | |
| **6. 고용안정 시스템** | 6-1 비정규직 운영의 적정성과 해고절차준수여부 | 30 | 50 (5%) | |
| | 6-2 고령/경력단절/장애인 등 사회적 약자 고용 및 처우실태 | 20 | | |
| **7. 안전보건 시스템** | 7-1 안전사고 예방을 위한 조치 및 교육/훈련 이행정도 | 50 | 100 (10%) | |
| | 7-2 안전사고 발생 여부 및 조치 이행정도 | 50 | | |
| **8. 노사협력 시스템** | 8-1 고충처리제도/직원제안제도 등 참여제도 유무 | 50 | 100 (10%) | |
| | 8-2 복리후생제도/동호회/사우회 등 지원제도 이행정도 | 50 | | |
| **9. 노동법1 준수결과** | 9-1 노무기장 서류/취업규칙/근로계약서 등 작성 및 보관 | 100 | 200 (20%) | |
| | 9-2 근무시간/휴일, 휴게, 휴가/임금지급 등 기타 준수결과 | 100 | | |
| **10. 노동법2 사회보험법 국가정책 준수결과** | 10-1 노조법/근참법 등 기타 준수 결과 | 50 | 100 (10%) | |
| | 10-2 사회보험법 등 기타사회적 책임준수 절차 | 50 | | |
| **총점** | | 1000 | 1000 (100%) | |

## 2. 타 제도와의 차이점 비교

### 1) 인적자원개발 우수기관 인증제와 차이점

인적자원개발 우수기관 인증제(Best-HRD: Best Human Resource Developer)는 고용노동부, 교육과학기술부, 지식경제부, 중소기업청 등 4개 정부부처가 주관하고 한국산업인력공단이 시행하는 정부의 인사관련 인증제도이다.

국가에서 조직의 인적자원개발에 대한 일정한 근거, 즉 표준을 설정하여 평가하고 평가결과에 따라 기관의 우수성을 공식적으로 인정해주는 인증제도이다.

인적자원개발 우수기관 인증제 지표는 심사위원이 직접 실시하여 기업 내 인적자원관리(HRM)와 인적자원개발(HRD)로 크게 구분하여 평가하기 위해 지표가 구성되었으며, 과정과 운영 수준에 대한 지표들도 포함되어 있다.

예를 들어 채용관리에 있어서도 채용계획의 전략성, 채용시스템의 합리성, 채용관리의 효율성 등이 있다.

인적자원개발 우수기관 인증제는 직원을 채용하고 배치한 후 성과평가를 하고 난 후 역량분석에 따른 교육훈련을 실시함으로써 인적자원을 개발하려는 데 주안점을 두고 있는 데 반하여 노사상생관계우수기업 인증제도는 직원채용 시스템, 인재육성 시스템 등을 포함하여 인사관리의 전반적인 내용을 다루는 포괄적인 시스템들을 다루고 있음을 알 수 있다.

따라서 노사상생관계우수기업 인증제도는 인적자원개발 우수기관 인증제도의 평가지표뿐만 아니라 이들을 포함하여 더 폭넓은 평가지표를 활용하는 것이라 할 수 있다.

표 2 | 인적자원개발 우수기관 인증제 평가내용

| HR활동 | BEST HRD 인증제 지표 | |
|---|---|---|
| 채용관리 | 조직의 핵심역량 설정 및 인력채용방법 | |
| | 외부환경변화에 대응한 채용시스템 운용 | |
| | 조직비전(전략)/목표달성에 적합한 채용계획 수립 | |
| | 채용에 관한 정부시책 반영 | 채용분야 및 직무별 선발도구의 다양성 |
| | 관련 부서의 인력수요 조사 | 다원화된 채용방법 |
| | 채용을 위한 계획된 투자와 기관장의 노력 | |
| 배치·이동 | 개인의 욕구 및 가치 존중 | 역량과 적성 고려 배치 |
| | 개인의 직무경험을 고려한 배치 | 개인 역량개발의 조직목표와 연계 |
| | 배치이동 시 개인에 대한 역량개발 자료 활용 | |
| 목표관리/<br>성과평가 | 조직의 전략목표와의 연계성 | 목표수립의 공유성 |
| | 측정시스템의 합리성 | 역량평가 및 근무실적 평가 |
| | 평가정보 공개 | 의견수렴 및 이의제기 |
| | 개인의 근무실적 및 역량에 기반한 승진 | 보상제도의 다양성 |
| | 개인의 자기개발 노력 유도 및 동기부여 | |
| | 승진·승격 기준 요소의 다원화 | 개인의 복지제도와의 연계 |
| 인적자원개발 | 인적자원개발에 대한 기관장의 의지 | 자기주도적 학습 촉진을 위한 지원 |
| | 인적자원개발 전문성 확보 | 조직의 인적자원개발 및 개인역량계발 수립 |
| | 역량분석에 따른 교육체계수립 및 과정 개발 | |
| | 직무현장훈련 프로그램 개발과 활용 | 직원의 전문능력 활용 |
| | 학습조기원 유형의 다양성 | 교육훈련 프로그램의 다양성 |
| | 교육훈련 프로그램의 선택권 | 전년도 예산 대비 인적자원개발 투자 비율 |
| | 1인당 연간 교육훈련비 및 교육시간 | 1인당 연간 교육훈련 참여율 |
| | 조직의 인적자원개발 및 개인 역량개발 계획 실적 | |
| | 학습목표에 적합한 평가내용 | 학습 내용과 평가 방법의 일관성 |
| | 학습에 대한 성과 평가 및 활용 | 교육훈련 프로그램의 개선 효과 |
| | 인적자원개발의 조직경영성과에 대한 기여도분석 노력 | |
| | 개인의 경력개발계획과 연계 | 인적자원개발 시스템 구축 |

(한국공인노무사회, 2011, 경영노무감사제도 연구보고서)

## 2) 노사문화 우수기업 선정제도와 차이점

　　노사문화 우수기업 선정제도는 고용노동부가 1996년부터 시행해 온 제도로서 노사 파트너십을 통한 협력 노사관계로, 상생의 노사문화를 모범적으로 실천하는 기업에게 수여하는 국가 인증 제도이다.

　　심사내용은 최고경영자의 노사관, 노사문화 실천요소(열린경영, 근로자참여, 인적자원개발·활용, 성과배분제도, 사내복지 및 근무환경 개선, 작업장 혁신), 노사의 사회적 의무, 노사문화 특징 등의 추진실적 등을 심사하여 인증하는 제도이다.

　　노사문화 우수기업 선정은 포상의 성격을 가미하고 있으며, 인증을 받게 되면 모범기업으로 인정을 받게 되며 금융기관으로부터 금리혜택을 받기도 하는 등 여러 가지 유익한 점이 많이 있는 제도이다.

　　하지만 포상성격을 가미하고 있기 때문에 일반적인 대다수 기업들은 선정의 기회를 부여받기가 쉽지 않은 구조를 가지고 있다. 일정한 기준이나 법규준수를 성실하게 이행을 하였다 하더라도 절대적 평가가 아니라 상대적 평가에 의하여 선정이 되기 때문에 인증제도라 보기 어렵고 공적서 등에 의해 포상을 받는 것과 같이 국가포상제도라 하는 것이 정확한 표현이라고 할 수 있다.

　　반면 노사상생관계우수기업 인증제도는 일정한 기준과 법규준수를 이행하기만 하면 절대적 평가(심사)에 의하여 인증을 받을 수 있는 제도이기 때문에 일반 기업체에 권장을 할 만한 제도이다. 모든 기업체가 노사상생관계우수기업 인증을 받게 되면 노동관계법 위반 사례가 거의 발생하지 않게 되며, 사용자들이 직원들을 경영의 동반자로 인식을 하게 될 것이다.

　　이 두 제도는 비교대상의 제도가 아니라 노사문화우수기업 인증을 받기 위한 선행 조건으로 노사상생관계우수기업인증을 받은 기업체 중에서 특별히 우수한 기업을 선정하여 고용노동부장관이 노사문화우수기업으로 인증을 하도록 할 필요가 있다.

## 3) 경영노무감사제도와 차이점

우리나라에서는 아직 시행되지 않는 제도이지만 기업체에서 매년 공인회계사로 하여금 회계감사를 받은 후 이를 공시하도록 법으로 정하고 있는 제도처럼 경영노무부문도 매년 노무감사를 시행하자고 공인노무사회에서 제안하는 제도라 할 수 있다.

이미 앞에서 노사관계 시대적 변천과정을 살펴 본 것과 같이 관 주도형 감독 또는 점검 등의 방법으로는 한계가 있음을 지적한 바 있다.

노무감사제도 역시 의무적으로 감사를 받아야 한다면 규제성격의 제도이므로 행정규제 완화 정책에 상반되고 역행된다고 할 수 있다.

이에 반해 노사상생관계우수기업 인증제도는 현행 법규준수를 성실하게 이행하고 있음을 이해 관계자들에게 정보를 제공하는 차원에서 접근하는 제도라 할 수 있다.

노사상생관계우수기업인증제도는 강제성이 없기 때문에 기업체에서 이해관계자들에게 알리지 않아도 된다면 굳이 인증을 받을 필요가 없는 제도인 것이다. 따라서 필요성 여부를 기업체가 스스로 결정하는 제도인 것이다. 이러한 점이 노무감사제도와 비교가 된다.

## 4) 품질경영진단사 제도와 차이점

품질경영진단사 자격증은 국제자격증으로 DAkkS(독일 기관)에서 저먼서트라는 국내 회사에만 자격증을 발행할 권리를 줬기 때문에 국내에서도 국제자격증을 취득할 수 있다는 장점이 있습니다.

먼저 응시원서를 인터넷에서 저먼서트를 통해 작성한 다음에 1차 필기 시험, 2차 실기 시험을 거치면 자격증을 발급받게 된다.

품질경영진단사의 활용 범위를 보면 기초적인 품질경영 지식을 갖고 산업 분야(제조, 마케팅, 서비스)에 일반화되어 있는 품질경영시스템의 현장 업무를 수행하게 되며, 해당 사업장 별로 잠재 및 노출되어 있는 문제를 시정하고, 지속적으로 개선해 나갈 수 있는 능력을 배양하기 위하여 기초적인 통계적 분석, 샘플링 검사, 관리도 해석 등을 활용하도록 지도를 하며 품질기법을 이해하고 관리도, 샘플링, 실험계획법 등을 활용하여 잠재된 문제 및 발생하는 문제를 사업장 특성에 맞게 분석하고 이를 해결 및 개선하도록 컨설팅을 하기도 하며, 품질경영 현장 실무기법의 활용 및 검사업무를 수행하여 품질경영시스템을 유지 및 개선해 나갈 수 있도록 한다.

품질경영진단사 자격증 취득 대상으로는 – 품질 분야에 관심 있는 학생 – 회사의 리더 – 관리감독자 – 근로자 – 품질부서 또는 분임조 활동에 관심이 있는 학생 및 취업준비생 – 품질관련 종사자 등이다.

자격증 시험과목은 품질경영총론, 공업통계, 샘플링검사, 관리도 등으로 구성되어 있기 때문에 노사상생관계우수기업 인증제도와는 근본적으로 차이가 있다.

## 5) ISO26000 인증제도

유사 인증제도로는 ISO26000 인증제도를 대표적으로 꼽을 수 있다. ISO 인증은 스위스 제네바에서 설립된 국제적인 업무표준화 인증이라고 볼 수 있는데 기업의 전반적인 업무프로세스를 표준화하고 있는가를 심사하고 인증을 하는 제도이다. 이 중 특히 ISO26000 인증은 기업의 사회적 책임 글로벌 스탠더드를 핵심 주제로 하고 있으며 인권, 노동, 환경, 소비자이슈, 지역사회 참여에 대한 표준이다. 하지만 기업 CEO의 노사상생철학 유무와 노동관계법 준수 여부, 산업안전보건, 채용에서 퇴사에 이르기까지 제반 시스템구축 여부 등에 대해서는 업무표준화 여부 심사로는 해결할 수 없는 분야이기도 하다.

따라서 노사상생관계우수기업인증과는 차이가 있다.

## 6) 생산성본부의 PMS 인증제도

생산성본부의 PMS인증제도는 기업 경영시스템의 역량수준을 진단하여 기업의 현재수준을 인증하고, 문제점 도출과 생산성 향상 과제를 제시하여 기업의 체계적인 혁신활동을 통한 생산성 향상을 유도하는 원스톱 서비스로서, 산업발전법 제30조에 근거를

둔 기업 생산성 향상 프로그램이다. 경영수준을 ①리더십 ②혁신전개 ③고객시장 ④측정분석 지식관리 ⑤인적자원 ⑥프로세스 ⑦경영성과 등으로 심사하고 평가하여 등급을 레벨 1부터 레벨 10까지 10등급으로 구분하여 등급 인증을 하고 있다. 하지만 노사상생관계우수기업인증 평가심사 항목과는 전혀 상이한 부분이므로 중복이 되었다는 오해는 있을 수 없다. 단지 리더십 부분과 인적자원 부분이 중복된다고 할 수 있으나 리더십 부분도 노사상생철학 부분이므로 다르며, 인적자원 역시 노동관계법을 다루는 부분에서 전혀 다르다고 볼 수 있다.

## 3. 노사상생관계우수기업 평가인증제도의 성격구분 및 명칭

### 1) 인증연도에 따른 구분과 명칭

노사관계는 현재 시점의 관계가 가장 중요한 것이다. 그리고 미래 지향적인 관계가 그 다음으로 중요한 것이다.

따라서 노사상생관계우수기업 인증제도에서도 연도에 따른 구분을 두어 인증을 받은 기업이라도 2년마다 재심사를 받아 인증을 갱신하는 제도로 운영을 하여야 하며, 이 경우 격년 기간 연장 차원의 갱신이 필요하다고 생각된다. 다만 인증 신청기업이 예산 집행 등 기타 사유가 있는 경우에는 선택적으로 유효기간을 1년으로 지정하여 신청을 할 수 있도록 다양성을 부여할 필요가 있다.

유효기간을 너무 장기간을 설정하게 되면 기업체의 노사관계가 그동안 변화할 수 있기 때문이며, 또한 인증을 받을 당시에만 원만한 노사관계를 유지하다가 인증을 받고 나서는 노사관계에 문제가 있을 수 있기 때문이다. 또한 노동관계법이 최근에는 매년 개정을 하는 추세이며, 판례 역시 새로운 판례가 매년 바뀌는 현실을 감안한다면 노사상생관계우수기업 인증제도 역시 이러한 추세를 반영할 필요가 있다. 한편 예산을 편성하여 집행을 하는 회사는 예산과목이 일관성을 유지할 때 예산편성이 용이한 점도 이유라 할 수 있으며, 인증을 받은 후 사후관리를 하여야 하는데 격년 인증을 받도록 하면 사후관리가 용이해지는 장점이 있다.

인증연도에 따른 구분을 적용할 경우 예시로서 2016년도 1월에 인증을 받은 기업체를 대상으로 예를 들어 본다면 노사상생관계우수기업 인증제도 명칭을 '1601 노사상생관계우수기업 인증'이라고 하여 기간 연장 신청을 하지 않으면 인증받은 년도가 노출이 되도록 하는 것이다. 그러나 2016년도 8월에 인증을 받는 회사에 대해서는 '1608 노사상생관계우수기업 인증' 또는 '노사상생관계우수기업 인증 1608'이라고 표기를 하는 방법도 있을 수 있다.

## 2) 회사 인력 규모별 구분과 명칭

노사상생관계우수기업 인증제도는 평가지표에 의하여 평가를 한 후 이를 심사하여 인증을 해 주는 제도이다. 하지만 평가지표를 단일화하여 일률적으로 평가를 하는 것은 노동관계법상 법규 적용이 되지 않는 부분에까지 평가를 할 수 없기 때문이다.

따라서 법률 적용 규모를 감안하여 ①30인 미만 사업장 ②30인~49인 사업장 ③50인~99인 사업장 ④100인~199인 사업장 ⑤200인~299인 사업장 ⑥300인 이상 사업장 등 6구분으로 한다. 노동관계법의 적용 범위가 각각 구분되어 있는 직원 수 단위이기 때문에 평가지표를 각각 달리하여 평가를 하는 것이 당연하다. 따라서 30인 미만 사업장의 경우 1사업장 규모라 칭하고 50인 미만 사업장은 2사업장 규모, 100인 미만 사업장은 3사업장 규모, 300인 이상 사업장은 6사업장 규모 등으로 구분하여 칭하는 것이 바람직하다.

인력규모별 구분을 하는 이유 중의 하나는 소규모 사업장과 대규모 사업장의 인증 심사수수료 부담을 동일하게 한다면 소규모 사업장의 참여율이 현격하게 줄어들 것이 자명하다 할 것이다. 따라서 인력 규모별로 ①30인 미만 사업장은 100만 원 ②50인 미만 사업장은 150만 원 ③ 100인 미만 사업장은 200만 원 ④200인 미만 사업장은 250만 원 ⑤300인 미만 사업장은 300만 원 ⑥300인 이상 사업장은 350만 원으로 하는 방법이 좋을 듯하다.

| | 직원 수 구분 | 인증신청 수수료 (2년) | 인증신청 수수료 (1년) |
|---|---|---|---|
| 1 | 29인~이하 | 100만 원 | 65만 원 |
| 2 | 30인~49인 | 150만 원 | 95만 원 |
| 3 | 50인~99인 | 200만 원 | 130만 원 |
| 4 | 100인~199인 | 250만 원 | 160만 원 |
| 5 | 200인~299인 | 300만 원 | 195만 원 |
| 6 | 300인~이상 | 350만 원 | 225만 원 |

## 3) 인증연도 및 회사 인력 규모 절충안 구분과 명칭

앞에서 살펴본 인증연도에 따른 구분과 회사 인력 규모에 따른 구분 모두는 노사상생관계우수기업 인증제도에 필수적인 요소라 할 수 있다. 따라서 각각 구분을 할 것이 아니라 이 둘 모두를 인증제도 명칭에 포함하는 것이 가장 현명한 선택이라고 보인다.

예를들어 2016년도 3월에 100인 사업장에서 인증을 받는다고 가정을 하면 먼저 인증을 받은 연도표기를 앞에 하고 이어서 직원 규모 표시를 하면 '노사상생관계우수기업 인증 16034'와 같다.

이렇게 표기를 하면 인증을 받은 연도를 확인하는 데 도움이 되며, 100인 사업장 규모가 4라는 숫자로서 회사의 규모(직원 수)를 분명하게 알 수 있는 장점이 있다.

그러나 2년 후 재심사를 받을 때 신청해야 하는 시점을 자칫 잊어버리는 상황이 발생할 수 있다. 따라서 재심사 신청을 하여야 하는 연도인 2018년도를 표기하는 방법을 사용하여 '노사상생관계우수기업 인증 18034'라고 하는 것도 효과적이라고 생각한다. 즉 인증의 유효기간을 나타내주는 것이 훨씬 효과적이기 때문이다.

이때에 연도 표기를 '2018034'와 같이 전부를 표기하지 않는 이유는 2018년이라는 표기와 18년이라는 표기는 일반적으로 동일한 의미로 통용이 되기 때문에 굳이 전체를 표기를 할 필요가 없기 때문이다.

## 제2절
# 노사상생관계우수기업 평가인증제도의 필요성

## 1. 노동관계법 준수 노사관계 성숙단계 정착

### 1) 산업안전보건법 준수 의식 정착효과

노사문화는 국가의 경제발전과 정비례하는 경향이 있다. 우리나라는 이미 2만 불 시대를 넘어 3만 불 시대를 앞두고 있기 때문에 노사관계 역시 선진국 수준으로 성숙단계에 있다고 볼 수 있다.

하지만 겉으로 들어난 통계치 결과에 의한 판단일 뿐 실질적으로는 아직 후진성을 여러 정황에서 발견할 수 있다.

세월호 참사에서 보여준 안전보건 의식이 사회 전반에 걸쳐 일상에서도 습관적으로 안전불감증이라는 이름으로 노출되고 있듯이 노사관계에도 예외는 아닌 것이다.

산업안전보건법에서 정하고 있는 안전조치라든지 안전보건 담당자 선임 및 교육 실시 의무제도를 실질적으로 이행을 하고 있다고 보기 어렵고 대부분은 형식적이거나 아예 생략하는 사례가 주위에 너무 많이 발견할 수 있다.

최근 산업재해 뉴스를 보더라도 "울산고용노동지청은 최근 관내 사업장 화재 등으로 인명피해가 발생하자 안전보건 특별감독을 실시, 총 562건을 적발하였다고 밝혔다. 안전보건 특별감독에서 적발된 562건 중 작업중지는 41건, 사용중지 18건, 시정요구 375건, 시정권고 80건 등이다."라는 이러한 뉴스는 비록 특별감독을 받은 회사에 국한된 문제가 아니라 우리나라의 대부분의 사업장에서도 유사한 실정임을 시사하고 있는 것이다.

　　이러한 산업안전보건법의 준수는 사용자만의 노력으로 이루어지는 것이 아니라 현장 실무자들이 동참하여야 가능한 것이다. 즉 노사 모두가 함께 준수해야 하는 것이다.

　　노사상생관계우수기업 인증심사 평가지표에서 산업안전보건법의 준수 여부를 평가함으로써 직원의 안전을 위한 투자와 노력을 하도록 선도하는 기능을 하므로 노사상생관계우수기업 인증제도는 필요성을 가지게 된다.

## 2) 근로개선지도 효과

　　지방 고용노동관서의 근로감독관은 관내 사업장을 대상으로 근로감독을 정기적 또는 수시적으로 시행을 하는 임무를 부여받고 있다. 하지만 근로감독이라는 용어에서 오는 관료주의적인 성격을 완화하기 위해 '근로개선지도'로 명칭을 수정하여 개선지도를 중점으로 하고 있다. 하지만 근로감독관의 업무 폭주로 근로개선지도 업무는 정상적으로 이루어질 수 없는 것이 현실이다. 이러한 현실을 대체할 수 있는 제도가 노사상생관계 우수기업 인증제도라 할 수 있다.

　　노사상생관계우수기업 인증제도는 근로감독관 업무지침서에 명시된 점검 내용을 회사가 인증을 받기 위해 스스로 확인하고 개선을 하게 된다. 따라서 근로감독관에 의한 타의적 개선이 아니라 인증 획득을 위한 자발적 개선이 되는 것이다.

　　결과적으로 기업체의 근로개선을 시스템에 의하여 기업체가 자발적으로 이행토록 하는 것이야말로 효율적인 방법이라고 할 수 있다.

　　항상 업무가 폭주하여 일·가정 양립의 균형을 유지하기 어려운 점과 사건 조사업무로 스트레스가 쌓여 건강관리를 소홀히 할 수밖에 없는 근로감독관의 업무 부담을 덜어주는 효과도 있다.

　　근로감독관은 사법경찰관으로서 사건조사와 노동관계법 위반 사항에 대한 수사업무에 전념을 하는 시스템으로 운영을 함으로써 고용노동부의 역할을 순기능으로 조정하는 효과를 기대할 수 있다.

## 3) 근로자참여 및 협력증진의 효과

노사상생관계우수기업 인증 제도는 개별적인 근로자와 사용자간의 인사관리뿐만 아니라 집단적인 노사관계에 관련한 시스템 운영까지도 포괄적으로 평가하는 제도이다.

우리나라에 근로자참여 및 협력증진에 관한 법률이 1997년 제정되어 17년이라는 역사를 가지고 있음에도 불구하고 제대로 정착을 하였다고 진단하기에는 무리가 있다. 동법 제32조 벌칙에서 노사협의회를 개최하지 않거나 고충처리위원을 두지 아니한 경우 200만 원 이하의 벌금에 처한다고 정하고 있으며, 동법 제30조 벌칙에서는 협의회 설치를 정당한 사유없이 거부하거나 방해한 자는 1천만 원 이하의 벌금에 처한다고 정하고 있다.

이렇게 벌칙 규정이 있기 때문에 노사협의회를 모든 대상 사업장에서는 설치를 하였다고 볼 수 있다. 하지만 입법자 의의에 따른 운영이 되고 있다고 판단하기에는 상당한 거리가 있음을 부인할 수 없다.

노사협의회에서는 1. 생산성 향상과 성과 배분 2. 근로자의 채용·배치 및 교육훈련 3. 근로자의 고충처리 4. 안전, 보건, 그 밖의 작업환경 개선과 근로자의 건강증진 5. 인사·노무관리의 제도 개선 6. 경영상 또는 기술상의 사정으로 인한 인력의 배치전환·재훈련·해고 등 고용조정의 일반원칙 7. 작업과 휴게 시간의 운용 8. 임금의 지불방법·체계·구조 등의 제도 개선 9. 신기계·기술의 도입 또는 작업 공정의 개선 10. 작업 수칙의 제정 또는 개정 11. 직원지주제(從業員持株制)와 그 밖에 근로자의 재산형성에 관한 지원 12. 직무 발명 등과 관련하여 해당 근로자에 대한 보상에 관한 사항 13. 근로자의 복지증진 14. 사업장 내 근로자 감시 설비의 설치 15. 여성근로자의 모성보호 및 일과 가정생활의 양립을 지원하기 위한 사항 16. 그 밖의 노사협조에 관한 사항 등을 협의하도록 정하고 있으며, 의결사항으로는 1. 근로자의 교육훈련 및 능력개발 기본계획의 수립 2. 복지시설의 설치와 관리 3. 사내근로복지기금의 설치 4. 고충처리위원회에서 의결되지 아니한 사항 5. 각종 노사공동위원회의 설치 등을 규정하고 있으며, 보고사항으로는 1. 경영계획 전반 및 실적에 관한 사항 2. 분기별 생산계획과 실적에 관한 사항 3. 인력계획에 관한 사항 4. 기업의 경제적·재정적 상황을 사용자위원이 근로자위원에게 보고하도록 의무를 부과하고 있다. 또한 "근로자위원은 근로자의 요구사항을 사용자위원에게 보고하거나 설명할 수 있다."라고 정하고 있다.

이와 같이 노사협의회 운영에 관하여 사용자의 의무규정을 구체적으로 명시하고 있기 때문에 대다수의 기업체에서는 이를 액면대로 이행하지 아니하고 편의에 따라 적당한 부분만을 형식적으로 이행을 하는 기업체가 대단히 많은 수준이라고 생각된다.

다만 노동조합이 결성되어 있는 기업체에서는 액면대로 이행을 하고 있다고 하더라도 이 수준은 전체 기업의 20%를 밑도는 실정이라고 추정해 볼 수 있다.

노사상생관계우수기업 인증 제도에서는 평가 지표에서 근로자참여 및 협력증진에 관한 법률의 이행 수준을 점수화하여 평가를 한 후 일정 점수 이상을 확보하여야 인증을 받을 수 있도록 설계를 하였기 때문에 일정 수준까지는 동법을 준수할 것으로 믿는다.

근로자참여 및 협력 증진에 관한 법률에서 정하고 있는 내용대로 모든 기업체에서 실제적으로 이행이 된다면 노사발전은 물론 국가경제 발전에 크게 공헌을 할 것이라고 생각이 된다.

## 4) 4대 사회보험 가입률 및 징수율의 상승효과

4대보험은 복지국가의 상징적인 기본제도이므로 사회보험이라고 불러지고 있다. 사회보험은 산재보험, 국민건강보험, 고용보험, 국민연금을 말하는데 주관부서가 다르기 때문에 일관성이 요구되기도 한다. 산재보험과 고용보험은 고용노동부에서 관장을 하고 있으며, 국민건강보험과 국민연금은 보건복지부에서 관장을 하고 있다.

2013년도 6월 기준 사업장 가입률을 살펴보면 국민연금 가입률이 88.4%(전년 대비 -1.3%), 국민건강보험 가입률은 88.0%(전년 대비 -0.5%), 산재보험 가입률이 92.9%(전년대비 -1.7%), 고용보험 가입률은 90.9%(전년 대비 +2.6%)로 고용노동부에서 발표를 하였다.

특히 기간제근로자 등 일용직근로자의 4대보험 가입률은 국민연금이 9.5%, 국민건강보험이 10.7%, 고용보험은 44.6%의 가입률을 보이고 있다. 이렇게 낮은 가입률을 보이는 것은 비정규직 근로자들이 보험료 부담을 줄이려고 하는 심리와 4대보험료를 비용으로 생각하고 있는 사용자들의 심리가 맞아떨어져서 미가입이라는 현상으로 나타나는 결과라고 볼 수 있다. 이러한 현상을 자율적으로 없앨 수 있는 제도적 장치가 여느 때 보다도 필요한 시점이라고 본다.

노사상생관계우수기업 인증제도 평가지표에서는 정규직과 비정규직을 구분하지 않고 가입 의무가 있는 근로자 총인원수를 기초로 하여 가입률을 평가하므로 당연히 가입률은 높아질 수밖에 없다고 본다. 또한 보험료 납부실적에 대한 평가를 함으로써 징수율을 높이는 데 기여를 할 것으로 판단된다.

## 5) 근로조건 개선의 효과

일반적으로 기업체에서는 유능한 인재를 채용하고 유지하기 위하여 근로조건을 상대적으로 양호하게 부여를 하고자 노력을 한다.

하지만 이러한 경우는 대기업이나 일부 중견기업에서 볼 수 있는 현상이며 영세한 대다수 중소기업에서는 근로기준법 등 법률에서 정하고 있는 근로조건 수준 정도를 유지하는 것으로 만족하는 분위기이다. 특히 직원이 4인 이하의 영세 소규모 사업장에서는 법률에서 정하고 있는 최저 기준에도 미치지 못하는 근로조건으로 근무를 하고 있는 것이 현실이다.

또한 대기업이라고 하더라도 무늬만 근로조건이 우수한 것으로 비쳐지고 있지만 근무환경은 안전사고 위험에 노출되어 있는 것을 얼마든지 그 사례를 찾아볼 수 있으며, 노·사 간 분쟁 사건도 회사의 규모와는 상관없이 발생하고 있음을 많이 보아왔다.

노사상생관계우수기업 인증제도에서는 평가지표로서 노동관계법 준수여부는 물론이며 인사관리 전반에 관련한 시스템을 평가하고 있기 때문에 인재육성 교육훈련제도, 동기부여제도, 비정규직 처우, 고충처리제도, 복리후생제도, 휴일·휴가·휴게제도, 안전보건제도 등을 폭넓게 평가를 하는 시스템이다. 따라서 근로조건이 열악한 기업체라면 당연히 근로조건이 개선될 것이 자명하다.

## 6) 노무기장 개선의 효과

인사관리를 효율적으로 하기 위해서는 각종 서식을 활용하게 된다. 이러한 서식 중에는 법률로서 필수적으로 노무기장을 하도록 규정하고 있는 서식들과 임의로 만들어 사용을 하는 서식들도 있다.

법으로 정한 필수 서식의 예를 들면 근로계약서를 위시하여 임금대장, 직원명부, 연차사용대장, 미사용연차휴가통지, 미사용연차휴가지정통보, 경력증명서, 재직증명서, 해고통지서, 퇴직금중간정산신청서 등이 있으며, 회사가 임의로 만든 서식을 보면 출퇴근 기록부, 연차신청서, 퇴직금수령확인증, 근무상황부, 휴가/휴직신청서, 지각/조퇴/결근계, 사직원, 징계위원회출석통지서, 징계통지서, 복직신청서, 입사자신원보증서, 퇴사자명부 등등 필요에 따라 만들어서 사용을 하게 된다.

일반적으로 대부분의 회사들이 이러한 서식들을 잘 활용하고 있다고 판단된다. 하지만 고용노동부에서 취약사업장을 대상으로 근로조건 자율개선 지원 사업을 몇 년 동안 시행을 하고 있는바 대상 사업장에서는 대체적으로 노무기장의 상당 부분을 누락하고 있기 때문에 이러한 누락된 서식들에 대해 보완/개선을 꾸준히 지도해 나가고 있는 것이다.

노사상생관계우수기업 인증제도에서는 노무기장 서식들 중 법정서식은 빠짐없이 사용하고 있는지를 평가하고 있으며, 임의 서식도 사용하고 있는지를 평가하고 있기 때문에 노무기장의 개선 효과를 기대할 수 있다.

## 7) 노사분규/노사갈등 없는 노사상생 경영환경

노사상생관계우수기업 인증제도는 노사분규 또는 노사갈등을 없애는 노사상생효과를 기대할 수 있다.

노사상생관계우수기업인증 평가에서 최고 경영자의 노사관계관을 확인하는 과정에서 체인징 마인드(사장은 직원과 같은 마음, 직원은 사장과 같은 마음)경영을 하고 있는지를 확인하게 된다. 일반적으로 체인징 마인드의 장점을 노사상생경영의 기본으로 인식하고 있다고 보기 때문에 향후 대부분의 경영자들은 체인징 마인드를 가지게 될 것으로 보인다. 결국 노사상생경영이 보편화되면 근로감독이 필요 없는 기업경영이 됨은 물론이며 이는 노·사·정 모두가 기대하는 노사관계라 할 수 있다.


## 2. 인사관리 시스템의 선진화

### 1) 인재육성 시스템의 정착

인사관리에서 인재육성 프로그램은 매우 중요한 부분임을 대부분의 CEO들은 인식을 같이하고 있다. 그러나 이러한 인식을 가지고 있음에도 불구하고 중소기업의 다수 경영자들은 인재육성을 위한 투자에 인색한 것이 현실이다.

이유를 살펴보면 여러 가지가 있겠지만 가장 큰 이유는 교육에 투자를 하는 것을 비용으로 생각을 할 뿐 아니라 교육시켜 놓으면 다른 회사로 이직을 하므로 투자비용이 아깝다고 생각을 하는 경향이 있다. 이러한 환경에서는 인재육성이라는 대의명분은 사라지게 된다.

교육을 받은 직원이 다른 회사로 이직을 하는 이유는 다양하고 복잡하겠지만 크게 두 가지를 선택한다면 더 나은 근로조건의 회사로 이동해 가는 경우와 지금의 회사에서 장래성(비전)이나 자신의 발전을 기대할 수 없다고 판단이 될 때 대부분 이직을 한다고 보면 틀림이 없다.

이러한 이직 사유를 해소하는 길이 노사상생관계우수기업 인증제도에서 찾아볼 필요가 있다. 노사상생관계우수기업 인증을 받은 회사들은 일반적으로 기본이 충실한 기업이라고 평가를 하고 싶다. 노동관계법 준수는 물론 인사관리의 정통성을 확보한 기업이라고 볼 수 있기 때문이다.

따라서 특별히 추가적인 근로조건을 가지고 있는 회사를 제외하고는 상향평준화가 이루어지기 때문에 종전과 같은 이직 현상은 현격하게 줄어들 것으로 전망이 된다.

이러한 환경이 보편화되면 인재육성의 투자는 더욱 빠르게 정착될 것이다.

## 2) 목표에 의한 관리 시스템으로 협력적 노사관계 권장

기업경영 성과를 측정하는 방법에는 여러 가지 기법이 있지만 대중적인 방법으로는 목표에 의한 관리(MBO) 시스템을 활용하는 경우가 많다고 볼 수 있다.

또 하나의 대표적인 방법이 BSC(Balanced Score Card) 성과평가인데 이는 우리말로 균형성과지표라고도 부르며, BSC시스템을 중소기업에서 도입을 하기에는 부담이 큰 운영 방식이라 할 수 있다.

MBO는 목표달성을 위해 구성원 각자 또는 단위 조직(팀이나 부과)이 목표를 스스로 결정하고 자기통제를 통해서 자기의 목표달성을 효과적으로 추진해가는 제도라는 장점을 가지고 있다. 하지만 어떠한 제도든지 장점이 있으면 단점도 상존하기 마련이다. MBO의 장점은 자주성과 주체성을 존중해 주는 제도로서 조직의 목표를 효율적으로 관리를 한다는 장점이 있는 반면에 목표설정이 객관성과 공정성에 의한 평가가 용이하도록 설정되어 있어야 함은 물론 직원 간 경쟁심과 적대의식으로 팀워크가 저해되지 않도록 시스템을 설계하여야 한다는 단점을 가지고 있다.

또한 BSC는 단순한 성과측정시스템이 아니라 장기적으로 기업을 경영하기 위한 전략적 시스템으로서 정량적 평가만으로는 한계가 있어 정성적 자료가 추가되어야 성과측정이 가능하다는 제도이다. 이러한 BSC제도를 도입하기 위해서는 회사 규모가 중견기업 이상인 경우이어야 추천을 할 수 있을 정도로 온라인 솔루션개발이 쉽지 않은 것이 단점이다.

따라서 중소기업을 포함한 모든 기업체의 노사상생관계우수기업 인증을 위해서는 대기업 중심의 성과평가시스템인 BSC제도보다는 대중적인 MBO제도의 활용 실태를 평가하여 협력적 노사관계의 기반을 확고히 하도록 할 필요가 있다.

결국 노사상생관계우수기업 인증제도를 통한 인증을 받기 위해서는 협력적 노사관계로 경영성과를 높일 수 있는 시스템을 활용하고 있는지를 평가하게 되는데 평가방법이 MBO시스템 활용여부와 경영성과 실적을 측정하는 것이다.

노사상생관계우수기업 인증제도는 협력적 노사관계를 유지하도록 권장하는 제도라 할 수 있다.

## 3) 보상관리로 동기부여 및 사기진작

앞에서 노사상생관계우수기업 인증제도는 경영성과평가 시스템을 활용하도록 하여 협력적 노사관계를 권장하는 제도라고 밝혔다. 경영성과 평가는 평가하는 것만으로 끝이 아니라 평가 결과를 분석하고 고성과자(팀 또는 부과)와 저성과자(팀 또는 부과)를 구분하여 보상관리와 연계를 시키지 않으면 평가를 하는 의미가 없을 뿐 아니라 성과를 내려는 의욕이 사라지고 사기가 저하되는 것은 자명해진다. 따라서 열심히 하여 고성과를 내는 직원에게 보상을 함으로써 동기부여를 하게 된다.

보상의 종류로 대표적인 것들을 살펴보면 연봉인상, 성과급, 승진 및 승급, 포상휴가, 보직, 표창 등을 예로 들 수 있다.

노사상생관계우수기업 인증 평가지표에는 직원들에게 동기부여는 적정하게 시행하고 있는지를 평가하고 보상관리가 제대로 시행이 되고 있는지를 평가하는 것이다.

다시 말하면 연봉인상, 성과급, 승진 및 승급, 보직, 포상 등을 시행하면서 공정하고 객관적인 기준을 적용하고 있는지 여부를 확인하는 것이다.

회사에서 직원들에게 보상을 하는 것은 사기를 진작시키고 고성과를 낼 수 있도록 동기를 부여하는 것이므로 결국은 원만한 노사관계가 유지되어야 시행이 가능한 제도인 것이다.

## 4) 안전한 작업환경 개선으로 업무능률 향상

직원들이 업무를 수행하는 작업환경은 항상 쾌적하고 안전해야 함은 두말할 필요가 없다. 또한 작업환경은 업무 능률에도 영향을 끼칠 뿐 아니라 노사관계에도 영향을 끼치는 것은 새삼스러운 일이 아니다. 따라서 작업환경을 안전하게 함으로써 안전사고를 미연에 방지하여 직원들의 생명과 신체를 보호하려는 노력이 요구되는 것이다.

최근 뉴스를 접하다 보면 작업현장에서 대형 사고가 일어나 인명피해가 있었다는 것을 알게 된다. 재해 당사자와 가족에게는 두말할 필요도 없지만 회사 관계자들도 있어서는 안 될 일이 발생한 것이다.

따라서 이러한 일이 발생하지 않도록 평소에 안전한 작업환경을 만들어야 하는 것이다. 노사상생관계우수기업 인증제도의 평가지표에는 안전보건 시스템을 평가항목으로 설정하였다.

안전한 작업환경을 조성하는 이유는 업무능률 향상과 사고 시 기회비용의 발생억제효과에도 목적이 있지만 직원들의 안전과 쾌적한 작업환경을 보장함으로써 사기를 진작하고 직장생활의 질을 향상시키는 목적도 있는 것이다.

이는 결국 노사관계 안정에도 역할을 하는 것이다.

## 3. 노사상생관계우수기업 평가인증제도의 활용가능 예상분야

### 1) 우수 인력의 채용 및 유지

노사상생관계우수기업 인증을 받은 회사는 인증을 받지 아니한 회사와 비교를 받게 된다. 먼저 취업을 하려는 구직자들은 노사상생관계우수기업 인증을 받은 회사를 선호하게 되며, 선도도가 높은 회사에는 우수한 인력이 집중되는 것이 현실이다.

이러한 논리는 기존의 재직 중인 직원들에도 동일하게 작용을 하여 노사상생관계우수기업 인증을 받은 회사로 이적을 희망하는 결과가 나타날 것으로 보인다.

따라서 노사상생관계우수기업 인증은 우수인력을 채용하고 유지를 하는 데 활용이 될 것으로 예상된다.

### 2) 고용노동부의 근로감독 면제

고용노동부는 모든 회사가 근로기준법을 위시하여 노동관계법을 준수할 것을 감독하거나 자율적으로 개선을 하도록 권고 또는 지도를 하고 있다.

노사상생관계우수기업 인증을 받으면 이와 같은 노동관계법을 모두 준수하고 있다고 판단을 하여도 무방한 것이다. 노동관계법 준수 여부를 확인하고 이를 평가함으로써 인증여부를 심사하고 있기 때문이다.

노사상생관계우수기업 인증을 받았다는 사실만으로 노동관계법을 준수하고 있다는 것이 밝혀지는 것이다. 따라서 고용노동부에서 시행하는 근로감독이라든지 개선지도를 면제하여도 소정의 목적을 달성하는 것이라고 판단이 된다.

### 3) 정부 용역참여 업체 가점부여

현행 제도에서 정부 용역에 참가를 하려면 세금 체납사실여부와 업무상 재해발생여부

확인서를 첨부하여 용역입찰에 참여를 하도록 되어 있다.

이를 확인하는 목적은 국민의 기본 의무인 납세의무를 성실하게 이행하고 있는지와 국민의 안전보건을 위해 평소에 최선의 노력을 하고 있는지를 보기 위함이다.

하지만 앞으로는 업무상 재해 발생여부를 확인하는 과정에서는 안전보건을 포함하여 노사관계 안정 전반에 대한 인증제도인 노사상생관계우수기업 인증을 받은 회사에 가점을 부여하는 것이 필요하다고 판단이 된다.

노사상생관계우수기업 인증제도는 안전보건시스템을 평가하면서 안전사고 예방활동 여부와 안전사고 발생 여부 등을 평가하면서 관련 법규 준수 여부를 평가하기 때문에 산재사고 발생 확인서를 별도로 확인할 필요가 없어진다.

노사관계 안정이 없이는 우수한 품질이 보장될 수 없으며, 안전사고도 줄일 수 없기 때문이다.

## 4) 대리점(프랜차이즈) 등 가맹점 심사가점

우리나라의 대규모 제조업체들은 자사 제품을 판매하기 위하여 대리점 또는 프랜차이즈 형태의 판매조직을 구축하는 경우가 있으며 A/S업무를 위해서도 지점형태로 조직을 갖추는 경우도 많다. 예를 들면 ○○전자대리점이라든지, ○○자동차 지점, ○○전자서비스센터, ○○자동자서비스센터 등이 있다.

이 경우 직영으로 운영을 하기도 하지만 대부분 외부 사업자와 계약을 체결하여 "갑"과 "을"의 형태로 운영을 하는 경우가 많은데 외부 사업자인 "을"은 독자적인 사업자이지만 상호는 "갑"의 회사 브랜드를 사용하게 되므로 일반 소비자들은 "갑"이 직접 운영을 하는 것으로 오해를 가질 수밖에 없다.

실제로 "을"의 사업장에서 노사문제가 발생을 하였을 때 "갑"회사는 "을"회사의 인사관리 형태를 일일이 알 수 없으므로 어떠한 영문인지 모른 체 노사문제 당사자로 세간으로부터 시선의 집중을 받게 된다. 이러한 경우는 "갑"회사 이미지관리 차원을 넘어 사회적 책임을 다하지 못하는 기업으로 인식이 되고 소비자들로부터 외면을 받을 수도 있게 된다.

따라서 외부 사업자와 대리점 또는 서비스센터 계약을 체결할 때 노사상생관계우수기업 인증을 받았는지를 확인하고 나서 계약을 체결하면 위의 사례와 같은 문제는 발생하지 않거나 예방을 할 수 있다.

## 5) 정부 정책자금 지원 업체 심사가점

우리나라의 중소기업은 자금부분의 애로사항이 가장 큰 것으로 발표된 적이 있다. 이에 정부에서는 자금의 애로사항을 해결해 주기 위해 각종 정책자금을 지원하고 있는 것이 사실이다.

정책자금지원은 한계 기업이라든지 부실기업에 무조건 지원할 수는 없다. 지원을 받은 회사가 정책자금을 지원받은 후 지속 성장을 할 수 있는지 여부를 심사한 후 지원 여부를 판단하는 것이다.

하지만 이때에 노사관계 부분에 대해서는 상대적으로 심사의 가중치를 낮게 잡은 반면 생산관리 및 마케팅, 재무회계 부분에 가중치를 높게 잡는 경향이 있다.

이러한 현행 심사 가중치는 계량적인 평가가 가능하지만 노사관계 심사는 계량화보다는 정성적인 평가지표로 심사를 하여야 하기 때문에 객관성을 요하는 심사에서는 부담이 될 수밖에 없다.

따라서 노사상생관계우수기업 인증제도에 의한 평가가 이루어진다면 정책자금 지원 업체 심사를 할 때 가점을 부여하여 보다 객관적인 심사제도로 활용할 수 있다.

## 6) 협력업체 도급 또는 납품계약서 체결 시 가점부여

모든 제조업체는 원·부자재를 납품하는 협력회사와 거래를 하지 않을 수 없다. 이때에 적기에 정량을 적정한 가격으로 납품을 할 수 있는지 여부를 평가한 후 거래처를 선정하는 것이 기본이다.

자재 납품회사의 노사관계가 불안하면 필요할 때에 제대로 납품이 어려워지게 되어 생산계획에 차질을 가져올 수 있기 때문이다.

특히 최근에는 간반시스템이라 하여 원·부자재 재고를 최소화하여 당일 생산에 필요한 자재만을 거래처로 하여금 입고시키도록 하기 때문에 거래처의 노사관계 악화로 자재 입고가 어렵게 된다면 전 공정이 올 스톱하는 사태가 발생하게 된다.

노사상생관계우수기업 인증을 받은 거래처와 납품계약을 체결하게 되면 상대적으로 노사상생관계우수기업 인증을 받지 아니한 기업체보다는 우려하는 사태는 줄일 수 있게 된다.

## 7) 금융기관 신용평가 시 가점부여

모든 기업체는 신용도(등급)에 따라 금융기관의 금리혜택은 물론 대우가 달라진다. 이러한 신용평가를 할 때에는 대상 기업체가 과거에 약속을 얼마나 성실하게 이행하였는지와 자금 보유 능력 등과 회사의 보유 재산가치, 지적재산권, 생산능력, 판매조직 등등 대부분 재무 회계 부분의 성격을 가지고 주로 판단을 한다.

또한 노사관계 부분에 있어서도 노사분규 발생여부, 노동조합 유무 등으로 판단을 하는 경향이 있다.

이러한 신용평가를 노사상생관계우수기업 인증제도에 입각하여 심사를 한다면 노사관계 부분의 기존의 평가지표에 비하여 폭넓은 노사관계 전반에 관한 평가이므로 신용평가의 공신력을 한층 높여주는 계기가 될 것이다.

## 8) 공기업 경영평가 시 가점부여

우리나라의 공기업은 국가공기업과 지방공기업으로 분류가 되며 금년도 경영평가는 '공기업 부채감축, 경영효율화, 불합리한 복지제도 개선, 위법한 노사협약 개선' 등 최근 대통령이 여러 차례 강조한 공공부문의 비정상의 정상화에 초점을 두고 진행되었다.

이에 따라 과도한 복지운영, 성과급 나눠먹기, 각종 안전사고 예방 실적에 대해서는 현장에서 확인하여 평가에 반영하는 등 평가를 통해 공기업 개혁을 이끌어낼 계획 아래 진행되었다.

공기업 경영평가 지표는 매년 조금씩 변화는 있지만 큰 골격은 경영 전반에 대한 상대평가 형식을 띠고 있다. 심사위원들이 짧은 기간 내에 전체 적인 평가를 하여야 하므로 사실관계 확인에 소홀해질 수도 있는데 이를 보완해 주는 제도 등이 인증제도라 할 수 있다.

현재에도 산업통상자원부의 한국서비스품질인증, 고용노동부의 노사문화 우수기업 인증, 여성가족부가 선정하는 가족친화 우수기관 선정 등을 받으면 받지 아니한 기관에 비해 상대적으로 좋은 평가결과를 기대할 수 있다.

한국서비스품질 인증은 고객관리에 있어 서비스를 최우선으로 하는 최고 경영자의 의지와 리더십을 심사하고 모든 직원들이 서비스에 임하는 업무시스템의 품질이 표준화되어 있는지 여부를 평가하여 인증을 부여하고 있고, 고용노동부의 노사문화 우수기업 인증제도는 엄밀히 말하면 포상제도의 일종으로 기업체에서 실적 공적서 등을 작성하여 신청을 하면 신청회사들 중에서 우수기업을 심사하여 선정을 하는 형태이다. 여성가족부의 가족친화 우수기관 선정제도 역시 포상제도의 일종으로 볼 수 있다. 실적 공적서를 작성하여 신청을 하면 신청 회사들 중에서 심사를 하여 선정을 하기 때문이다.

하지만 노사상생관계우수기업 인증제도는 포상제도의 일종이 아니라 실질적으로 노사관계가 원만하고, 노동관계법도 성실하게 준수하고 있으며, 직원들이 회사 경영에도 참여할 수 있는 기회를 보장하고 있으며, 교육훈련 시스템도 우수하고, 보상관리 시스템도 적절하다는 내용을 확인하고 평가하여 인증을 하는 제도이므로 경영평가를 하면서 보완적인 역할을 충분히 한다고 본다.

## 9) 국가인증과 국가포상제도 또는 민간단체 포상 심사 시 가점부여

앞에서 포상제도의 일종인 국가인증제도를 언급한 바와 같이 노사문화 우수기업으로 선정이 되기 위해서는 노사관계 전반에 걸친 분야에서 우수한 실적이 입증되어야 함은 당연하다.

따라서 노사상생관계우수기업 인증을 받은 회사에 가점을 부여함으로써 국가인증의 권위를 확고히 할 수 있다. 다시 말하면 노사상생관계우수기업 인증 평가에서 탈락을

한 회사를 국가에서는 노사문화 우수기업이라고 선정을 하게 된다면 국가인증이 권위에 누가 될 수 있다.

　한편 신뢰경영대상, 사회공헌대상, 지속가능경영대상 등 능률협회 등에서 주관하는 포상제도에서 심사를 하면서 노사상생관계우수기업인증을 받은 경우 가점부여를 하게 됨은 당연하다고 할 수 있다.

# 제 $2$ 장

# 노사상생관계우수기업
# 인증 절차

제1절    노사상생관계우수기업 인증 평가기관

제2절    노사상생관계우수기업 인증 심사위원

제3절    노사상생관계우수기업 인증 신청

제 1 절

# 노사상생관계우수기업 인증 평가기관

## 1. 노사공포럼인증원

사단법인 노사공포럼은 노사정 및 관련학계에서 함께했던 분들이 그간의 경험을 바탕으로 산업주체의 원활한 소통을 지원함으로써 상생과 협력의 노사문화를 조성하여 공동의 발전을 실현하고 나아가 국민경제 발전과 사회통합에 이바지하는 목적으로 2001년 2월 15일에 창립되어 2003년 6월 3일에 고용노동부로부터 비영리 사단법인으로 허가를 받았으며, 2010년 6월 30일에 기획재정부로부터 지정기부금단체 지정을 받고 오늘날까지 상생의 노사문화에 대한 국민적 공감대 형성을 위한 홍보와 교육 사업을 하여 왔다.

(사)노사공포럼은 수석공동대표 유용태 전 고용노동부장관, 한국노총 박인상 전 위원장과 한국경영자총협회 심갑보 전 회장, 신홍 원로교수가 공동대표를 맡고 있다.

≫ (사)**노사공포럼 공동대표**

수석공동대표 **유용태**　　　공동대표 **박인상**　　　공동대표 **심갑보**　　　공동대표 **신홍**

　(사)노사공포럼의 공신력을 바탕으로 노사상생관계우수기업인증제도를 새롭게 출범을 하기 위해 부설기관으로 노사관계인증원을 설립하게 되었다.

　부설 노사관계인증원은 노사관계평가사(민간자격)를 배출하여 이들로 하여금 노사상생관계우수기업인증 평가를 수행하도록 하고자 계획하고 있다. 노사관계평가사에 대해서는 다음에서 다시 설명하기로 한다.

≫　(사)**노사공포럼 조직도**

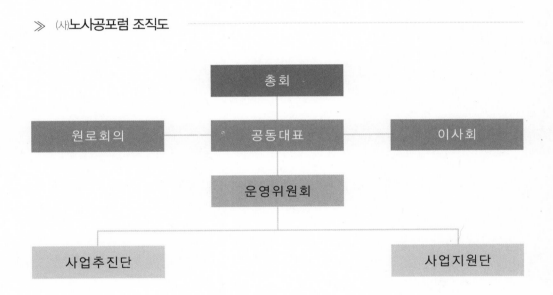

## 2. 기타 국내 평가기관

　노사공포럼인증원은 평가인증 능력을 확보한 기관이 노사상생관계우수기업인증 업무를 위탁받고자 희망을 하는 경우 심사를 한 후 노사상생관계우수기업 인증업무를 위탁할 수 있다.

　이는 노사상생관계우수기업 인증을 널리 확산하여 모든 기업들이 노사상생경영을 바탕으로 기업이 성과를 높이게 됨으로써 국가 산업발전이 더욱 빠르게 성장할 것이기 때문이다.

## 3. 기타 국외 평가기관

우리나라에서 노사상생관계우수기업인증제도가 성공적으로 정착이 되면 노사공포럼 인증원은 국외 평가인증 기관이 노사상생관계우수기업인증제도 노하우(기법)의 수입을 희망할 경우 외국 기관에 이를 로열티를 받고 수출을 할 수 있다.

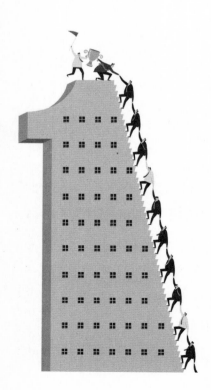

## 제2절
# 노사상생관계우수기업 인증 심사위원

## 1. 노사관계평가사 자격시험

### 1) 노사관계평가사 응시자격

우리나라에 노사관계평가사자격 제도는 아직 시행되고 있지 않으나 민간자격사제도로 향후 시행을 할 계획을 가지고 있다.

앞으로 시행을 한다고 가정을 한 상태에서 가상 자격제도를 설계하면 다음과 같으나 실제 시행하는 단계에서는 다소 수정 또는 보완하여 시행을 한다고 보아야 한다.

응시자격은 연령이 18세 이상인 자와 대한민국 국적을 가진 자의 기준이 있을 뿐 다른 학력이나 설별 등의 제한은 없다. 자세한 내용은 아래의 표와 같다.

≫ 노사관계평가사 응시자격

| 구 분 | 기 준 | 응 시 제 한 자 |
|---|---|---|
| 연령 | 18세 이상 | 1.금치산자 또는 한정치산자<br>2.파산선고 받고 복권되지 않은 자<br>3.금고 이상 형을 받고 집행 끝나거나 집행받지 않기로 된 날부터 2년 지나지 않은자<br>4.금고 이상 형의 집행유예 기간 중인 자 |
| 학력 | 제한 없음 | |
| 경력 | 제한 없음 | |
| 성별 | 제한 없음 | |
| 국적 | 대한민국 | |

## 2) 노사관계평가사 시험과목

노사관계평가사로 활동을 하면서 필수적으로 요구되는 실무내용을 중심으로 시험과목을 설정하게 되며, 제1차 시험부터 제3차 시험까지 통과하여야 최종 합격자가 된다.

제1차 시험과목으로는 ①노동법 1 ②노동법 2 ③사회보험법 ④경영학개론 ⑤경제학원론이며 제2차 시험과목으로는 ①노동 법1 ②인사노무관리론 ③노사관계평가론이다. 이어서 제3차 시험과목은 면접시험이다. 출제경향은 제1차 시험은 5과목 주관식이며 과목당 25문항씩 총 125문항이 된다. 시험시간은 125분이 주어진다.

제2차 시험은 3과목 주관식이며 과목당 3문제씩 총 9문제가 된다. 시험시간은 180분이 주어진다.

≫ 노사관계평가사 시험과목

| 구 분 | 시험과목 | 출제경향 | 시험시간 |
|---|---|---|---|
| 제1차 시험 | 노동법 1<br>노동법 2<br>사회보험법<br>경영학개론<br>경제학원론 | 5과목 객관식<br>과목당 25문항 | 09:30~11:35<br>(125분) |
| 제2차 시험 | 노동법 1<br>인사노무관리론<br>노사관계평가론 | 3과목 주관식<br>과목당 3문제 | 13:00~16:00<br>(180분) |
| 제3차 시험 | 면접 | 1:1 대면 면접 | 1인당 10분 내외 |

## 3) 노사관계평가사 시험시행

노사관계평가사 시험은 민간자격제도로서 노사공포럼인증원이 주관한다. 시험은 1년에 2회 이상(상/하반기) 시행하며 시험공고는 일간지 등에 게재한다. 제1차 시험과 제2차 시험은 동일한 날에 시행하되 제1차 시험 합격자(별도 공지생략)에 한하여 제2차 시험지를 채점하며 제2차 시험 합격자를 공지하면서 제3차 시험 일시와 장소를 함께 공지한다.

## 4) 노사관계평가사 시험 면제

노사관계평가업무를 수행함에 있어 이론적, 실무적으로 기존에 역량을 갖추었다고 인정이 되는 경력이라든지, 자격증을 가지고 있는 경우에는 노사관계평가사 시험을 전부 또는 일부면제를 하는 것이 바람직하다. 단, 시험을 전부 또는 일부 면제를 받기 위해서는 노사공포럼인증원 또는 노사공포럼인증원이 위탁한 기관에서 시행하는 노사상생관계우수기업 인증 평가요령(노사관계평가론) 설명회를 수료하여야 노사관계평가사 시험을 전부 또는 일부 면제받을 수 있다. 노사관계평가사 시험을 전부 또는 일부 면제를 받고자 하는 사람은 수료증 사본을 첨부하여 면제신청을 하여야 한다.

노사관계평가사 시험 전부 면제자는 ①국가공무원으로 노동행정(근로감독관) 경력 15년 이상인 경우 ②공인노무사 자격을 취득하고 공인노무사 업무를 3년 이상 수행한 경우이며, 일부 면제자는 공인노무사 자격을 취득한 경우로서 제1차 시험과 제2차 시험을 면제하며 제3차 시험에 합격을 하여야 한다.

# 2. 노사상생관계우수기업 인증 심사위원 선정

## 1) 심사위원 등록 절차

노사상생관계우수기업 인증 심사위원은 노사관계평가사 자격 소지자 중에서 노사공포럼인증원에서 실시하는 심사위원 양성교육을 이수하고 심사위원으로 등록을 마친 자에 한해 선정 대상자가 될 수 있다.

노사관계평가사로서 심사위원으로 등록을 원하는 사람은 노사공포럼인증원 노사상생관계우수기업 심사실 심사위원장에게 신청서를 제출한 후 소정의 서류심사를 거쳐 합격한 경우 추천서를 작성하여 노사공포럼인증원 사무국에 보내면 심사국에서 실시하는 면접테스트에 합격을 하여야 심사위원으로 등록이 된다.

≫ 노사상생관계인증 평가위원 선정절차

| 노사관계평가사 평가위원 신청서 접수 | 인증 심사 위원실 신청서 서류심사 | (사)노사공 부설 인증원 평가위원 면접 전형 |
|---|---|---|
| | 제1차 전형 서류심사 | 제2차 전형 서류심사 |

평가위원 등록 및 활동

## 심사위원 등록    [등록] [삭제]

| No | 심사위원번호 | 심사위원명 | 심사위원 소속명 | 사업자등록번호 | 전화번호 | 이메일주소 |
|---|---|---|---|---|---|---|
| | | | | | | |
| | | | | | | |
| | | | | | | |
| | | | | | | |
| | | | | | | |

### 심사위원 등록

심사위원번호 ____
심사위원명 ____
심사위원 소속명 ____
사업자등록번호 ____
전화번호 ____
이메일주소 ____

[저장] [취소] [비밀번호 초기화]

## 배정 회원사 현황    심사위원명 ____    ◉ 전체  ◉ 심사중  ◉ 심사완료

| No | 회원사명 | 기준년도 | 인증심사명칭 | 상태 |
|---|---|---|---|---|
| | | | | |
| | | | | |
| | | | | |
| | | | | |

심사위원으로 위촉을 받은 즉시 심사위원은 온라인상에서 심사위원 등록을 마쳐야 한다.

## 2) 심사위원 신청 및 청렴서약

　노사관계평가사로서 노사공포럼인증원 노사상생관계우수기업 인증 심사위원으로 활동을 희망하는 경우에는 심사위원 신청서를 작성하여야 한다. 이때 별첨으로 청렴서약서를 함께 작성을 하여야 한다.

　작성된 신청서를 노사공포럼인증원 심사위원실에 제출하면 심사위원장은 1차 서류전형을 실시한 후 합격자에 한해 추천서 명단을 작성하여 노사공포럼인증원 사무국에 전달하면 사무국에서는 2차 면접 전형을 실시하고 최종 합격자에게 심사위원 자격을 부여하게 된다.

　등록된 심사위원은 매년 실시하는 소정의 직무교육을 이수하여야 노사상생관계우수기업 인증 심사위원으로 활동을 할 수 있다.

　심사위원은 본인이 평가를 한 기업체에 1년간 노무자문을 한 후 익년부터 매 2년 재인증(연장 인증)을 신청하도록 관리를 하여야 한다.

　1년간 노무자문을 한 평가사에게 심사위원을 선택(지명)할 수 있는 우선권을 부여하는 기준이 있다.

## 3) 심사위원 배정 원칙

　심사위원으로 등록된 이후 노사상생관계우수기업 인증 신청을 한 기업체 배정(위촉)을 받아야 심사위원으로 활동을 하게 되는데, 심사위원 배정순은 다음과 같다.

　기본기준 - 심사위원은 자신이 공적서 컨설팅을 한 기업체는 기피신청을 하여야 하며, 친인척 등 특수한 관계 회사에 대해서도 기피신청을 하여야 한다. 이를 위반한 경우에는 위반 사실을 안 날로부터 심사위원의 자격을 2년간 박탈한다.

　기피신청을 한 때에는 배정순위가 자동으로 순연된다.

　제1순위 - 신청 기업체를 유치한 심사위원 (단, 본인이 유치하고 본인이 공적서 컨설팅을 수행하였다면 기피신청을 하여야 하며, 심사실에서 심사위원을 다른 사람으로 배정하여야 하며 유치한 심사위원은 사무국을 통해 접수된 기업체 순번에 의해 최우선 배정을 함)

제2순위 – 심사위원 등록 순번에 의한 배정을 하되 심사위원이 선택한 우선업종에 배정을 한다. (단, 선택업종 없을 시 순번으로 배정함)

심사위원 신청서작성 시 심사위원이 전문적으로 자문을 하였거나 다루었던 업종을 1순위부터 3순위까지 지원을 하도록 한다.

예를 들면 1순위 건설업, 2순위 제조업, 3순위 공기업 등이라 할 수 있다. 다만 운영의 편의상 업종 선택을 생략하고 전체 업종을 모두 취급할 수 있도록 할 수 있다.

## 제3절
# 노사상생관계우수기업 인증 신청

## 1. 노사상생관계우수기업 최초인증 신청

### 1) 최초인증 신청과 심사위원 배정

　　노사상생관계우수기업 최초인증을 받고자 하는 기업체는 자체적으로 평가지표에 의한 사전 준비를 갖춘 후 공적서를 작성하여 별첨 신청서를 노사공포럼인증원에 제출하거나 온라인 솔루션에서 첨부파일로 업로드시켜 신청을 할 수 있다.

**회원사 가입**

| | |
|---|---|
| 사업자등록번호 | |
| 사업자명 | |
| 대표자명 | |
| 업태 | |
| 종목 | |
| 우편번호 | |
| 주소 | |
| | |
| 종업원수 | |
| 회사전화번호 | |
| 담당자명 | |
| 담당자전화번호 | |
| 담당자메일주소 | |

저 장　취 소

온라인으로 신청을 할 때에는 홈페이지에 접속을 한 후 회원사 가입을 먼저 하여야 한다.

이어서 최초 인증심사 신청을 온라인 솔루션에서 작성한 후 저장을 클릭하면 신청 접수가 완료된다.

신청서를 접수한 인증원 사무국에서는 심사위원실에 통지를 하여 심사위원 배정을 의뢰하여야 한다.

---

**회원인증 심사 신청**

| 기준년도 [　　　　　▼] | 인증심사번호 [　　　　　] | |
|---|---|---|
| 인증심사명칭 [　　　　　　　　　　　] | | |
| 평가항목수 [　　　　　] | 총점 [　　　　　] | 합격점수 [　　　　　] |
| 신청자 [　　　　　] | 신청일자 [　　　　　] | |
| 승인여부 [　　　　　] | 승인일시 [　　　　　] | 승인자 [　　　　　] |

[ 저 장 ]　[ 종 료 ]　[ 신청취소 ]

---

## 2) 심사위원 배정과 위촉

심사위원장은 심사위원 배정을 한 후 사무국에 배정(위촉) 명단을 송부하면 사무국에서는 노사공포럼인증원장 명의로 노사상생관계우수기업인증 현장심사에 대한 심사위원 위촉공문을 발송한다. 다만 인터넷 온라인 솔루션에 입력 후 이를 확인 수령토록 본인에게 안내를 함으로써 공문 발송에 갈음할 수 있다.

위촉공문 내용은 아래와 같다.

❶ 제　　　목: 노사상생관계우수기업인증 현장심사에 대한 심사위원 위촉 건

❷ 내　　　용:
　　　− 신청회사(　　　　　)의 심사위원으로 귀하를 위촉하고자 합니다.
　　　− 평가일정은 다음과 같습니다.

다음내용
　　　현장심사 평가일: 20　　년　　월　　일(　요일) 00:00∼00:00
　　　위촉 심사위원: ○○○위원 (소속:　　　　　　　　　　　　　)
　　　　　　　　　　　○○○위원 (소속:　　　　　　　　　　　　　)

❸ 첨　　　부:
　　　− 현장심사 평가일정 계획 및 업무분장표 1부
　　　− 약도 1부
　　　− 평가보고서 작성요령 1부 끝

## 2. 노사상생관계우수기업 유효기간 갱신 신청

### 1) 인증 연장신청과 심사위원 배정

　　노사상생관계우수기업 인증 기간연장을 받고자 하는 기업체는 자체적으로 평가지표에 의한 사전 준비를 갖춘 후 기간연장 공적서를 작성하여 별첨 기간연장 신청서를 노사공포럼인증원에 제출한다. 인터넷 온라인으로 인증연장 심사신청을 하고자 하는 회사는 홈페이지에서 인증연장 심사신청을 할 수 있다.

---

### 자체평가 등록

기준년도 [　　　　　▼]　　　인증심사번호 [　　　　　　]
인증심사명칭 [　　　　　　　　　　　　　　　]

### 1. 리더십 및 노사상생 경영전략 (50점)

평가항목 : 1. 사장님과 경영진은 현장 직원들과 정기적 대화하는 제도가 있는가? (10점)
평가내용 : 1. 제도가 있으며, 매월 평균 4회 이상 대화의 기회를 가짐. (10점)
　　　　　 2. 제도가 있으며, 월 1회~3회 대화의 기회를 가짐. (10점)
　　　　　 3. 두 가지 모두 미실시 또는 실시는 하고 있으나 형식에 그침. (0점~4점)
　　　　　 ※ 대화의 기회는 직원들과 의견 교환이 있는 수준을 말함.

선택 [ 2 ]　　　평가점수 [ 6 ]

[ 이 전 ]　[ 중 단 ]　[ 다 음 ]

---

　　신청서를 접수한 인증원 사무국에서는 심사위원실에 통지를 하여 심사위원 배정을 의뢰하여야 한다.

## 2) 심사위원 배정과 위촉

심사위원장은 심사위원 배정을 한 후 사무국에 배정(위촉) 명단을 송부하면 사무국에서는 노사공포럼인증원장 명의로 노사상생관계우수기업인증 현장심사에 대한 심사위원 위촉공문을 발송한다. 다만 인터넷 온라인 솔루션에 입력 후 이를 확인 수령토록 본인에게 안내를 함으로써 공문 발송에 갈음할 수 있다.

위촉공문 내용은 아래와 같다.

❶ 제    목: 노사상생관계우수기업인증 현장심사에 대한 심사위원 위촉 건

❷ 내    용:
　- 기간 연장신청회사(　　　)의 심사위원으로 귀하를 위촉하고자 합니다.
　- 평가일정은 다음과 같습니다.

다음내용
　현장심사 평가일: 20　년　월　일( 요일) 00:00~00:00
　위촉 심사위원: ○○○위원 (소속:　　　　　　　　　　　)
　　　　　　　　　○○○위원 (소속:　　　　　　　　　　　)

❸ 첨    부:
　- 현장심사 평가일정 계획 및 업무분장표 1부
　- 약도 1부
　- 평가보고서 작성요령 1부 끝

제**3**장

# 노사상생관계우수기업 인증 평가항목

제1절    Driver 평가항목

제2절    System 평가항목

제3절    Results 평가항목

## 제1절

# Driver 평가항목

## 1. 리더십 평가항목과 평가요령

### 1) 최고경영자의 경영철학

최고경영자의 인생 좌우명이라든지 존경하는 인물, 가훈 등을 통하여 경영철학을 엿보는 방법이 있다. 면담하면서 직접 경영철학을 가지고 있다면 설명을 부탁드린다고 하여 경청을 하면서 경영철학을 확인한다.

다만 경영철학이 노사관계에 악영향을 끼칠 수 있는 요소가 있을 때 즉각 반응을 하지 말고 그 이유에 대해 재질문을 하고 충분히 경청한 이후에 노사관계에 악영향을 끼쳤을 때를 대비한 대응책을 가지고 있는지를 평가한다.

최고경영자의 경영철학에 부여된 점수는 30점이다. 대부분의 최고경영자들은 경영철학에 부여된 점수에서 감점이 되는 것은 이해를 하려들지 않는다. 따라서 특별한 감점요인이 객관적으로 발견되지 않는 한 30점에 근접한 평가점수를 부여하도록 한다.

❶ 조직의 장기적인 비전과 사명이 노사 참여로 수립되어 있는가?

| 매우 우수 | | 우 수 | | 보 통 | | 미 흡 | | 매우 미흡 | |
|---|---|---|---|---|---|---|---|---|---|
| 10 | 9 | 8 | 7 | 6 | 5 | 4 | 3 | 2 | 1 |

▷ 최고경영자는 장기적인 비전과 사명을 수립함에 있어 노사상생의 철학이 담기기 위해 직원들의 참여 기회를 부여하고 있는지를 살펴보아야 한다.

▷ 회사의 장기 비전을 수립하는 과정에서 연수회(수련회) 등을 개최하여 분임토의와 같은 근로자참여 기회를 부여하고 있는지? 또 ▷ 다른 형태의 참여 기회를 부여하고 있는지 등을 평가한다.

❷ 노사관계에 대한 경영이념이 구체적으로 수립되어 있는가?

| 매우 우수 | | 우 수 | | 보 통 | | 미 흡 | | 매우 미흡 | |
|---|---|---|---|---|---|---|---|---|---|
| 10 | 9 | 8 | 7 | 6 | 5 | 4 | 3 | 2 | 1 |

▷ 최고경영자의 경영이념 속에 노사상생 의지가 포함되어 있는지? ▷ 사훈은 어떠한지 등을 검토하고 평소에 이를 실천하고 있는지를 평가한다. 또한 ▷ 최고경영자의 조회사라든지 격려사, 경영어록 등에서 노사상생의 이념이 표현된 사실이 있는지 여부 등을 평가한다.

❸ 노사관계에 대한 최고 경영진의 역할과 의무에 대한 개념이 정립되어 있는가?

| 매우 우수 | | 우 수 | | 보 통 | | 미 흡 | | 매우 미흡 | |
|---|---|---|---|---|---|---|---|---|---|
| 10 | 9 | 8 | 7 | 6 | 5 | 4 | 3 | 2 | 1 |

▷ 최고경영자가 노사관계 개선 또는 노사상생을 확립하고 추진하는 과정에서의 의무사항과 협력사항, 지원사항 등을 제대로 정립하고 수행하고 있는지를 확인하고 평가한다. 특히 ▷ 근로자들에게만 노사상생 역할과 의무를 요구하고 있지 않은지를 확인하여 평가한다.

한편 ▷ 직원들도 노사상생의 주요 역할과 의무가 사용자 측에 있는 것이지 근로자들에게는 없는 것으로 인식을 하고 있는지 검토를 하여 평가를 한다.

노사상생이 실현되기 위해서는 사용자는 근로자의 입장과 마음을 가져야 하며 근로자는 사용자의 입장과 마음을 가져야 하는 이른바 체인지 마인드정신이 바탕이 되어야 한다.

**❹ 노사협력 공동선언문 또는 내부고객 주인의식 헌장은 비치되어 있는가?**

| 매우 우수 | | 우 수 | | 보 통 | | 미 흡 | | 매우 미흡 | |
|---|---|---|---|---|---|---|---|---|---|
| 10 | 9 | 8 | 7 | 6 | 5 | 4 | 3 | 2 | 1 |

　　노사상생의 실현은 행동으로 나타내어야 비로소 성공할 수 있는 제도이다. 행동으로 옮기기 전에 먼저 의식 전환이 요구되는데 이를 확인할 수 있는 길이 바로 노사협력(공생)공동선언문 또는 직원 주인의식 헌장 등이 대표적이라 할 수 있다.

　　이러한 공동선언문이나 헌장을 준비하는 마음의 각오를 가지고 실천을 하여야 성공할 수 있는 것이다.

| 1. 리더십(100) | 1-1 CEO 경영철학(30)<br>1-2 노사상생 리더십과 기업문화(50)<br>1-3 기업윤리와 사회적 책임(20) | Driver | |
|---|---|---|---|
| | | System | |
| | | Results | |

| 1-1 CEO 경영철학(30) | 경영자는 노사상생 경영철학과 의지를 정립하고 있는가? |
|---|---|

| 세부평가내용<br>(해당 분야에 포함시킬 수 있는 부문) | 확인자료 |
|---|---|
| ▶ 조직의 장기적인 비전과 사명이 노사 참여로 수립되어 있는가?<br>10 9 8 7 6 5 4 3 2 1<br>▶ 노사관계에 대한 경영이념이 구체적으로 수립되어 있는가?<br>10 9 8 7 6 5 4 3 2 1<br>▶ 노사관계에 대한 최고 경영진의 역할과 의무에 대한 개념이 정립되어 있는가?<br>10 9 8 7 6 5 4 3 2 1<br>▶ 노사협력 공동선언문 또는 내부고객 주인의식 헌장은 비치되어 있는가?<br>10 9 8 7 6 5 4 3 2 1 | ▶ 경영이념<br>▶ 사훈<br>▶ 연도별 경영방침<br>▶ 내부고객 주인의식 헌장<br>▶ CEO면담<br>　(노사관계를 구축하기 위한 추진력 및 열정측정)<br>▶ CEO의 대내·외 활동사항<br>▶ 노사관계 개선 경영어록, 조회사, 격려사 등 |

| 평가내용(수행/이행 및 강점) | 개선사항 |
|---|---|
| 평가점수<br>매우 우수 / 우수 / 보통 / 미흡 / 매우 미흡<br>10 9 / 8 7 / 6 5 / 4 3 / 2 1<br><br>평가의견(이유) | |
| | 평가결과 배점 30점 X % [ 점] |

## 2) 노사상생 리더십과 기업문화

최고경영자의 노사상생 리더십과 기업문화 평가항목은 총 50점이 부여되었다. 노사상생 리더십은 일반 리더십과 구분할 필요가 있다. 즉 상생이라는 점에서 함께라는 이미지를 생각하면서 평가를 하여야 한다.

### ❶ 업무개선 추진 실적

| 매우 우수 | | 우 수 | | 보 통 | | 미 흡 | | 매우 미흡 | |
|---|---|---|---|---|---|---|---|---|---|
| 10 | 9 | 8 | 7 | 6 | 5 | 4 | 3 | 2 | 1 |

▷ 최고경영자는 업무개선을 위해 지속적인 노력을 하고 있는지와 실적을 평가한다. 특히 업무개선은 최고경영자의 노력만으로 이루어지는 것이 아니며 조직구성원의 의견을 수시로 청취하고 함께 노력을 하여야 하는데 이러한 기회를 활용하였는지를 평가한다.

최근 몇 년간 업무개선 추진 실적과 향후 업무 개선에 의한 회사 성장기대치는 어떠한지를 평가한다.

### ❷ 중장기 비전과 조직의 목적 및 목표 달성관리

| 매우 우수 | | 우 수 | | 보 통 | | 미 흡 | | 매우 미흡 | |
|---|---|---|---|---|---|---|---|---|---|
| 10 | 9 | 8 | 7 | 6 | 5 | 4 | 3 | 2 | 1 |

▷ 최고경영자는 회사가 앞으로 나아갈 방향제시와 조직의 목적 및 목표를 달성하기 위해 업무진행을 수시 점검하고 있는지를 평가한다.

목표관리는 최종 결과만을 중점관리하는 제도가 아니라 과정관리도 동시에 수행하여야 함은 당연하다. 따라서 ▷ 회사의 실정에 따른 기간별 목표달성 진도를 점검하는 시스템을 운영하고 있는지를 평가할 필요가 있다. 특히 ▷ 조직원들에게 동기부여를 하여 일사분란하게 목표를 향해 매진하도록 하고 있는가를 평가한다.

### ❸ 경영방침 수립과 솔선수범

| 매우 우수 | | 우 수 | | 보 통 | | 미 흡 | | 매우 미흡 | |
|---|---|---|---|---|---|---|---|---|---|
| 10 | 9 | 8 | 7 | 6 | 5 | 4 | 3 | 2 | 1 |

▷ 최고경영자는 시의적절한 경영방침을 수립한 후 이를 전체 직원들이 이해하고 자발적으로 따르도록 하고 있는지를 평가한다.

또한 ▷ 구호로만 그치는 것이 아니라 실제적으로 경영 방침에 따른 업적은 현실적으로 이루어지고 있는지를 확인하고 평가한다. 특히 ▷ 최고경영자가 솔선수범하는 사례들은 있는지를 평가한다.

### ❹ 조직관리의 합리화 및 통제능력

| 매우 우수 | | 우 수 | | 보 통 | | 미 흡 | | 매우 미흡 | |
|---|---|---|---|---|---|---|---|---|---|
| 10 | 9 | 8 | 7 | 6 | 5 | 4 | 3 | 2 | 1 |

▷ 최고경영자는 부서 간 또는 팀 간 업무조정을 합리적으로 하고 있는지를 평가하며, ▷ 조직 간에 상호 유기적으로 협력을 하는 분위기인지 반목하고 비협조적인 분위기인지를 확인하고 평가를 한다.

최고경영자는 이러한 ▷ 조직 간의 협력적 분위를 형성하기 위한 통제능력을 발휘하고 있는지를 평가한다.

### ❺ 고객관리에 대한 인식

| 매우 우수 | | 우 수 | | 보 통 | | 미 흡 | | 매우 미흡 | |
|---|---|---|---|---|---|---|---|---|---|
| 10 | 9 | 8 | 7 | 6 | 5 | 4 | 3 | 2 | 1 |

▷ 최고경영자는 내부고객이 회사 발전의 원동력이라는 사실을 인식하고 있는지를 평가한다. 특히 ▷ 내부고객을 경영의 동반자 또는 노사상생의 파트너로 여기고 있는지와 인적자원이 회사 자산임을 인식하고 있는지를 확인한다.

아울러 ▷ 외부고객의 중요성을 인식하고 외부고객의 의견을 청취하려는 노력을 하고 있는지를 평가한다.

▷ 최고경영자는 고객만족 경영을 위해 정보를 공유하고 참여경영과 같은 제도를 운영하고 있는지를 평가한다.

**❻ 노사상생 분위기 조성**

| 매우 우수 | | 우 수 | | 보 통 | | 미 흡 | | 매우 미흡 | |
|:---:|:---:|:---:|:---:|:---:|:---:|:---:|:---:|:---:|:---:|
| 10 | 9 | 8 | 7 | 6 | 5 | 4 | 3 | 2 | 1 |

최고경영자는 노사상생 문화를 뿌리내리기 위해 직원들에게 정기적 또는 수시로 ▷ 경영방침에 대한 설명회를 신년사, 간담회, 세미나 등의 다양한 형태로 노사상생 분위기를 조성하였는지를 평가한다.

또한 ▷ 직원들은 이러한 분위기를 함께 인식하고 동참하고 있는지를 확인하고 평가한다.

| 1. 리더십(100) | 1-1 CEO 경영철학(30)<br>**1-2 노사상생 리더십과 기업문화(50)**<br>1-3 기업윤리와 사회적 책임(20) | Driver | |
| | | System | |
| | | Results | |

| 1-2 노사상생 리더십과 기업문화(50) | 경영자는 노사상생 문화를 이룩하기 위해 모범적인 역할을 수행하고 있는가? |

| 세부평가내용<br>(해당 분야에 포함시킬 수 있는 부문) | 확인자료 |
| --- | --- |
| ▶ 성과지향적 노사문화를 창조할 수 있는 윤리와 가치를 수립하고 있는가?<br><br>\| 10 \| 9 \| 8 \| 7 \| 6 \| 5 \| 4 \| 3 \| 2 \| 1 \|<br><br>▶ CEO는 스스로 자신의 리더십에 대해 스스로 검토하고 개선하는가?<br><br>\| 10 \| 9 \| 8 \| 7 \| 6 \| 5 \| 4 \| 3 \| 2 \| 1 \|<br><br>▶ CEO는 조직의 사명, 비전, 가치, 전략 및 세부실행 목표 등에 대하여 직원들과 직·간접적으로 커뮤니케이션하고 있는가?<br><br>\| 10 \| 9 \| 8 \| 7 \| 6 \| 5 \| 4 \| 3 \| 2 \| 1 \|<br><br>▶ CEO는 자발적으로 조직의 경영시스템을 내부구성원들에게 확산시키고 개발, 수행하며 끊임없이 개선시키는가?<br><br>\| 10 \| 9 \| 8 \| 7 \| 6 \| 5 \| 4 \| 3 \| 2 \| 1 \|<br><br>▶ CEO는 변화와 경쟁에서 필요한 리더십을 개발하여 솔선수범하는가?<br><br>\| 10 \| 9 \| 8 \| 7 \| 6 \| 5 \| 4 \| 3 \| 2 \| 1 \|<br><br>▶ 조직 내에 권한위양, 혁신 및 독창성을 지향하고 격려하는 제도가 마련되어 있는가?<br><br>\| 10 \| 9 \| 8 \| 7 \| 6 \| 5 \| 4 \| 3 \| 2 \| 1 \| | ▶ 경영방침 설명회자료<br>  (신년사, 간담회, 세미나 등)<br>▶ 회의체 구성자료<br>▶ 조직도(노사관계 전담부서)<br>▶ 노사관계 향상을 위한 지원활동 사례<br>▶ CEO면담<br>▶ CEO의 솔선수범 사례<br>▶ 의사소통통로 여부<br>  (공식 및 비공식 채널) |

| 평가내용(수행/이행 및 강점) | 개선사항 |
| --- | --- |
| 평가점수<br><br>\| 매우 우수 \|\| 우수 \|\| 보통 \|\| 미흡 \|\| 매우 미흡 \|<br>\| 10 \| 9 \| 8 \| 7 \| 6 \| 5 \| 4 \| 3 \| 2 \| 1 \|<br><br>평가의견(이유) | |
| | 평가결과 \| 배점 50점 X    % [      점] |

## 3) 기업윤리와 사회적 책임

최고경영자는 기업윤리관이 살아있어야 한다. 또한 사회적 책임을 구현하는 실천적 리더역할을 하고 있는지를 평가한다. 기업윤리와 사회적 책임에 부여된 점수는 20점이다.

## ❶ 윤리강령 선포

| 매우 우수 | | 우 수 | | 보 통 | | 미 흡 | | 매우 미흡 | |
|:---:|:---:|:---:|:---:|:---:|:---:|:---:|:---:|:---:|:---:|
| 10 | 9 | 8 | 7 | 6 | 5 | 4 | 3 | 2 | 1 |

▷ 회사 내에 윤리강령을 선포하였는지를 확인하고, 이를 ▷ 직원들이 준수하고 있는 지를 평가한다. 또한 ▷ 윤리강령을 위반한 사례와 징벌은 엄격하게 집행이 되었는지를 평가한다.

윤리강령 선포여부는 특별한 행사를 보고 평가하는 것이 아니라 경영방침이나 지침 부분에 내용적으로 포함하고 있다면 이를 선포한 것으로 볼 수 있다.

## ❷ 지역사회 지원활동

| 매우 우수 | | 우 수 | | 보 통 | | 미 흡 | | 매우 미흡 | |
|:---:|:---:|:---:|:---:|:---:|:---:|:---:|:---:|:---:|:---:|
| 10 | 9 | 8 | 7 | 6 | 5 | 4 | 3 | 2 | 1 |

▷ 지역사회에 어떠한 지원활동을 하였는지 실적을 확인한다. ▷ 지역사회의 전문기 관, 협의회, 세미나 등에 참여하여 지역사회 발전에 동참하고 기여하는 활동을 하고 있 는지 평가한다.

이러한 지원 실적을 확인하는 방법은 사내홍보자료라든지, 언론공개자료 등을 확인 하고 평가를 하게 된다.

▷ 회사 내부에 지역사회 지원활동을 주관하는 조직은 갖추어져 있는지와 ▷ 지역사 회의 전문기관, 협의회 및 세미나 등에 참여하여 노사상생 문화구축을 촉진하고 지원을 하고 있는지 여부를 확인하고 평가한다.

## ❸ 사회적 약자를 위한 지원활동

| 매우 우수 | | 우 수 | | 보 통 | | 미 흡 | | 매우 미흡 | |
|:---:|:---:|:---:|:---:|:---:|:---:|:---:|:---:|:---:|:---:|
| 10 | 9 | 8 | 7 | 6 | 5 | 4 | 3 | 2 | 1 |

▷ 사회적 약자들을 위한 지원 활동은 하였는지, 고아원이나 양로원 지원실적은 있는지를 확인한다.

▷ 장애인 고용실적 또는 분담금 실적은 어떠한지와 고령자 취업 실태는 어떠한지 등을 평가한다.

특히 ▷ 회사의 소모품이라든지 물품구입시 사회적 기업제품 또는 중증장애인 회사제품을 구입한 영수증을 확인하고 평가를 한다.

❹ 봉사활동과 친환경 활동

| 매 우 우 수 | | 우 수 | | 보 통 | | 미 흡 | | 매 우 미 흡 | |
|---|---|---|---|---|---|---|---|---|---|
| 10 | 9 | 8 | 7 | 6 | 5 | 4 | 3 | 2 | 1 |

▷ 환경 친화적인 활동은 전개하였는지, ▷ 직원들의 자발적인 봉사활동 조직은 구성되어 있으며 활동은 활발한지 여부를 확인하고 평가한다. 이에 대한 실적을 객관적으로 입증할 수 있는 자료들을 확인하고 평가한다. 봉사활동의 범위에 대해서는 구체적으로 정할 필요가 없으므로 봉사활동 범위는 광범위하게 평가를 한다. 또한 봉사활동의 수혜자에 대해 정의를 내리는 것은 오히려 봉사활동을 위축시키는 결과를 초래할 것이므로 수혜자에 관해서도 언급하지 않는 것이 좋다. 그 이유로는 수혜자가 인류 전체 또는 불특정 다수일 수도 있는 봉사활동도 존재하기 때문이다. 아울러 ▷ 친환경 활동 여부의 객관적 자료 중에는 친환경 제품 구입실적도 이에 포함할 수 있다.

| 1. 리더십(100) | 1-1 CEO 경영철학(30) <br> 1-2 노사상생 리더십과 기업문화(50) <br> **1-3 기업윤리와 사회적 책임(20)** | Driver | |
| --- | --- | --- | --- |
| | | System | |
| | | Results | |

| 1-3 기업윤리와 사회적책임(20) | 경영자는 사회적 책임과 기업윤리를 충실히 수행하고 있는가? |
| --- | --- |

| 세부평가내용 <br> (해당 분야에 포함시킬 수 있는 부문) | 확인자료 |
| --- | --- |
| ▶ 윤리강령(방침, 지침 등)을 선포하고 이를 준수하고 있는가? <br><br> 10 9 8 7 6 5 4 3 2 1 <br><br> ▶ 사회적 약자를 포함하여 지역사회에 어떠한 사회지원활동을 펼치고 있는가? <br><br> 10 9 8 7 6 5 4 3 2 1 <br><br> ▶ 지역사회의 전문기관, 협의회 및 세미나 등에 참여하여 노사문화구축을 촉진하고 지원하는가? <br><br> 10 9 8 7 6 5 4 3 2 1 <br><br> ▶ 변화하는 시대에 『선량한 기업시민』으로서 역할을 분석하고 적극적으로 대응하고 있는가? <br> ① 윤리적 기업행동 등에 대한 몰입 ② 이해관계자 욕구의 균형화 <br><br> 10 9 8 7 6 5 4 3 2 1 | ▶ 윤리강령 <br> ▶ 사내홍보자료 <br> ▶ 언론공개자료 <br> ▶ 사회지원 봉사프로그램 구축실적과 직원 참여 실적 <br> ① 기부금 <br> ② 고아원방문 <br> ③ 양로원 방문 <br> ④ 환경친화활동, 친환경 제품구입 영수증 등 |

| 평가내용(수행/이행 및 강점) | 개선사항 |
| --- | --- |
| 평가점수 <br><br> | 매우 우수 | 우수 | 보통 | 미흡 | 매우 미흡 | <br> | 10 | 9 | 8 | 7 | 6 | 5 | 4 | 3 | 2 | 1 | <br><br> 평가의견(이유) | |
| | 평가결과 배점 20점 X    % [    점] |

## 2. 노사상생 경영전략 평가항목과 평가요령

### 1) 노사상생 목표수립 및 실천계획과 전개

최고경영자는 노사관계 개선 유지를 위하여 매년 목표수립 및 실천계획을 작성하여 이를 실천하여야 한다. 이에 배정된 점수는 50점이다.

**❶ 연도별 목표(방침, 지침) 및 중장기 계획**

| 매우 우수 | | 우 수 | | 보 통 | | 미 흡 | | 매우 미흡 | |
|---|---|---|---|---|---|---|---|---|---|
| 10 | 9 | 8 | 7 | 6 | 5 | 4 | 3 | 2 | 1 |

▷ 노사관계 개선 유지를 위한 목표(방침, 지침) 등은 연도별로 수립되어 있는지를 평가한다.

아울러 세부 실천계획도 마련되어 있는지를 확인하고 평가한다. 이러한 ▷ 목표 및 실천계획들을 모든 직원들이 이해하고 있는지를 확인할 필요가 있다. 또한 ▷ 목표, 방침, 지침 등을 수립할 때 직원들의 의견 참여가 어느 정도 반영이 되었는지도 함께 평가한다.

▷ 노사관계향상을 위한 경영전략 실천을 함에 있어 직원들이 참여하는 조직기구는 설치되어 있는지를 확인한다.

**❷ 목표, 방침, 지침, 실천계획 등의 전개**

| 매우 우수 | | 우 수 | | 보 통 | | 미 흡 | | 매우 미흡 | |
|---|---|---|---|---|---|---|---|---|---|
| 10 | 9 | 8 | 7 | 6 | 5 | 4 | 3 | 2 | 1 |

노사관계 개선 유지를 위한 목표(방침, 지침) 등을 수립하는 것도 중요하지만 ▷ 수립된 계획을 실제로 실천하고 전개를 하고 있는지를 평가한다. 노사상생관계우수기업 인증평가 시에는 '전개실적건수/목표,계획건수 x 100'의 산식으로 실제적인 실적을 계량화할 필요가 있다.

또한 ▷ 노사상생 목표에 직원의 일·가정 균형을 반영하고 있는가? ▷ 직원을 세분화하여 욕구를 파악하는 시스템이 있는가? ▷ 욕구단계설에 입각하여 직원들의 욕구를 파악하여 목표, 방침, 지침, 실천계획을 수립하는 노력은 시도하였는가? 이러한 부문의 전개를 통하여 나타나는 결과는 직원 사기조사의 지수에서 살펴볼 수 있으며 자기신고서 등을 살펴보면 실상을 파악할 수 있다.

| 2. 노사상생 경영전략(100) | 2-1. 노사상생 목표수립 및 실천계획 전개 (50) | Driver | |
|---|---|---|---|
| | | System | |
| | 2-2. 노사협력 평가체제와 정보활용(50) | Results | |

| 2-1. 노사상생 목표수립 및 실천계획 전개 (50) | 노사상생 경영전략은 체계적으로 수립되어 있으며 실천은 적절히 하는가? |
|---|---|

| 세부평가내용<br>(해당 분야에 포함시킬 수 있는 부문) | 확인자료 |
|---|---|
| ▶ 중·장기 경영계획에 노사관계 개선을 위한 내용이 포함되어 있는가?<br><br>\| 10 \| 9 \| 8 \| 7 \| 6 \| 5 \| 4 \| 3 \| 2 \| 1 \|<br><br>▶ 노사관계 향상을 위한 경영전략은 직원을 포함한 이해관계자 중심으로 구성되어 있는가?<br><br>\| 10 \| 9 \| 8 \| 7 \| 6 \| 5 \| 4 \| 3 \| 2 \| 1 \|<br><br>▶ 노사관계표준은 직원의 일·가정 균형을 반영하고 있는가?<br><br>\| 10 \| 9 \| 8 \| 7 \| 6 \| 5 \| 4 \| 3 \| 2 \| 1 \|<br><br>▶ 직원을 세분화하여 욕구를 파악하는 시스템이 있는가?<br>욕구단계설에 입각하여 직원들의 욕구를 파악하려는 노력은 시도하였는가?<br><br>\| 10 \| 9 \| 8 \| 7 \| 6 \| 5 \| 4 \| 3 \| 2 \| 1 \| | ▶ 연도별 경영목표(방침, 지침) 및 사업계획서<br>▶ 노사상생 경영전략의 내부 구성원 공유여부(면담)<br>▶ 노사상생 경영전략 수립에 있어 조직구성원 및 전사적인 참여의 기회를 부여한 입증 자료<br>▶ 노사관계지수(직원 사기조사) 모니터링을 통해 관찰되고 잴 수 있고, 계산될 수 있는 것 포함, 자기신고서 등 자료<br>▶ 노사상생 경영전략에 의거 실행된 자료(최근과 과거의 자료분석 - 과거 3년간) |

| 평가내용(수행/이행 및 강점) | 개선사항 |
|---|---|

평가점수

| 매우 우수 | | 우수 | | 보통 | | 미흡 | | 매우 미흡 | |
|---|---|---|---|---|---|---|---|---|---|
| 10 | 9 | 8 | 7 | 6 | 5 | 4 | 3 | 2 | 1 |

평가의견(이유)

| 평가결과 | 배점 50점 X        % [        점] |
|---|---|

## 2) 노사협력 평가체제와 정보 활용

회사 자체적인 내부 평가제도를 통하여 노사협력 수준을 평가하여 개선해 나가는 정보로 활용할 필요가 있다.

목표를 수립하고 전개를 하면서 이에 대한 실적을 평가하지 않으면 목표관리를 제대로 한다고 볼 수 없다. 이에 대한 배점은 50점이다.

**❶ 내부 실적평가 및 피드백**

| 매 우 우 수 | | 우 수 | | 보 통 | | 미 흡 | | 매 우 미 흡 | |
|---|---|---|---|---|---|---|---|---|---|
| 10 | 9 | 8 | 7 | 6 | 5 | 4 | 3 | 2 | 1 |

　　회사 조직에서 목표를 설정하고 이를 전개해 나감에 있어 성과에 대하여 스스로 평가를 하는 시스템이 중요하다. 이러한 ▷ 시스템을 갖추고 있는지와 실적평가 결과를 차기 목표 설정을 위한 피드백 자료로 활용을 하고 있는지를 평가한다. ▷ 통합성과관리, 목표관리, BSC 등과 연계하여 관리를 하고 있는지를 평가한다.

**❷ 내부직원 사기조사 활용 등**

| 매 우 우 수 | | 우 수 | | 보 통 | | 미 흡 | | 매 우 미 흡 | |
|---|---|---|---|---|---|---|---|---|---|
| 10 | 9 | 8 | 7 | 6 | 5 | 4 | 3 | 2 | 1 |

　　노사관계의 수준 평가방법 중의 하나로 내부직원 사기조사를 정기적이거나 수시로 실시하는 경우가 많다. 단순히 사기지수를 진단하기보다는 직원들의 욕구를 파악하여 이를 개선하려는 정보수집 차원에서 시행을 한다.

　　노사협력 평가에서 ▷ 내부직원 사기조사 실시여부를 확인하고 ▷ 그 결과를 분석한 후 노사관계 개선에 활용을 하고 있는지를 평가한다.

　　노사관계 개선 여부는 사기지수의 연차별 변화를 살펴보면 알수 있다.

| 2. 노사상생 경영전략(100) | 2-1. 노사상생 목표수립 및 실천계획 전개(50)<br>**2-2. 노사협력 평가체제와 정보활용(50)** | Driver | |
|---|---|---|---|
| | | System | |
| | | Results | |

| 2-2. 노사협력 평가체제와 정보활용(50) | 노사상생 경영전략은 핵심 프로세스의 체계를 통해 전개되는가? |
|---|---|

| 세부평가내용<br>(해당 분야에 포함시킬 수 있는 부문) | 확인자료 |
|---|---|
| ▶ 노사관계 향상을 위한 경영전략은 직원의 변화하는 필요나 욕구를 반영하여 매년 갱신되고 있는가?<br>`10 9 8 7 6 5 4 3 2 1`<br>▶ 노사상생 경영전략이 내부 직원에게 체계적으로 전파되고 있는가?<br>`10 9 8 7 6 5 4 3 2 1`<br>▶ 수립된 노사관계 표준의 실행여부를 일관성 있게 모니터링하는 시스템이 있는가?<br>`10 9 8 7 6 5 4 3 2 1`<br>▶ 모니터링 결과를 분석·평가하여 실제로 개선하는 제도가 운영 중인가?<br>`10 9 8 7 6 5 4 3 2 1`<br>▶ 목표의 우선순위에 부합되는 자원(인적, 물적)의 배분 및 전개가 이루어지고 있는가?<br>`10 9 8 7 6 5 4 3 2 1`<br>▶ 노사협력 평가는 측정 가능하도록 설계되어 있는가?<br>① 정성적 측정 ② 정량적 측정<br>`10 9 8 7 6 5 4 3 2 1` | ▶ 노사상생 경영전략의 실행결과를 정기적으로 직원들과 공유한 자료 (월별, 분기별, 반기별, 부서 간담회 등)<br>▶ 노사상생 경영전략의 실행결과를 검토하여 새로운 목표수립 시 내부 직원의 의견을 반영한 자료(워크숍 등)<br>▶ 노사상생 경영전략의 주요 성공요인과 실패요인을 파악한 보고서<br>▶ 내부평가제도 시행여부–통합성과관리, 목표관리, BSC<br>▶ 연계 여부 |

| 평가내용(수행/이행 및 강점) | 개선사항 |
|---|---|

평가점수

| 매우 우수 | | 우수 | | 보통 | | 미흡 | | 매우 미흡 | |
|---|---|---|---|---|---|---|---|---|---|
| 10 | 9 | 8 | 7 | 6 | 5 | 4 | 3 | 2 | 1 |

평가의견(이유)

| 평가결과 | 배점 50점 X % [ 점] |
|---|---|

제2절

# System 평가항목

## 1. 채용관리 시스템 평가항목과 평가요령

### 1) 채용계획/모집절차/채용방법의 적정성

　　최고경영자는 지속경영을 위하여 매년 유능한 인력을 적절하게 채용을 하여 조직에 수혈하여 새로운 근무환경을 조성하는 것이 필요하다. 이를 위해 채용계획을 수립하여 이를 실천하여야 한다. 이에 배정된 점수는 20점이다.

❶ 적정인원 산정제도 평가

| 매우 우수 | | 우 수 | | 보 통 | | 미 흡 | | 매우 미흡 | |
|---|---|---|---|---|---|---|---|---|---|
| 10 | 9 | 8 | 7 | 6 | 5 | 4 | 3 | 2 | 1 |

　　모든 조직은 시간이 경과할수록 조직이 비대해지고 인원이 증가하는 특성을 지니고 있다. 이러한 특성을 그대로 방치를 하면 인력 과다현상은 물론 인건비의 부담도 늘어나게 된다. 따라서 ▷ 적정인력 산정을 위한 직무분석 또는 인력진단을 실시하고 있는지를 평가한다. 이를 바탕으로 ▷ 각 부서별 인력을 적절하게 분배(배치)를 하고 있는지? ▷ 각 부서별 업무분장은 명확하게 규정화하여 시행하고 있는지를 평가한다.

　　▷ 각 부서장은 인력의 적정여부를 분석하여 데이터를 활용하고 있는지 여부를 평가한다.

**❷ 채용계획 평가**

| 매우 우수 | | 우 수 | | 보 통 | | 미 흡 | | 매우 미흡 | |
|---|---|---|---|---|---|---|---|---|---|
| 10 | 9 | 8 | 7 | 6 | 5 | 4 | 3 | 2 | 1 |

　회사에서 직원을 신규로 채용을 하면서 사전 계획에 의하여 실시를 하는지 평가한다.
　또한 ▷ 계획수립이 형식적이지 않고 실제 시행을 하는 계획서인지 여부를 평가한다.
▷ 정량적 평가를 위해서는 채용계획 대비 채용실적을 달성도로 환산하여 평가를 한다.
　▷ 채용계획에 직무요건명세서에서 요구하는 인재를 계획하고 있는지? ▷ 적정인력
진단 평가서의 내용에 따른 인력을 계획하고 있는지? ▷ 인력수요조사표와 같이 수요
조사를 실시하였는지 등을 확인하고 평가한다.

**❸ 모집절차의 적정성 평가**

| 매우 우수 | | 우 수 | | 보 통 | | 미 흡 | | 매우 미흡 | |
|---|---|---|---|---|---|---|---|---|---|
| 10 | 9 | 8 | 7 | 6 | 5 | 4 | 3 | 2 | 1 |

　▷ 직원을 채용하면서 모집절차는 적정하게 운영을 하고 있는지를 평가한다. ▷ 공정
하고 객관적인 모집절차를 준수하는지 여부를 평가한다.
　모집절차를 채용계획 수립 ➡ 채용 인원 확정 ➡ 모집공고 ➡ 서류전형 ➡ 시험 또
는 실기전형 ➡ 면접(인터뷰)전형 ➡ 합격자 입사서류 제출(신검 결과서 등) ➡ 최종 합격
등의 절차 중에서 회사 형편에 맞게 적정하게 이행하고 있는지를 평가한다.
　위 모집절차 중에서는 회사 형편에 맞게 적절하게 생략을 할 수 있겠으나 서류전형과
면접전형과 같은 인성 파악에 중요한 절차는 생략하지 않는 것이 바람직하다.
　▷ 모집공고를 고용지원센터 등의 네트워크 시스템을 활용하고 있는지를 평가한다.
▷ 직원 모집공고문에 법률에서 금지하고 있는 내용이 포함되지 않았는지를 확인하고
평가한다.

❹ 채용방법의 적정성 평가

| 매 우  우 수 | | 우  수 | | 보  통 | | 미  흡 | | 매 우  미흡 | |
|---|---|---|---|---|---|---|---|---|---|
| 10 | 9 | 8 | 7 | 6 | 5 | 4 | 3 | 2 | 1 |

　채용방법에는 여러 가지가 있겠으나 일반적으로 정기공개경쟁 모집방법과 수시공개 경쟁 모집방법, 비공개 경쟁 모집방법, 연고 채용방법, 추천제 모집방법 등이 있는데 이 중에서 ▷ 회사 형편에 가장 적정한 방법을 주로 활용하는지를 평가한다. 또한 ▷ 선택 한 방법이 적정하지 아니한 경우 새로운 방법에 의한 채용을 실시하였는지를 평가한다.

　▷ 고용보험의 채용장려금 등의 혜택을 적절히 활용하고 있는지를 평가한다.

| 3. 채용관리 시스템(50) | 3-1 채용계획/모집절차/채용방법의 적정성(20)<br>3-2 신입/경력 채용직원 근로계약의 적법성(30) | Driver | |
|---|---|---|---|
| | | System | |
| | | Results | |

| 3-1 채용계획/모집절차/채용방법의 적정성(20) | 직원 채용계획, 모집절차, 채용방법 등이 적법하게 이행되고 있는가? |
|---|---|

| 세부평가내용<br>(해당 분야에 포함시킬 수 있는 부문) | 확인자료 |
|---|---|
| ▸ 직원 채용 시 남녀의 차별, 학력의 차별, 지역적 차별, 연령의 차별, 지역적 차별, 외모 신체조건 등을 이유로 한 차별사실이 있는가? 채용계획은 수요조사를 통하여 합리적으로 수립하였는가?<br><br>10 9 8 7 6 5 4 3 2 1<br><br>▸ 파견직원을 무허가 파견업체로부터 파견받은 사실이 있는가? 2년 이상 파견근무한 직원이 있는가?<br><br>10 9 8 7 6 5 4 3 2 1<br><br>▸ 취직 인허증 발급받은 15세 미만인 자 채용 사실이 있는가? 18세 미만자 가족관계증명서 및 친권자(후견인) 동의서를 받았는가? 전체 직원에게서 개인정보 사용동의서를 받았는가?<br><br>10 9 8 7 6 5 4 3 2 1<br><br>▸ 법정 의무고용 비율을 준수하기 위한 노력은 하고 있는가? (장애인, 보훈대상자 등)<br><br>10 9 8 7 6 5 4 3 2 1<br><br>▸ 모집채용에 관한 서류를 3년간 보존하고 있는가? 서류전형, 면접전형, 필기시험 평가표는 있는가? 채용절차법에 따라 불합격자 채용서류 반환 또는 폐기하였는가?<br><br>10 9 8 7 6 5 4 3 2 1 | ▸ 직원 모집공고문<br><br>▸ 채용관련 서류(서류, 면접, 실기, 필기 평가표 등)<br><br>▸ 파견회사 허가증명서<br><br>▸ 기간제 직원 현황(직원명부) 자료<br><br>▸ 파견직원 현황 자료 및 파견직종 현황<br><br>▸ 15세 미만자 취직인허가증 및 친권자 동의서<br><br>▸ 개인정보 사용동의서 (개인정보보호법)<br><br>▸ 직무분석, 직무요건명세서, 적정인력 진단평가서<br><br>▸ 인력수요조사표<br><br>▸ 채용 불합격자 채용서류 반환 또는 폐기여부 |

| 평가내용(수행/이행 및 강점) | 개선사항 |
|---|---|
| 평가점수<br><br>| 매우 우수 | | 우수 | | 보통 | | 미흡 | | 매우 미흡 | |<br>| 10 | 9 | 8 | 7 | 6 | 5 | 4 | 3 | 2 | 1 |<br><br>평가의견(이유) | |
| | 평가결과　배점 20점 X 　%[ 　점] |

## 2) 신입/경력 채용직원 근로계약 체결의 적법성

　　노사관계는 일종의 계약관계이므로 계약 조건을 적법하게 약정하여야 한다. 일반적으로 사용자는 우월적 지위에 있고 직원은 종속적 관계라는 특수한 입장이므로 동등한 입장에서의 근로계약은 쉽지 않은 것이 사실이다. 이러한 폐단을 예방하기 위해 법으로 근로조건의 최저기준을 정하고 있는데 이를 근로기준법이라고 한다. 노사관계를 평가하는 잣대로서 근로계약 체결 절차를 확인하는 것은 매우 중요하다. 이에 배정된 점수는 30점이다.

### ❶ 근로조건의 명시와 합의사항 체결절차의 정당성

| 매우 우수 | | 우 수 | | 보 통 | | 미 흡 | | 매우 미흡 | |
|:---:|:---:|:---:|:---:|:---:|:---:|:---:|:---:|:---:|:---:|
| 10 | 9 | 8 | 7 | 6 | 5 | 4 | 3 | 2 | 1 |

　　▷ 신입직원과 경력직원의 임금책정은 규정에 의하여 공정하고 객관적으로 제시되고 있는가? ▷ 회사가 임금을 일방적으로 제시하고 직원은 수동적으로 인정을 하는 방식인가? ▷ 임금 구성 내역(수당)이 적정한가? ▷ 수당의 종류가 필요 이상으로 많지 않은가? ▷ 최저임금법 등에는 저촉되지 않는가? ▷ 법정 수당의 계산은 적법한가? ▷ 임금 계산 방식에 대하여 직원들은 만족하고 있는가?

　　▷ 주휴일은 철저히 부여하고 있는가? ▷ 공휴일을 회사 휴일로 인정하고 있는가? ▷ 근로자의 날을 휴일로 시행하고 있는가?

　　▷ 휴게시간은 적법하게 부여하고 있는가? ▷ 연차유급휴가산정 방식은 적절한가? ▷ 1년 미만 직원에게도 연차휴가를 부여하고 있는가? ▷ 연차휴가 사용촉진을 위한 제도적 장치는 마련되어 있는가? ▷ 취업장소와 종사업무는 당사자 간 의견 불일치가 없는가? ▷ 계약기간이 정해진 경우 1년 이상으로 되어 있는가? ▷ 2년 이상 근무를 한 직원이 기간제로 남아 있지는 않은가 등에 대하여 확인하고 평가한다.

❷ 근로계약의 원칙 및 금지사항 준수

| 매우 우수 | | 우 수 | | 보 통 | | 미 흡 | | 매우 미흡 | |
|---|---|---|---|---|---|---|---|---|---|
| 10 | 9 | 8 | 7 | 6 | 5 | 4 | 3 | 2 | 1 |

근로계약을 체결하면서 회사는 법으로 정하고 있는 원칙과 금지된 사항을 준수하여야 한다. 이를 열거하면 다음과 같다.

▷ 균등처우 원칙은 "남녀의 성차별을 하지 못하며, 국적·신앙 또는 사회적 신분을 이유로 근로조건에 대한 차별적 처우를 하지 못한다."라고 정하고 있는데 위반사항은 없는지? ▷ 강제근로의 금지는 사용자는 폭행, 협박, 감금, 그 밖에 정신상 또는 신체상의 자유를 부당하게 구속하는 수단으로서 근로자의 자유의사에 어긋나는 근로를 강요하지 못하도록 정하고 있는데 위반 사실은 없는지?

▷ 폭행의 금지는 "사용자는 사고의 발생이나 그 밖의 어떠한 이유로도 근로자에게 폭행을 하지 못한다."라고 정하고 있으며 ▷ 중간착취의 배제는 "누구든지 법률에 따르지 아니하고는 영리로 다른 사람의 취업에 개입하거나 중간인으로서 이익을 취득하지 못한다."라고 정하고 있는데 위반 사실은 없는지?

▷ 위약예정의 금지는 사용자는 근로계약 불이행에 대한 위약금 또는 손해배상액을 예정하는 계약을 체결하지 못하며, 전차금 상계의 금지는 사용자는 전차금(前借金)이나 그 밖에 근로할 것을 조건으로 하는 전대(前貸)채권과 임금을 상계하지 못하는데 위반 사실은 없는지?

▷ 강제저금의 금지는 사용자는 근로계약에 덧붙여 강제 저축 또는 저축금의 관리를 규정하는 계약을 체결하지 못한다. 다만 근로자의 위탁으로 저축의 종류, 기간, 금융기관의 결정, 본인 이름의 저축인 경우에는 관리가 가능하나 근로자가 관련 자료의 열람이나 반환을 요구할 때에는 즉시 이에 따라야 하는데 부당한 사례는 없는지?

▷ 취업방해 금지는 누구든지 근로자의 취업을 방해할 목적으로 비밀 기호 또는 명부를 작성·사용하거나 통신을 하여서는 아니 되는데 위반한 사실은 없는지?

▷ 도덕상, 보건상 사용금지는 "사용자는 임신 중이거나 산후 1년이 지나지 아니한 여성(이하 "임산부"라 한다)과 18세 미만자를 도덕상 또는 보건상 유해·위험한 사업에 사

용하지 못하며, 임산부가 아닌 18세 이상의 여성을 임신 또는 출산에 관한 기능에 유해·위험한 사업에 사용하지 못한다.”라고 정하고 있는데 위반 사실은 없는지?

❸ 근로계약서 교부 및 채용관련서류의 적정성

| 매우 우수 | | 우 수 | | 보 통 | | 미 흡 | | 매우 미흡 | |
|---|---|---|---|---|---|---|---|---|---|
| 10 | 9 | 8 | 7 | 6 | 5 | 4 | 3 | 2 | 1 |

근로계약서는 2부 작성하여 1부는 직원에게 교부를 하여야 한다. ▷ 직원이 요청을 하지 않더라도 1부를 교부하고 있는지? ▷ 매년 임금이 인상되는 시점에 불필요하게 근로계약서를 새로이 작성을 하고 있지는 않은지? ▷ 근로조건이 현격하게 변경이 되었음에도 근로계약서를 변경하지 않고 있는지? 또한 채용서류의 요구가 적절한지? ▷ 불필요한 서류를 요구하고 있지는 않은지 등을 확인하고 평가한다.

▷ 파견근로자를 사용하는 경우 파견회사의 허가증명서 사본은 확인하였는지? ▷ 파견직원 현황 자료 및 파견직종 현황은 적법한지? ▷ 15세 미만자 취직인허가증 및 친권자 동의서 등은 비치하고 있는지?

특히 ▷ 개인정보보호법에 근거하여 개인정보 사용동의서는 받아 두었는지 등을 확인하고 평가한다.

▷ 공개경쟁 채용 절차로 직원을 채용한 경우에는 서류평가표, 면접평가표, 실기평가표에 표기된 점수를 3년간 보관을 하고 있는지를 확인하고 평가하여야 한다.

❹ 취업규칙 내용 설명과 열람 게시

| 매우 우수 | | 우 수 | | 보 통 | | 미 흡 | | 매우 미흡 | |
|---|---|---|---|---|---|---|---|---|---|
| 10 | 9 | 8 | 7 | 6 | 5 | 4 | 3 | 2 | 1 |

근로계약서는 개인별 계약서인 반면 취업규칙은 집단적 근로계약서라고 할 수 있다. 취업규칙은 10인 이상 사업장에만 적용되는 규정이므로 10인 미만 사업장은 평가항목에서 제외한다.

현행 근로기준법에서는 ▷ "취업규칙을 직원들이 자유롭게 열람할 수 있도록 게시하여야 한다."라고 법으로 정하고 있다. 따라서 누구나 쉽게 열람이 가능하도록 게시되어 있는지를 확인하고 평가하며 내용을 직원들에게 설명을 하여 직원들이 이해를 하고 있는지를 확인한다.

▷ 신입 및 경력직원에 대해 회사 사정을 빨리 습득하도록 일정한 시간을 할애하여 오리엔테이션 또는 신입사원교육을 실시하는지? ▷ 취업규칙을 설명하고 회사 복무규정을 설명하였는지 등을 확인하고 평가한다. ▷ 특별히 문맹자, 장애인, 노약자 직원에게는 별도의 설명을 하였는지에 대해서도 확인을 할 필요가 있다.

| 3. 채용관리 시스템(50) | 3-1 채용계획/모집절차/채용방법의 적정성(20)<br>**3-2 신입/경력 채용직원 근로계약의 적법성(30)** | Driver | |
|---|---|---|---|
| | | System | |
| | | Results | |

| 3-2 신입/경력 채용직원 근로계약의 적법성<br>(30) | 직원 채용 시 적법하게 근로계약 조건을 갖추고 있는가? |
|---|---|

| 세부평가내용<br>(해당 분야에 포함시킬 수 있는 부문) | 확인자료 |
|---|---|

▸ 근로계약 체결 시 법령에 정하여진 모든 근로조건을 명시하였는가?

| 10 | 9 | 8 | 7 | 6 | 5 | 4 | 3 | 2 | 1 |
|---|---|---|---|---|---|---|---|---|---|

▸ 근로계약서 2부 작성하여 직원에게 1부 교부하였는가? 근로계약서 미작성 직원은 있는가?

| 10 | 9 | 8 | 7 | 6 | 5 | 4 | 3 | 2 | 1 |
|---|---|---|---|---|---|---|---|---|---|

▸ 취업규칙 내용을 설명하였는가? 직원이 자유롭게 열람할 수 있도록 게시하였는가?

| 10 | 9 | 8 | 7 | 6 | 5 | 4 | 3 | 2 | 1 |
|---|---|---|---|---|---|---|---|---|---|

▸ 법정 근로시간 이외의 근로시간에 대해 계약서에 명시를 하고 있는가?

▸ 미성년자, 임산부, 여성근로자 등에게 야간근무를 하도록 근로계약을 체결하지는 않았는가?

| 10 | 9 | 8 | 7 | 6 | 5 | 4 | 3 | 2 | 1 |
|---|---|---|---|---|---|---|---|---|---|

▸ 위약예정 금지, 전차금 상계 금지, 강제 저금 금지 등의 원칙은 지켜지고 있는가?

| 10 | 9 | 8 | 7 | 6 | 5 | 4 | 3 | 2 | 1 |
|---|---|---|---|---|---|---|---|---|---|

**확인자료**

▸ 근로계약서 작성시 필수 기재사항
① 임금(항목, 계산방법, 지급방법 등) ② 근로시간(시업과 종업) ③ 휴게시간 ④ 휴일 ⑤연차유급휴가 ⑥ 취업장소 담당업무 등 확인
▸ 근로계약서 교부 확인(수령증)
▸ 취업규칙 내용 설명을 하고 게시하였는가?(게시장소)
▸ 근로계약 시 금지 사항은 지켜지고 있는지?
(특히 문맹자, 장애인, 노약자들을 위한 설명은 잘 하였는지)

| 평가내용(수행/이행 및 강점) | 개선사항 |
|---|---|

평가점수

| 매우 우수 | | 우수 | | 보통 | | 미흡 | | 매우 미흡 | |
|---|---|---|---|---|---|---|---|---|---|
| 10 | 9 | 8 | 7 | 6 | 5 | 4 | 3 | 2 | 1 |

평가의견(이유)

| 평가결과 | 배점 30점 X      % [        점] |
|---|---|

## 2. 인재육성 시스템 평가항목과 평가요령

### 1) 인재육성 목표수립 및 실천계획과 전개

최고경영자는 인적자원을 회사의 무형 재산이라고 인식을 하여야 인재육성 투자를 계획하게 된다. 인적자원관리란 조직의 목적을 달성하기 위하여 효율적으로 활용하여야 하는 자원 중에 인적자원의 획득·개발에 관한 활동으로 '기업의 장래 인적자원의 수요를 예측하여, 기업전략의 실현에 필요한 인적자원을 확보하기 위하여 실시하는 일련의 활동'이라 정의한다. HRP(Human Resource Planning: 인적자원계획), HRD(Human Resource Development: 인적자원개발), HRU(Human Resource Utilization: 인적자원활용)의 3가지 측면으로 되어 있지만, 채용·선발·배치부터 조직설계·개발, 교육·훈련까지를 포괄하는 광범위한 활동에 있어 종래의 인사관리의 틀을 넘어선, 보다 포괄적인 개념으로 주목받고 있다.

▷ 최고경영자의 직원 육성(교육)의지가 강한지? 여부를 인터뷰를 통하여 확인하고 평가를 한다. 노사상생을 위해서는 직원들의 업무능력이 꾸준히 향상되어야 가능하기 때문이다.

인적자원관리에서의 인재육성은 목표수립만으로 이루어지는 것이 아니라 이를 실천함으로써 육성되어지는 것이다. 이에 배정된 점수는 50점이다.

❶ 인적자원 개발계획과 성과 비교시스템 구축

| 매우 우수 | | 우 수 | | 보 통 | | 미 흡 | | 매우 미흡 | |
|---|---|---|---|---|---|---|---|---|---|
| 10 | 9 | 8 | 7 | 6 | 5 | 4 | 3 | 2 | 1 |

▷ 최고경영자의 인적자원개발의 의지가 있는지 여부를 평가하며, 전년도 예산 대비 인적자원개발 투자비율을 확인한다.

▷ 인적자원개발의 조직경영성과에 대한 기여도분석 노력을 하는 시스템을 구축하고

있는지를 평가한다. ▷ 전사적인 차원의 인적자원개발목표를 수립하고 있는가?

또한 ▷ 인재육성을 위한 전담부서 또는 전담요원은 있는지 등을 확인하고 평가를 한다.

**❷ 각 직급별 교육·훈련 계획수립**

| 매우 우수 | | 우 수 | | 보 통 | | 미 흡 | | 매우 미흡 | |
|---|---|---|---|---|---|---|---|---|---|
| 10 | 9 | 8 | 7 | 6 | 5 | 4 | 3 | 2 | 1 |

▷ 매 연도별 각 직급별 업무능력 향상교육목표와 계획프로그램을 수립하고 있는지를 평가한다. 특히 ▷ 승진대상자 교육 또는 승진자 교육 프로그램을 수립하고 있는지도 평가한다. ▷ 계획 자체를 평가할 때에는 전년도 대비 증감률을 감안하여야 하며, 또한 실현 가능한 목표인지를 평가한다.

**❸ 각 부서(팀)별 교육·훈련 계획수립**

| 매우 우수 | | 우 수 | | 보 통 | | 미 흡 | | 매우 미흡 | |
|---|---|---|---|---|---|---|---|---|---|
| 10 | 9 | 8 | 7 | 6 | 5 | 4 | 3 | 2 | 1 |

▷ 매 연도별 각 부서(팀)별 업무능력 향상교육목표와 계획프로그램을 수립하고 있는지를 평가한다. 특히 ▷ 전보대상자 교육 프로그램을 수립하고 있는지도 평가한다. ▷ 계획 자체를 평가할 때에는 전년도 대비 증감률을 감안하여야 하며, 또한 실현 가능한 목표인지를 평가한다.

업무능력 향상교육 프로그램과 경력개발프로그램(CDP)과 연계하고 있는가? 직원들이 자신의 교육훈련 계획 또는 예정을 알고 있는가? 직원들이 직장생활 라이프싸이클 계획표를 이해하고 있는지를 확인하고 평가한다.

**❹ 각 직능 또는 직종별 교육·훈련 계획수립**

| 매우 우수 | | 우 수 | | 보 통 | | 미 흡 | | 매우 미흡 | |
|---|---|---|---|---|---|---|---|---|---|
| 10 | 9 | 8 | 7 | 6 | 5 | 4 | 3 | 2 | 1 |

▷ 매 연도별 각 직능 또는 직종별 업무능력 향상교육목표와 계획프로그램을 수립하고 있는지를 평가한다. ▷ 계획 자체를 평가할 때에는 전년도 대비 증감률을 감안하여야 하며, 또한 실현 가능한 목표인지를 평가한다.

| 4. 인재육성 시스템(100) | 4-1 인재육성 목표수립 및 실천계획과 전개(50)<br>4-2 사내교육(OJT) 및 사외교육, CDP(경력개발) 이행정도(50) | Driver | |
|---|---|---|---|
| | | System | ■ |
| | | Results | |

| 4-1 인재육성 목표수립 및 실천계획과 전개(50) | 회사는 인재육성이 곧 노사공생과 회사 발전의 초석이라고 인정을 하고 있는가? |
|---|---|

| 세부평가내용<br>(해당 분야에 포함시킬 수 있는 부문) | 확인자료 |
|---|---|
| ▶ 회사의 인적자원개발 계획이 수립되어 있고 전담요원이 있는가?<br><br>10  9  8  7  6  5  4  3  2  1<br><br>▶ 고용보험 환급과정 교육 참가 계획은 적정한가? 직원 1인당 연간 교육시간 및 교육훈련비는 수립되어 있는가? 또한 예산은 적정하게 편성되었나?<br><br>10  9  8  7  6  5  4  3  2  1<br><br>▶ 인재육성 계획과 경력개발프로그램(CDP)과 연계하고 있는가?<br><br>10  9  8  7  6  5  4  3  2  1<br><br>▶ 교육훈련 프로그램은 다양하며, 직원들이 선택을 할 수 있는 방법을 사용하는가?<br><br>10  9  8  7  6  5  4  3  2  1<br><br>▶ 직원교육에 대한 최고경영자와의 의지는 어떠하며 교육훈련계획이 전 직원들에게 공유되고 있는가?<br><br>10  9  8  7  6  5  4  3  2  1 | ▶ 교육훈련 예산(매출액 대비%)<br>▶ 고용보험 환급과정 교육참가 계획표<br>▶ 직원 직장생활 라이프싸이클 계획표<br>▶ 교육훈련 계획서 및 교육 대상자 명단<br>▶ 최고 경영자의 직원 교육의지 확인 (인터뷰)<br>▶ 직원들이 자신의 교육참가 일정을 숙지하고 있는지? |

| 평가내용(수행/이행 및 강점) | 개선사항 |
|---|---|
| 평가점수 | |

평가점수

| 매우 우수 | | 우수 | | 보통 | | 미흡 | | 매우 미흡 | |
|---|---|---|---|---|---|---|---|---|---|
| 10 | 9 | 8 | 7 | 6 | 5 | 4 | 3 | 2 | 1 |

평가의견(이유)

| | 평가결과 | 배점 50점 X      % [        점] |

## 2) 사내교육(OJT) 및 사외교육, CDP(경력개발) 이행정도

최고경영자는 인재육성을 위하여 사내 강사를 양성하여 사내교육 계획수립 및 실천계획을 작성하여 이를 실천하여야 한다. 또한 직능 또는 직종별 교육훈련은 사외 집체교육기관을 활용할 필요가 있다. 이러한 인재육성 이행실적을 평가한다. 이에 배정된 점수는 50점이다.

$$교육이수율 = (교육이수자 / 총 직원 수) \times 100$$

### ❶ 사내교육(OJT) 강사 및 사내교육 이행실적

| 매우 우수 | | 우 수 | | 보 통 | | 미 흡 | | 매우 미흡 | |
|---|---|---|---|---|---|---|---|---|---|
| 10 | 9 | 8 | 7 | 6 | 5 | 4 | 3 | 2 | 1 |

사내교육(OJT)은 각 부서(팀)의 장이 부서원들을 대상으로 실무교육을 실시하는 것이므로 각 부서장이 강사역할을 하는 것이 일반적이다.

따라서 ▷ 관리자는 직원의 개발을 위해 무엇을 지원해야 하는지를 알고 있어야 하며, 관리자는 직원의 개발을 위한 효과적인 관리방법을 설명할 수 있어야 한다. 한편 ▷ 직원은 조직의 발전에 필요한 지식과 기술을 인적자원개발에 의해 얻을 수 있다고 확신하고 있는지를 확인하고 평가한다.

사내교육(OJT) 실적은 특별한 형식을 요하지는 않지만 평소 업무 지시를 하듯이 하였다면 이를 교육이라고 보기는 어렵다.

따라서 교육을 실시하려면 최소한의 분량이라도 교안을 작성하고 피교육자들에게 교육 자료를 배부한 후 정식적인 사내 교육임을 강사와 피교육자들이 인식을 한 상태에서 이루어져야 한다.

이행실적을 확인하고 평가를 할 때에는 계획 대비 이행실적률을 토대로 평가를 하여야 한다.

$$이행실적률 = (이행실적 / 사내교육 계획) \times 100$$

▷ 관리직 인사고과 시 부하직원 교육훈련 실시 여부를 평가하고 있는지 등을 확인하고 평가한다.

❷ 사외교육 이행실적

| 매우 우수 | | 우 수 | | 보 통 | | 미 흡 | | 매우 미흡 | |
|---|---|---|---|---|---|---|---|---|---|
| 10 | 9 | 8 | 7 | 6 | 5 | 4 | 3 | 2 | 1 |

회사는 ▷ 인적자원개발을 적절한 외부기관과 연결시켜 자격부여나 직무표준과 연결시키고 있는가? ▷ 사외교육 이수자가 복귀하여 전달교육을 실시하는가? ▷ 교육훈련 실시결과에 대한 성과를 측정·분석하고 피드백하는가?

국가직무능력표준(NCS)을 기반으로 하는 과정평가형 자격제도를 활용하여 직원들에게 자격증을 취득하도록 노력을 하고 있는지 등을 평가한다. 1인당 평균자격증 소지 현황에 대해서도 평가를 하여야 한다.

$$1인당 평균 자격증 현황 = (직원 총 자격증 수 / 직원 수) \times 100$$

▷ 사외교육 프로그램에 온라인교육과 오프라인 교육을 적절하게 병행실시하고 있는가?

| 4. 인재육성 시스템(100) | 4-1 인재육성 목표수립 및 실천계획과 전개(50)<br>**4-2 사내교육(OJT) 및 사외교육, CDP(경력개발) 이행(50)** | Driver | |
|---|---|---|---|
| | | System | |
| | | Results | |

| 4-2 사내교육(OJT) 및 사외교육, CDP(경력개발) 이행(50) | 교육 훈련 계획에 의하여 실제적으로 교육 훈련을 실시하였는가? |
|---|---|

| 세부평가내용<br>(해당 분야에 포함시킬 수 있는 부문) | 확인자료 |
|---|---|

**세부평가내용 (해당 분야에 포함시킬 수 있는 부문)**

▶ 교육훈련 계획에 의한 교육훈련을 몇 % 실시하였는가?

| 10 | 9 | 8 | 7 | 6 | 5 | 4 | 3 | 2 | 1 |
|---|---|---|---|---|---|---|---|---|---|

▶ 사내교육(직무교육)을 실시한 자료는 있는가? 교육실시 결과를 평가하고 이를 피드백하는가?

| 10 | 9 | 8 | 7 | 6 | 5 | 4 | 3 | 2 | 1 |
|---|---|---|---|---|---|---|---|---|---|

▶ 사외 교육 이수 후 전달교육 체계는 갖추고 있는가? 전달교육 참가자들의 교육평가는 하는가?

| 10 | 9 | 8 | 7 | 6 | 5 | 4 | 3 | 2 | 1 |
|---|---|---|---|---|---|---|---|---|---|

▶ 온라인 교육도 적절하게 병행실시 하는가?

| 10 | 9 | 8 | 7 | 6 | 5 | 4 | 3 | 2 | 1 |
|---|---|---|---|---|---|---|---|---|---|

▶ 경력개발을 위한 교육이나 순환보직 제도를 잘 활용하고 있는가?

| 10 | 9 | 8 | 7 | 6 | 5 | 4 | 3 | 2 | 1 |
|---|---|---|---|---|---|---|---|---|---|

▶ 관리직 인사고과 시 부하직원 교육훈련 실시여부를 평가하고 있는가?

| 10 | 9 | 8 | 7 | 6 | 5 | 4 | 3 | 2 | 1 |
|---|---|---|---|---|---|---|---|---|---|

**확인자료**

▶ 교육훈련비 예산 집행 실적
▶ 고용보험 환급금 실적
▶ 교육훈련 참가자 명단
▶ 사내교육, 사외교육 교재(교안) 공유화 상태확인
▶ 교육참가자 교육 결과 설문조사 결과분석표 자료
▶ 경력개발 제도 활동 여부 확인
▶ 교육이수율 (교육이수자/총인원 X100)
▶ 관리직 인사고과표 항목

| 평가내용(수행/이행 및 강점) | 개선사항 |
|---|---|

평가점수

| 매우 우수 | | 우수 | | 보통 | | 미흡 | | 매우 미흡 | |
|---|---|---|---|---|---|---|---|---|---|
| 10 | 9 | 8 | 7 | 6 | 5 | 4 | 3 | 2 | 1 |

평가의견(이유)

| 평가결과 | 배점 50점 X    % [      점] |
|---|---|

# 3. 평가보상 시스템 평가항목과 평가요령

## 1) 직원의 평가제도/평가방법/평가절차 등의 적정성

최고경영자는 열심히 하는 직원이 우대받는 풍토를 조성할 필요가 있다. 회사직원들은 회사 발전과 자신의 발전을 위해 노력을 함에 있어 능력과 열정, 적극성 등의 차이를 나타내게 된다.

또한 부서(팀) 목표달성을 위해 맡은 역할에 최선을 다하는 직원과 최선을 다하지 않은 직원도 있게 된다. 이들에 대해서는 각각 평가를 하여 그 결과에 따라 차등 보상을 하는 것이 노사상생의 기본 틀이라고 사용자와 직원 모두가 인식하고 있는지를 확인하고 평가한다. 이에 배정된 점수는 50점이다.

### ❶ 인사고과제도

| 매우 우수 | | 우 수 | | 보 통 | | 미 흡 | | 매우 미흡 | |
|---|---|---|---|---|---|---|---|---|---|
| 10 | 9 | 8 | 7 | 6 | 5 | 4 | 3 | 2 | 1 |

직원의 성과평가 제도에는 회사에 따라 여러 가지가 있겠으나 가장 보편적인 제도가 인사고과제도이다.

명칭이 인사고과가 아니라도 직원들을 평가하는 제도를 운영하고 있다면 이를 인사고과제도로 보기로 한다.

인사고과제도가 노사상생을 위한 제도로 정착하려면 ▷ 인사고과가 공정하고 객관적으로 시행되고 있는지?

▷ 평가자들에게 고과 전 교육은 실시하였는지? ▷ 인사고과표는 다양하게 직종별 직위별로 세분하여 설계되고 평가되는지?

▷ 인사평가항목이 계량화로 설계되어 평가자의 주관적 평가를 억제하려는 노력을 하는지? ▷ 인사고과 시 자기신고 또는 자기평가기회를 부여하고 있는지? ▷ 평가결과에

대해 이의신청, 면담신청 등의 제도를 시행하고 있는지?

▷ 인사고과규정 내용은 제대로 준수되고 있는지? ▷ 부서(팀)별 편차 조정은 이루어지고 있는지 등을 확인하고 평가한다.

또한 ▷ 목표관리제도와 업적평가를 연계 가능하도록 설계되었는지? ▷ 회사 캠페인 참여, 제안제도, 품질관리, 원가절감, 봉사활동 등을 인사고과에 반영하는지 등을 살펴보는 것은 인사고과제도가 공정하고 객관적인지를 판단하는 하나의 잣대가 될 수 있다. 즉, 인사고과를 계량화하여 평가를 하였을 때 보다 객관적이 될 수 있기 때문이다.

❷ 인사고과 평가방법

| 매우 우수 | | 우 수 | | 보 통 | | 미 흡 | | 매우 미흡 | |
|---|---|---|---|---|---|---|---|---|---|
| 10 | 9 | 8 | 7 | 6 | 5 | 4 | 3 | 2 | 1 |

인사고과를 실시하면서 평가방법이 적절하여야 직원들은 인사고과 결과를 신뢰하게 된다.

신입사원으로서 6개월 미만 근무자라든지, 전입전출로 부임 6개월 미만 직원을 기존 직원들과 동일한 평가 기준으로 평가를 하게 되면 불이익을 당한 직원들은 불만을 가지게 된다.

또한 일반직원과 간부직원의 평가 방법이 동일하여도 문제가 있으며, 담당업무 성격이 현격하게 다른 경우 예를 들면 영업업무와 생산업무, 연구소 직원과 일반직 직원과 동일한 평가방법으로 평가를 한다면 인사고과에 문제가 있게 된다.

따라서 노사상생관계우수기업 인증을 함에 있어 평가방법이 적절한지 여부를 확인하고 평가한다.

❸ 인사고과 평가절차

| 매우 우수 | | 우 수 | | 보 통 | | 미 흡 | | 매우 미흡 | |
|---|---|---|---|---|---|---|---|---|---|
| 10 | 9 | 8 | 7 | 6 | 5 | 4 | 3 | 2 | 1 |

인사고과제도와 인사고과 방법이 적절하다고 하더라도 절차상 하자가 있다면 인사고과는 성공을 하기 어렵다.

일반적인 인사고과절차는 인사고과규정 등에 명시를 하여 인사고과자들이 각자 상이한 절차로 인사고과를 실시하는 것을 예방하게 된다.

노사상생관계우수기업 인증 평가에서는 ▷ 인사고과 규정에 인사고과절차에 대해 명확하게 규정하고 있는지를 확인하고 평가한다.

인사고과를 실시하는 절차에 대해서는 특별히 정해진 룰이나 원칙은 없다. 하지만 노사상생관계우수기업 인증 평가를 위해서는 대부분의 회사들이 시행하고 있는 절차를 기준으로 삼고 시행여부를 평가하고자 한다.

예로 들면 인사고과 준비하는 1단계 - 인사고과 실시하는 2단계 - 인사고과 조정하는 3단계 - 인사고과 결과 보고하는 4단계 - 인사고과 결과 적용하는 5단계 - 인사고과 결과 피드백하는 6단계 등으로 나누어 살펴본다. 1단계인 준비단계에서의 체크 포인트는 인사고과 실시 계획 단계로서 인사고과대상자와 인사고과자(1차 및 2차)의 확인, 인사고과 평가대상 기간, 실시 전 인사고과 교육실시(고과자 및 피고과자 등), 인사고과 실시 일정확정, 인사고과표 인쇄 및 배부 등이 1단계에 해당이 된다. 1단계에서는 회사 형편에 따라 일부를 생략하거나 추가를 할 수 있다. ▷ 인사고과를 실시하기 전에 충분한 준비와 계획하에 진행을 하였는지를 확인하고 평가한다.

2단계에서는 ▷ 1차고과자 또는 2차고과자 배정이 적절한지를 확인하고 평가하여야 하며, ▷ 고과자들이 주어진 일정을 맞추었는지? ▷ 고과자의 오류방지 원칙에 입각하여 인사고과를 하였는지를 확인하고 평가한다.

인사관리 부서에서는 3단계에서 ▷ 인사고과표를 회수한 후 가·감점수 해당자(상벌에 따른 가감점 부여)들에게 점수를 가감한 후 조정계수에 따라 편차를 조정하였는지를 확인하고 평가한다.

4단계에서는 인사관리 부서에서 결과표를 작성하여 보고를 하는 단계라 할 수 있는데 이때에 경영진에서 재차 가감점수를 부여할 수 있는 단계이기도 하며 최고경영자의 결재단계라 할 수 있다.

5단계에서는 인사고과결과를 적용하는 단계로 승진·승급, 교육대상자 선발, 연봉인상율, 상벌대상자 등을 선별하는 자료로 적용을 한다.

6단계는 피드백 단계이다. 어떠한 평가 제도라 할지라도 완벽하고 결점이 없는 평가 제도는 존재할 수 없는 것이다. 따라서 시행하면서 회사 실정에 맞지 않는 부분이 있다면 과감하게 개선하는 노력이 필요하다. 이때에는 ▷ 직원들의 의견을 반영하여야 하는데 이러한 절차를 준수하고 있는지를 평가한다.

| 5. 평가보상 시스템 (100) | 5-1 직원의 평가제도/평가방법/평가절차 등의 적정성(50) 5-2 직원의 동기부여/승진·승급/상·벌/급여관리의 적정성(50) | Driver | |
| | | System | |
| | | Results | |

| 5-1 직원의 평가제도/평가방법/평가절차 등의 적정성(50) | 직원 평가제도가 공정하고 객관적이며, 평가결과를 보상제도와 연계하고 있는가? |

| 세부평가내용 (해당 분야에 포함시킬 수 있는 부문) | 확인자료 |
|---|---|
| ▶ 인사고과는 공정하고 객관적으로 시행되고 있는가? 평가자들에게 고과 전 교육은 실시하였는가? <br> 10 9 8 7 6 5 4 3 2 1 <br> ▶ 인사평가항목이 계량화로 설계되어 평가자의 주관적 평가를 억제하려는 노력을 하는가? <br> 10 9 8 7 6 5 4 3 2 1 <br> ▶ 목표관리제도와 업적평가를 연계 가능하도록 설계되었는가? 회사 캠페인 참여활동을 반영하는가? <br> 10 9 8 7 6 5 4 3 2 1 <br> ▶ 인사고과 시 자기신고 또는 자기평가기회를 부여하고 있는가? 평가결과에 대해 이의신청, 면담신청 등의 제도를 시행하고 있는가? <br> 10 9 8 7 6 5 4 3 2 1 <br> ▶ 인사고과규정 내용은 제대로 준수되고 있는가? 부서(팀)별 편차 조정은 이루어지고 있는가? <br> 10 9 8 7 6 5 4 3 2 1 | ▶ 인사고과표 및 인사고과규정 <br> ▶ 인사고과 결과표, 결과에 대한 이의/면담신청 자료 (특히 인사고과에 대한 직원 만족도 조사자료) <br> ▶ 목표관리제도의 목표설정은 적정한지? <br> ▶ 제안제도, 품질관리, 원가절감, 봉사활동 등 회사캠페인 활동 참여 반영여부 <br> ▶ 인사고과 실시 전 교육 실적(교안 및 입증자료) |

| 평가내용(수행/이행 및 강점) | 개선사항 |
|---|---|
| 평가점수 <br><br> | 매우 우수 | 우수 | 보통 | 미흡 | 매우 미흡 | <br> | 10 | 9 | 8 | 7 | 6 | 5 | 4 | 3 | 2 | 1 | <br><br> 평가의견(이유) | <br><br><br> 평가결과 \| 배점 50점 X       % [        점] |

## 2) 직원의 동기부여/승진·승급/상·벌/급여관리의 적정성

　　최고경영자는 노사관계 개선 유지와 노사상생을 통하여 매년 지속 성장을 할 수 있는 환경 조성이 무엇보다 필요하다. 이때에 요구되는 것이 동기부여이다. 동기부여란 조직 구성원이 개인의 욕구충족 능력을 가지면서 조직 목표의 달성을 위하여 높은 수준의 자발적 노력을 기울이는 것을 말한다. 이렇듯이 직원들이 자발적 노력을 하도록 행동을 유발하는 일련의 과정을 동기부여라 할 수 있다. 이에 배정된 점수는 50점이다.

**❶ 동기부여(직무개발, 의사소통, 권한위임, 균등한 기회제공 등)**

| 매우 우수 | | 우 수 | | 보 통 | | 미 흡 | | 매우 미흡 | |
|:---:|:---:|:---:|:---:|:---:|:---:|:---:|:---:|:---:|:---:|
| 10 | 9 | 8 | 7 | 6 | 5 | 4 | 3 | 2 | 1 |

▷ 최고 경영자는 조직의 목표와 목적을 달성하기 위해 직원이 조직에 기여하는 방법을 설명하는가?

▷ 경영층은 각각의 직원과 조직의 목표에 대해 설명하고 공유하는가?

▷ 직원 자신은 스스로 자신에게 주어진 역할에 적합한 조직의 목표와 목적을 수립할 수 있는가?

▷ 직원 자신의 행동이 조직에 얼마만한 기여를 하는지 알고 있는가?

▷ 직원이 적극적으로 경영에 참여할 수 있는 제도가 있는가?

▷ 직원을 동기 부여시키고 참여를 유도하기 위한 차별화된 제도나 프로그램이 있는가 등을 확인하고 평가한다.

　　또한 ▷ 직원들과 최고경영자와의 의사소통 채널은 충분히 갖추어져 있는지? ▷ 직원들에게 적절한 권한 이양이 되어 있는지?

　　▷ 직원들이 직무개발과 같이 스스로 창의성을 발휘할 수 있는 기회를 부여하고 이를 성취하여 성취감을 느낄 수 있는 기회를 부여하고 있는지 등을 확인하고 평가한다.

**❷ 복리후생제도**

| 매 우 우 수 | | 우 수 | | 보 통 | | 미 흡 | | 매 우 미 흡 | |
|:---:|:---:|:---:|:---:|:---:|:---:|:---:|:---:|:---:|:---:|
| 10 | 9 | 8 | 7 | 6 | 5 | 4 | 3 | 2 | 1 |

　　회사의 보상관리제도에서 복리후생제도는 비중이 매우 큰 부분이다. 특히 노사상생을 실현시키려면 복리후생제도에 많은 관심과 투자가 요구된다.

　　미국의 유명한 경영학 교수의 말을 인용하면 미국 내 기업들을 대상으로 조사한 결과 노동조합이 설립된 회사는 그렇지 않은 회사에 비해 손익계산서상의 일반관리비가 30% 이상이 더 지출되고 있었다는 연구결과를 본 적이 있다.

　　따라서 노사상생을 원한다면 일반관리비의 10~15% 수준을 직원들에게 투자를 하라는 말을 남겼다. 이것이야말로 진정한 노사상생의 실천인 것이다,

　　복리후생제도의 종류는 헤아릴 수 없을 정도로 많기 때문에 일일이 나열하지 않는다. 다만 이러한 복리후생제도 중에 금전적 수당으로 지급을 하는 경우에는 통상임금으로 지급을 하는 것을 지양해야 한다.

　　통상임금이란 사전에 지급액과 지급시기가 미리 확정된 것을 말한다. 예를 들면 연장근무를 하는 시점에 임금으로서 지급하기로 미리 약정된 모든 금액을 통상임금이라고 한다.

　　따라서 복리후생제도로 지급을 하는 경우에는 수급대상자가 수시로 변할 수 있게 하던지, 지급시기가 매 지급 시마다 변하여 고정적 지급 형태가 아니어야 한다. 인사평가 결과에 따른 차등 적용도 통상임금으로 보지 않게 되는 방안이 될 수 있다.

　　복리후생제도로서의 수당과 근로의 대상으로 지급하는 임금과 구별이 되지 않으면 노사상생의 근본이 흔들릴 수 있기 때문이다.

▷ 직원의 복리후생제도는 적정하게 운영하고 있는가, 통상임금으로 운영을 하고 있지는 않는가를 확인하고 평가한다.

❸ 능력급(성과급)도입자료

| 매우 우수 | | 우 수 | | 보 통 | | 미 흡 | | 매우 미흡 | |
|---|---|---|---|---|---|---|---|---|---|
| 10 | 9 | 8 | 7 | 6 | 5 | 4 | 3 | 2 | 1 |

▷ 직원의 업적 등 평가결과를 능력급 또는 성과급에 적용을 하고 있는지? 또는 ▷ 성과배분의 자료로 활용하고 있는지 등을 확인하고 평가를 한다.

▷ 직원들은 이러한 제도에 대해 어느 정도 만족도를 보이고 있는지 등도 확인 대상이라 할 수 있다. 이때 유의할 점은 업적평가 점수가 낮은 직원의 불만을 성과급 만족도 조사에 적용을 하면 십중팔구는 문제점이 있는 것으로 나타날 수밖에 없다. 따라서 전체 직원 평균치의 결과를 살펴보아야 한다.

노사상생을 목적으로 능력급제도를 운영하면서 자칫 직원들의 인건비를 제로섬게임과 같이 운영을 한다면 직원들의 전체 반응은 만족도가 낮게 나타날 수밖에 없다.

노사상생관계우수기업인증 평가에서는 ▷ 급여관리 체계가 회사 실정에 적합한지 여부를 평가한다. 다만 능력급 또는 성과급(성과배분) 제도를 운영할 경우 인증평가에서 유리하게 적용을 하는 것이 원칙이다.

❹ 표창 및 수상실적

| 매우 우수 | | 우 수 | | 보 통 | | 미 흡 | | 매우 미흡 | |
|---|---|---|---|---|---|---|---|---|---|
| 10 | 9 | 8 | 7 | 6 | 5 | 4 | 3 | 2 | 1 |

회사에서 인사고과 또는 업적 평가를 한 후 고과점수가 탁월하였거나 회사발전에 기여한 공로가 타의 모범이 되었다면 당연히 표창을 실시하는 것이 정당한 것이다.

이러한 포상제도가 직원들의 동기부여 차원에서도 효과가 크다고 할 수 있다.

따라서 ▷ 포상실적을 확인하고 포상제도가 적정하게 운영되는지 확인하고 평가를 한다.

한편 외부 기관장으로부터 표창을 받은 직원에게도 그 실적을 인사고과에 반영을 하는 것이 바람직하다.

❺ 징계실적 및 징계양정의 적정성

| 매우 우수 | | 우 수 | | 보 통 | | 미 흡 | | 매우 미흡 | |
|---|---|---|---|---|---|---|---|---|---|
| 10 | 9 | 8 | 7 | 6 | 5 | 4 | 3 | 2 | 1 |

회사는 직원의 귀책사유가 발견되는 때에는 회사규정에 따라 징계를 하는 것이 당연하다. 직원의 귀책사유가 발견되었음에도 이를 묵과하고 방치를 한다면 회사의 위계질서는 파괴될 수 있다.

노사상생관계우수기업 인증에서는 ▷ 직원의 귀책사유 발견 시 징계 절차에 따라 적절하게 징계를 하였는지를 확인하고 평가를 한다. 또한 ▷ 징계 양정을 적정하게 결정하였는지를 평가한다.

▷ 징계 양정의 경중을 객관적으로 공정하게 결정하였는지를 평가한다. 특히 ▷ 회사의 징계규정, 상벌규정은 현실에 맞게 잘 정비되어 있는지? ▷ 그간의 징계관련 서류는 잘 보관하고 있는지 등을 확인하고 평가한다.

❻ 승진·승급제도의 적정성

| 매우 우수 | | 우 수 | | 보 통 | | 미 흡 | | 매우 미흡 | |
|---|---|---|---|---|---|---|---|---|---|
| 10 | 9 | 8 | 7 | 6 | 5 | 4 | 3 | 2 | 1 |

직장인들은 임금인상과 승진에 대한 열망이 가장 대표적인 욕구라고 할 수 있다.

회사의 역사가 길면 길수록 승진적체 현상은 심각한 수준에 이르게 된다. 이러한 문제점을 해결하고자 팀제를 도입하기도 하고 직위와 직급을 분리하여 운영하기도 한다.

직원들에게 이렇게 중차대한 승진제도가 공정한 절차와 방법에 따라 집행이 되어야만이 노사상생은 실현이 되는 것이다.

노사상생관계우수기업 인증평가에서는 ▷ 승진·승급 규정이 잘 되어 있는지와 ▷ 규정에 따라 승진 심사가 이루어졌는지? ▷ 승진 대상자는 적정하게 선발되었는지를 확인하고 평가한다. 특히 ▷ 인사고과 등 업적평가 결과를 승진 심사에 연계하고 있는지를 확인하고 평가하여야 한다.

| 5. 평가보상 시스템(100) | 5-1 직원의 평가제도/평가방법/평가절차 등의 적정성(50) | Driver | |
| | **5-2 직원의 동기부여/승진·승급/상·벌/ 급여관리의 적정성(50)** | System | |
| | | Results | |

| 5-2 직원의 동기부여/승진 · 승급/상 · 벌/급 여관리의 적정성(50) | 동기부여제도, 복리후생제도, 승진/승급, 상/벌, 급여관 리는 적정하게 운영되는가? |
|---|---|

| 세부평가내용<br>(해당 분야에 포함시킬 수 있는 부문) | 확인자료 |
|---|---|
| ▶ 직원의 승진/승급은 공정하고 객관적인 방법에 의하여 이루어지는가?<br><br>  10  9  8  7  6  5  4  3  2  1<br><br>▶ 직원의 포상이나 징계는 명확한 입증자료에 근거하여 결정하는가? 우수 직원에 대한 포상은 다양한 방법으로 행하여지는가?<br><br>  10  9  8  7  6  5  4  3  2  1<br><br>▶ 직원의 급여결정은 열심히 하는 사람이 대우를 받는 풍토로 이루어지는가?<br><br>  10  9  8  7  6  5  4  3  2  1<br><br>▶ 성과배분제도와 같이 회사의 이익을 직원들에게 분배하는 제도가 있는가? 우리사주제도는?<br><br>  10  9  8  7  6  5  4  3  2  1<br><br>▶ 직원 복지제도, 복지기금, 복지물과 같은 혜택을 부여하고 있는가? 선택적 복지제도 운영 여부는?<br><br>  10  9  8  7  6  5  4  3  2  1<br><br>▶ 급여대장 관리는 적법하게 운영하는가? 법정수당은 적법하게 지급되고 있는가?<br><br>  10  9  8  7  6  5  4  3  2  1 | ▶ 복지후생제도 종류와 실적 서류들<br>▶ 승진/승급 심사 매뉴얼<br>▶ 상/벌규정, 징계규정, 포상과 징계관련 서류철<br>▶ 징계양정의 형평성, 적정성 여부 확인<br>▶ 임금대장과 급여명세서<br>▶ 성과배분제도 등 운영지침과 우리사주 등 자료<br>▶ 동기부여 차원의 행사/여행/워크숍 실적 |

| 평가내용(수행/이행 및 강점) | 개선사항 |
|---|---|
| 평가점수<br><br>| 매우 우수 | | 우수 | | 보통 | | 미흡 | | 매우 미흡 | |<br>| 10 | 9 | 8 | 7 | 6 | 5 | 4 | 3 | 2 | 1 |<br><br>평가의견(이유) | |
| | 평가결과　배점 50점 X 　% [ 　점] |

# 4. 고용안정 시스템 평가항목과 평가요령

## 1) 비정규직 운영의 적절성과 해고절차 준수여부

최고경영자는 고용안정을 위하여 노력하여야 하며 특히 직원들이 고용불안을 느끼지 않도록 하여야 비로소 노사상생을 실현할 수 있다. 취업희망자들이 근무하고 싶은 회사, 취업하고 싶은 회사로 평가받을 수 있도록 노력하고 있는지를 평가한다.

이에 배정된 점수는 30점이다.

### ❶ 직원의 이직률

| 매우 우수 | | 우 수 | | 보 통 | | 미 흡 | | 매우 미흡 | |
|:---:|:---:|:---:|:---:|:---:|:---:|:---:|:---:|:---:|:---:|
| 10 | 9 | 8 | 7 | 6 | 5 | 4 | 3 | 2 | 1 |

일반적으로 직원의 이직률이 높으면 이직률이 낮은 회사에 비해 상대적으로 근무환경이 좋지 않다는 것으로 받아들이는 경향이 있다.

이러한 경향을 단순하게 판단할 수도 있지만 경험적인 측면에서 볼 때 어느 정도 신뢰할 만한 말이라고 본다.

적정한 이직률을 초과하여 과다한 이직률은 근본적으로 회사 내부에 문제가 있다는 증거이기도 하다.

따라서 산업별 평균 이직률과 비교하여 과다한 현상인지를 평가한다.

참고적으로 2013년 평균이직률을 보면 490개 기업체를 대상으로 실제 조사한 자료에서 전산업 평균 15.8%로 나타났으며, 직무별로 보면 제조/생산직이 21.6%로 가장 높고, 영업직이 20.6%, 서비스 14%, 연구개발 5.1%, 행정업무 등은 1~4%의 분포를 나타냈다. 이는 매년 조금씩 다르게 조사될 수 있으나 평균 이직률을 참고하여 이직률이 적정한지를 확인하고 평가한다.

이직률을 확인하면서 회사사정 혹은 직원사정으로 특별한 사정이 있어 이직률이 높아졌다면 특별한 사정이 적정한 사정이었는지를 고려할 필요가 있다.

## ❷ 부당해고, 부당징계 등

| 매 우 우 수 | | 우 수 | | 보 통 | | 미 흡 | | 매 우 미 흡 | |
|---|---|---|---|---|---|---|---|---|---|
| 10 | 9 | 8 | 7 | 6 | 5 | 4 | 3 | 2 | 1 |

고용안정을 심사함에 있어 부당해고 또는 부당징계 등의 사례는 없어야 하는 것이 원칙이다.

회사가 정당한 해고로 인식하고 해고를 하였는데 노동위원회 등에서 부당한 해고라고 판정을 하였다면 이를 부당해고로 인정을 하게 된다. 하지만 노사상생관계우수기업 인증 평가(심사)를 하는 기간 동안에 진행 중인 부당해고 관련 사건은 최종 확정 판결이 있기 전에는 부당 또는 정당 여부를 임의로 추정하지 아니하며 해당 사건은 사례에서 제외한다.

최고경영자는 ▷ 경영상 어려울 경우라도 해고회피 노력을 하여 부당한 해고를 피하는 노력을 하여야 한다는 내용을 이해하고 있는지?.

회사는 ▷ 해고 대상자에게 해고예고나 수당을 지급하였는가? 또한 ▷ 해고자에게 서면 통지를 하였는가?

▷ 업무상부상 질병으로 요양기간, 산전후휴가기간과 그 후 30일 이전에 해고한 사실이 있는가 등을 확인하고 평가한다.

## ❸ 비정규직 채용 현황과 보호정책

| 매 우 우 수 | | 우 수 | | 보 통 | | 미 흡 | | 매 우 미 흡 | |
|---|---|---|---|---|---|---|---|---|---|
| 10 | 9 | 8 | 7 | 6 | 5 | 4 | 3 | 2 | 1 |

최고경영자는 될 수 있는 한 ▷ 상시적 업무에 비정규직보다는 정규직을 배치하려는 의지가 강한지? 또는 ▷ 직원들의 업무를 외주로 주려고 하지는 않는지?

▷ 정규직 대비 비정규직 비율이 더 높지는 않은지?

▷ 정규직과 비정규직 임금격차는 적정한지?

▷ 정규직과 비정규직 복리후생제도 격차는 적정한지?

▷ 비정규직 근로조건이 정규직에 비해 차별대우를 하고 있지는 않는지?

▷ 비정규직 근로계약서 서면 작성과 교부 실태는? 개인정보 보호노력과 직원동의서 비치는 했는지?

| 6. 고용안정 시스템 (50) | 6-1 비정규직 운영의 적정성과 해고절차준수여부 (30)<br>6-2 고령/경력단절/장애인 등 고용 및 처우실태(20) | Driver | |
| | | System | ▨ |
| | | Results | |

| 6-1 비정규직 운영의 적정성과 해고절차준수 여부(30) | 상용직종(업무)에 비정규직 투입비율은 적정한가?<br>구조조정 시 법적인 절차를 준수하였는가? |
|---|---|

| 세부평가내용<br>(해당 분야에 포함시킬 수 있는 부문) | 확인자료 |
|---|---|
| ▶ 정규직과 비정규직 임금격차는? 복리 후생제도 격차는? 차별대우를 하고 있지는 않은가?<br>10 9 8 7 6 5 4 3 2 1<br>▶ 비정규직 근로계약서 서면 작성과 교부실태는? 개인정보 보호노력과 직원 동의서 비치는 했는가?<br>10 9 8 7 6 5 4 3 2 1<br>▶ 최고경영자는 될 수 있는 한 비정규직 채용이나 외주를 주는 것을 지양하고 정규직을 채용하는가?<br>10 9 8 7 6 5 4 3 2 1<br>▶ 최고경영자는 경영상 어려울 경우라도 해고회피 노력을 하여 부당한 해고를 피하는 노력을 한다.<br>10 9 8 7 6 5 4 3 2 1<br>▶ 회사는 해고 대상자에게 해고예고나 수당을 지급하였는가? 또한 해고자에게 서면 통지를 하였는가?<br>10 9 8 7 6 5 4 3 2 1<br>▶ 업무상부상, 질병으로 요양기간, 산전후휴가기간과 그 후 30일 이전에 해고한 사실이 있는가?<br>10 9 8 7 6 5 4 3 2 1 | ▶ 비정규직 임금격차에 대한 사유가 적정한가?<br>▶ 노동위원회 차별시정 명령받은 사실이 있는가?<br>▶ 노동위원회 부당해고 판정받은 사실이 있는가?<br>▶ 상시업무 직원 대비 비정규직 비율<br>▶ 비정규직 근로계약서 및 교부 증명 확인<br>▶ 비정규직 직원명부<br>▶ 퇴사자 명부(퇴직사유)<br>▶ 개인정보 사용동의서 (개인정보보호법) |

| 평가내용(수행/이행 및 강점) | 개선사항 |
|---|---|
| 평가점수<br>매우 우수 / 우수 / 보통 / 미흡 / 매우 미흡<br>10 9 / 8 7 / 6 5 / 4 3 / 2 1<br>평가의견(이유) | 평가결과 배점 30점 X % [ 점] |

## 2) 고령/경력단절/장애인 등 고용 및 처우실태

　최고경영자는 사회적 약자들을 위한 고용안정 노력도 병행하여야 한다. 이는 사회적 책임을 실천하는 것이기도 한다. 정부에서 사회적 약자들의 채용을 적극 권장을 하고 있으며, 고용장려금 등을 지원하기도 하므로 ▷ 일정 분야에는 이들을 고용하여야 하는데 고용실적을 확인하고 평가한다.

▷ 회사는 사회적 약자 등의 고용정책을 사회적 책무로 생각하고 이행한 성과가 있는가?

▷ 회사는 사회적 약자를 고용하기 어려워 분담금을 성실히 납부하고 있는가?

▷ 고령 또는 주부 직원을 적절하게 채용하여 근무를 시키는가?

▷ 장애인 또는 원호대상자를 법적 고용비율대로 채용하고 있는가?

▷ 사회적 약자 직원의 근로조건을 부당하게 차별하는 사례는 없는가? 차별이유가 적정한가?

▷ 고용보험의 채용 장려금 혜택을 받은 사실이 있는가 등을 확인하고 평가한다. 이에 배정된 점수는 20점이다.

❶ 고령자, 경력단절자(주부) 고용 및 처우실태

| 매우 우수 | | 우 수 | | 보 통 | | 미 흡 | | 매우 미흡 | |
|---|---|---|---|---|---|---|---|---|---|
| 10 | 9 | 8 | 7 | 6 | 5 | 4 | 3 | 2 | 1 |

　▷ 직원을 채용할 때 연령의 제한을 두지는 않는지? 이는 법으로 권장을 하고 있는 내용이다. ▷ 회사는 경력단절자(주부) 직원을 적절하게 고용하고 있는가? 따라서 ▷ 고령자 및 경력단절자의 채용 비율을 확인하고 평가한다.

> **고령자 및 경력단절자 채용비율=(고령자/주부직원 수/총직원 수) x 100**

　▷ 고령자 및 경력단절자(주부) 채용장려금 수령실적을 확인하고 평가한다. 고령자 고용 노력의무는 300인 이상 사업장에 있으므로 이하 규모 사업장은 고령자 고용 노력여부 확인 평가를 생략한다.

**②** 장애인, 원호대상자 등 고용 및 처우실태

| 매 우 우 수 | | 우 수 | | 보 통 | | 미 흡 | | 매 우 미 흡 | |
|---|---|---|---|---|---|---|---|---|---|
| 10 | 9 | 8 | 7 | 6 | 5 | 4 | 3 | 2 | 1 |

장애인 및 원호대상자에 대해서는 100인 이상 사업장은 일정 비율의 인원을 의무적으로 채용을 하거나 고용분담금을 납부하거나 선택을 하도록 되어 있다.

따라서 ▷ 법적 고용비율대로 적정 인원을 고용하였는지? ▷ 채용 대신 고용분담금의 납부를 철저히 하고 있는지 확인하고 평가한다.

입증자료는 고용분담금 영수증 등을 살펴보면 가능하다.

| 6. 고용안정 시스템(50) | 6-1 비정규직 운영의 적정성과 해고절차준수여부(30) | Driver | |
| | 6-2 고령/경력단절/장애인 등 고용 및 처우 실태(20) | System | ■ |
| | | Results | |

| 6-2 고령/경력단절/장애인 등 고용 및 처우 실태(20) | 사회적 약자 고령/경력단절/장애인/보훈대상자/청년 등 고용에 노력하고 있는가? |
|---|---|

| 세부평가내용<br>(해당 분야에 포함시킬 수 있는 부문) | 확인자료 |
|---|---|
| ▶ 회사는 사회적 약자 등의 고용정책을 사회적 책무로 생각하고 이행한 성과가 있는가?<br><br>\| 10 \| 9 \| 8 \| 7 \| 6 \| 5 \| 4 \| 3 \| 2 \| 1 \|<br><br>▶ 회사는 사회적 약자를 고용하기 어려워 분담금을 성실히 납부하고 있는가?<br><br>\| 10 \| 9 \| 8 \| 7 \| 6 \| 5 \| 4 \| 3 \| 2 \| 1 \|<br><br>▶ 고령 또는 주부 직원을 적절하게 채용하여 근무를 시키는가?<br><br>\| 10 \| 9 \| 8 \| 7 \| 6 \| 5 \| 4 \| 3 \| 2 \| 1 \|<br><br>▶ 장애인 또는 보훈대상자를 법적 고용비율대로 채용하고 있는가?<br><br>\| 10 \| 9 \| 8 \| 7 \| 6 \| 5 \| 4 \| 3 \| 2 \| 1 \|<br><br>▶ 사회적 약자 직원의 근로조건을 부당하게 차별하는 사례는 없는가? 차별이유가 적정한가?<br><br>\| 10 \| 9 \| 8 \| 7 \| 6 \| 5 \| 4 \| 3 \| 2 \| 1 \| | ▶ 장애인/주부직원/고령자/보훈대상자 각각 비율<br><br>▶ 장애인/보훈대상자 고용분담금 납부 영수증 (과거 3년간)<br><br>▶ 고용보험 채용 장려금 수령 실적<br><br>▶ 사회적 약자 근로계약서 및 교부확인자료<br><br>▶ 사회적 약자 차별대우 사례 또는 개선된 자료 |

| 평가내용(수행/이행 및 강점) | | | | | 개선사항 | |
|---|---|---|---|---|---|---|
| 평가점수 | | | | | | |
| 매우 우수 | 우수 | 보통 | 미흡 | 매우 미흡 | | |
| 10 \| 9 | 8 \| 7 | 6 \| 5 | 4 \| 3 | 2 \| 1 | | |
| | | | | | 평가결과 | 배점 20점 X     % [     점] |
| 평가의견(이유) | | | | | | |

# 5. 안전보건 시스템 평가항목과 평가요령

## 1) 안전사고 예방을 위한 조치 및 교육/훈련 이행정도

▷ 최고경영자는 안전사고 예방을 위한 조치를 하고 있는지? ▷ 직원들을 대상으로 교육은 물론 재난대비 훈련을 실시하였는지?

▷ 이에 대한 목표수립 및 실천계획을 작성하여 실천하였는지? ▷ 작업환경은 소음, 악취, 다습, 진동 등으로 스트레스를 받고 있지는 않는지? ▷ 작업환경이 위험에 노출되어 업무상 재해가 발생할 수 있는 환경은 아닌지? ▷ 안전장비는 제대로 보급이 되고 있는지 등을 확인하고 평가한다. 이에 배정된 점수는 50점이다.

### ❶ 안전보건 시스템 조직도 및 위원회 설치

| 매 우 우 수 | | 우 수 | | 보 통 | | 미 흡 | | 매 우 미 흡 | |
|---|---|---|---|---|---|---|---|---|---|
| 10 | 9 | 8 | 7 | 6 | 5 | 4 | 3 | 2 | 1 |

50인 이상 회사는 ▷ 안전보건관리 책임자를 선임하고 조직을 설치하고 있는지? ▷ 안전관리자를 중심으로 하는 안전관리조직을 운영하고 있는지? ▷ 또 보건관리자를 중심으로 보건관리조직을 운영하고 있는지?

▷ 100인 이상 사업장의 경우 산업안전 보건위원회를 설치 운영하는지를 평가한다.

### ❷ 안전(소방, 화재, 위생, 사고 등)에 관련된 규정과 유지 현황

| 매 우 우 수 | | 우 수 | | 보 통 | | 미 흡 | | 매 우 미 흡 | |
|---|---|---|---|---|---|---|---|---|---|
| 10 | 9 | 8 | 7 | 6 | 5 | 4 | 3 | 2 | 1 |

▷ 고객안전(소방, 화재, 위생, 안전사고 등)에 관련된 규정(기준)을 법적기준 이상으로 마련하고 있으며, 지속적으로 유지하고 개선·보완하고, 점검하고 있는가? ▷ 100인 이상

사업장의 경우 안전보건관리규정을 작성하고 운영하고 있는지? ▷ 안전시설 점검일지
는 정상적으로 작성 유지하고 있는지?

### ❸ 위험성평가 기관을 통한 평가여부

| 매우 우수 | | 우 수 | | 보 통 | | 미 흡 | | 매우 미흡 | |
|---|---|---|---|---|---|---|---|---|---|
| 10 | 9 | 8 | 7 | 6 | 5 | 4 | 3 | 2 | 1 |

▷ 회사는 안전보건공단 또는 공단에 등록된 위험성평가기관을 통하여 사업장 내 위
험성 평가를 받거나 컨설팅을 받은 사실이 있는지?
▷ 위험성평가 결과 지적사항을 완전히 개선을 하였는지?

### ❹ 안전보건을 위한 보험가입

| 매우 우수 | | 우 수 | | 보 통 | | 미 흡 | | 매우 미흡 | |
|---|---|---|---|---|---|---|---|---|---|
| 10 | 9 | 8 | 7 | 6 | 5 | 4 | 3 | 2 | 1 |

▷ 회사는 안전사고를 대비한 근로자재해보험에 가입을 하였는지? ▷ 회사가 가입한
보험의 종류, 보험금 규모 등 보험증권 내용을 확인 평가한다.

| 7. 안전보건 시스템 (100) | 7-1 안전사고 예방을 위한 조치 및 교육이행 정도(50)<br><br>7-2 안전사고 발생여부 및 조치 이행정도(50) | Driver | |
|---|---|---|---|
| | | System | |
| | | Results | |

| 7-1 안전사고 예방을 위한 조치 및 교육 이행정도(50) | 직원 및 고객의 안전을 위한 노력을 충분히 하고 있는가? 안전 시스템은 갖추어져 있는가? |
|---|---|

| 세부평가내용<br>(해당 분야에 포함시킬 수 있는 부문) | 확인자료 |
|---|---|
| ▸ 전사적 차원에서 직원과 고객안전을 추구하고 있는가? 사업장 정리정돈은 잘 되어 있는가?<br><br>\| 10 \| 9 \| 8 \| 7 \| 6 \| 5 \| 4 \| 3 \| 2 \| 1 \|<br><br>▸ 화재 등 재난의 사태를 대비한 비상훈련과 교육을 실시하고 있는가? 사고 책임자를 선임했는가?<br><br>\| 10 \| 9 \| 8 \| 7 \| 6 \| 5 \| 4 \| 3 \| 2 \| 1 \|<br><br>▸ 각 공정별 위험성평가는 실시하였는가? 직원들에게 안전장구류는 지급하였는가?<br><br>\| 10 \| 9 \| 8 \| 7 \| 6 \| 5 \| 4 \| 3 \| 2 \| 1 \|<br><br>▸ 작업 도구에 안전장치는 설치되어 있는가? 안전보건을 위한 안내 문구는 갖추어져 있는가?<br><br>\| 10 \| 9 \| 8 \| 7 \| 6 \| 5 \| 4 \| 3 \| 2 \| 1 \|<br><br>▸ 성희롱 등을 예방하기 위한 교육을 연 1회 이상 실시하였는가? 성희롱 사건 은폐사실은 없는가?<br><br>\| 10 \| 9 \| 8 \| 7 \| 6 \| 5 \| 4 \| 3 \| 2 \| 1 \|<br><br>▸ 직원의 안전보건에 대한 사건발생 예상분야를 조사한 자료 및 초등 대응시스템을 갖추고 있는가?<br><br>\| 10 \| 9 \| 8 \| 7 \| 6 \| 5 \| 4 \| 3 \| 2 \| 1 \| | ▸ 안전/보건/화재 대책위원회 조직구성 및 활동<br><br>▸ 안전관리자/보건관리자 등 선임자료<br><br>▸ 안전장구류 지급확인서, 수령확인서 (유니폼 등)<br><br>▸ 작업 도구 안전장치 설치 및 주의문구 부착여부<br><br>▸ 성희롱예방교육 실시 결과자료(교육자료)<br><br>▸ 위험성 평가 실시 자료, 무재해 운동 실시자료<br><br>▸ 산재보험/근재보험 가입확인 및 보험금 수령실적 |

| 평가내용(수행/이행 및 강점) | 개선사항 |
|---|---|
| 평가점수 | |

| 매우 우수 | | 우수 | | 보통 | | 미흡 | | 매우 미흡 | |
|---|---|---|---|---|---|---|---|---|---|
| 10 | 9 | 8 | 7 | 6 | 5 | 4 | 3 | 2 | 1 |

평가의견(이유)

| 평가결과 | 배점 50점 X        % [        점] |
|---|---|

## 2) 안전사고 발생 여부 및 조치 이행정도

　최고경영자는 안전사고 발생시 신속한 조치를 취하여 골든타임을 놓치지 않도록 평상시에 훈련을 실시하여야 한다. 또한 실제 안전사고가 발생하였을 때 신속한 조치를 취했는지를 평가한다. 이에 배정된 점수는 50점이다. 지금까지 안전사고가 없었다면 배정된 점수를 획득할 수 있겠으나 안전사고에 대비하는 훈련 시스템을 갖추고 있는지를 심사하고 평가를 할 필요가 있다.

### ❶ 무재해 달성목표 시행

| 매우 우수 | | 우 수 | | 보 통 | | 미 흡 | | 매우 미흡 | |
|---|---|---|---|---|---|---|---|---|---|
| 10 | 9 | 8 | 7 | 6 | 5 | 4 | 3 | 2 | 1 |

　▷ 회사는 무재해 달성목표를 정하고 이를 달성하였는지? ▷ 목표 대비 어느 정도 달성한 실적이 있는지 등을 평가한다. ▷ 직원들은 무재해 운동에 적극적으로 참여를 하였는지?

### ❷ 결근율 및 질병수준

| 매우 우수 | | 우 수 | | 보 통 | | 미 흡 | | 매우 미흡 | |
|---|---|---|---|---|---|---|---|---|---|
| 10 | 9 | 8 | 7 | 6 | 5 | 4 | 3 | 2 | 1 |

　▷ 직원들이 질병 등 건강상 이유로 지각이나 결근을 한 실적은 어떠한지? ▷ 지각율과 결근율은 각각 어떠한지?

### ❸ 과거 3년간 안전사고 발생건수 및 재발방지 초치

| 매우 우수 | | 우 수 | | 보 통 | | 미 흡 | | 매우 미흡 | |
|---|---|---|---|---|---|---|---|---|---|
| 10 | 9 | 8 | 7 | 6 | 5 | 4 | 3 | 2 | 1 |

▷ 회사는 과거 3년간 안전사고 발생건수는? ▷ 회사는 안전사고를 은폐하거나 덮어두려하지는 않았는지? ▷ 회사는 안전사고에 대한 원인규명과 사후 대책 또는 재발방지를 위한 조치를 충분히 하였는가?

▷ 각 작업별, 기계별, 업무별 안전사고 시 행동수칙을 수립하고 있는가? (사고 수습 매뉴얼)

▷ 관리자는 안전사고 발생 시 무엇을 지원해야 하는지를 알고 있는가? (관리자 행동 요령)

▷ 직원들은 안전사고 발생 시 어떠한 행동을 어떻게 하여야 하는지를 설명할 수 있는가?
　(직원 행동 요령)

▷ 회사는 직원의 건강상태를 고려하여 업무 재배정(조정)하는 등 2차 사고를 예방한 사례가 있는가?

▷ 안전사고 발생 징후 발견 시 작업이나 업무를 중단하고 사고를 미연에 방지하는 제도가 있는가?

▷ 안전사고 발생 시 적절한 조치를 수행하고 사고원인을 분석하고 피드백하는가?

| 7. 안전보건 시스템 (100) | 7-1 안전사고 예방을 위한 조치 및 교육이행정도(50)<br>**7-2 안전사고 발생여부 및 조치 이행정도(50)** | Driver | |
|---|---|---|---|
| | | System | |
| | | Results | |

| 7-2 안전사고 발생여부 및 조치 이행정도(50) | 안전사고가 발생한 사실이 있는가? 안전사고 시 조치는 적절하였는가? 이후 예방조치 하였는가? |
|---|---|

| 세부평가내용<br>(해당 분야에 포함시킬 수 있는 부문) | 확인자료 |
|---|---|
| ▶ 전사적인 차원의 안전사고가 발생한 사실이 있는가?<br>(인명 또는 기계 장치 등)<br><br>10 9 8 7 6 5 4 3 2 1<br><br>▶ 각 작업별, 기계별, 업무별 안전사고 시 행동수칙을 수립하고 있는가?<br>(사고 수습 매뉴얼)<br><br>10 9 8 7 6 5 4 3 2 1<br><br>▶ 관리자는 안전사고 발생 시 무엇을 지원해야 하는지를 알고 있는가? 직원들은 안전사고 발생 시 어떠한 행동을 어떻게 하여야 하는지를 설명할 수 있는가?<br><br>10 9 8 7 6 5 4 3 2 1<br><br>▶ 회사는 직원의 건강상태를 고려하여 업무 재배정(조정)하는 등 2차 사고를 예방하는 제도가 있는가?<br><br>10 9 8 7 6 5 4 3 2 1<br><br>▶ 안전사고 발생 징후 발견 시 작업이나 업무를 중단하고 사고를 미연에 방지하는 제도가 있는가?<br>안전사고 발생 시 적절한 조치를 수행하고 사고 원인을 분석하고 피드백 하는가?<br><br>10 9 8 7 6 5 4 3 2 1 | ▶ 안전사고 발생자료 (과거 3년간)<br>▶ 안전사고 발생 원인과 조치 성과의 비교자료<br>▶ 안전사고 발생 징후 발생 자료 및 조치결과<br>▶ 안전사고 발생 시 관리자와 직원들의 행동지침<br>▶ 안전사고 수습 매뉴얼<br>▶ 안전관리자 및 직원 면담(인터뷰) 확인 |

| 평가내용(수행/이행 및 강점) | 개선사항 |
|---|---|
| 평가점수 | |

| 매우 우수 | | 우수 | | 보통 | | 미흡 | | 매우 미흡 | |
|---|---|---|---|---|---|---|---|---|---|
| 10 | 9 | 8 | 7 | 6 | 5 | 4 | 3 | 2 | 1 |

평가의견(이유)

| | 평가결과 | 배점 50점 X        % [        점] |
|---|---|---|

# 6. 노사협력 시스템 평가항목과 평가요령

## 1) 고충처리제도/직원제안제도 등 참여제도 유무

최고경영자는 노사협력(노사상생)개선 유지를 위하여 노력을 하여야 함은 당연하다. 노사협력(노사상생)을 하기 위해서는 직원들이 경영에 참여할 수 있는 기회를 부여하여야 하는데 대표적인 제도가 직원제안제도와 고충처리제도, 노사협의회제도 등을 사례로 들 수 있다. 특히 노사협의회제도는 30인 이상 사업장은 의무적으로 설치하도록 법으로 정하고 있다.

▷ 최고경영자는 조직의 목표와 목적을 달성하기 위해 직원이 조직에 기여하는 방법을 설명하는가? ▷ 경영층은 각각의 직원과 조직의 목표에 대해 설명하고 공유하는가?

▷ 직원 자신은 스스로 자신에게 주어진 역할에 적합한 조직의 목표와 목적을 수립할 수 있는가?

▷ 직원 자신의 행동이 조직에 얼마만한 기여를 하는지 알고 있는가?

▷ 직원이 적극적으로 경영에 참여할 수 있는 제도가 있는가?

▷ 직원을 동기 부여시키고 참여를 유도하기 위한 차별화된 제도나 프로그램이 있는가 등을 평가한다.

이에 배정된 점수는 50점이다.

### ❶ 최고경영자의 의사소통 통로

| 매우 우수 | | 우 수 | | 보 통 | | 미 흡 | | 매우 미흡 | |
|---|---|---|---|---|---|---|---|---|---|
| 10 | 9 | 8 | 7 | 6 | 5 | 4 | 3 | 2 | 1 |

▷ 최고경영자는 직원들과의 의사소통 채널을 다양하게 개방하고 있는가? ▷ 최고경영자는 직원들이 회사발전을 위한 아이디어를 제공할 수 있는 기회를 부여하고 이를 제도적으로 운영하고 있는가? ▷ 회사는 직원들의 아이디어를 이용하여 경영에 반영을 한 사례는 있는가? ▷ 직원들의 아이디어가 회사발전과는 무관한 경우 회사는 어떤 조

치를 취하고 있는가? ▷ 직원들의 의사소통 채널이 일방인가? 양방인가? ▷ 의사소통 방법과 절차, 시스템(제도)에는 개선할 부분은 없는지 등을 확인하고 평가를 한다.

**❷ 회의체 구성과 노사협력 사례**

| 매 우 우 수 | | 우 수 | | 보 통 | | 미 흡 | | 매 우 미 흡 | |
|:---:|:---:|:---:|:---:|:---:|:---:|:---:|:---:|:---:|:---:|
| 10 | 9 | 8 | 7 | 6 | 5 | 4 | 3 | 2 | 1 |

▷ 30인이상 사업장에 노사협의회를 구성하고 실질적인 운영을 하고 있는가? ▷ 직원들의 고충을 처리하기 위한 시스템은 갖추고 있는가? ▷ 직원 고충처리 실적은 관리되고 있는가? ▷ 회사의 공식적인 회의제도의 종류와 운영 실태는 어떠한가? ▷ 직원들이 참여할 수 있는 회의제도는 어떠한 것들이 있으며 운영 실적은 어떠한가? ▷ 청년회의, 평사원의회 등과 같은 직원들의 활동자료는 잘 관리되고 있는가 등을 확인하고 평가한다.

특히 최고경영자가 직원들의 경영참여 제도에 대해 부정적인 소견을 가지고 있는지를 확인하고 그렇다면 이유가 적절한지를 평가한다.

| 8. 노사협력 시스템 (100) | 8-1 고충처리제도/직원제안제도 등 참여제도 유무 (50) 8-2 복리후생제도/동호회/사우회 등 지원제도 이행정도(50) | Driver | |
| --- | --- | --- | --- |
| | | System | |
| | | Results | |

| 8-1 고충처리제도/직원제안제도 등 참여제도 유무(50) | 회사는 경영목표와 직원의 목표를 일치하기 위해 부단히 노력하고 있는가? |
| --- | --- |

| 세부평가내용 (해당 분야에 포함시킬 수 있는 부문) | 확인자료 |
| --- | --- |

▶ 최고 경영자는 조직의 목표와 목적을 달성하기 위해 직원이 조직에 기여하는 방법을 설명하는가?

| 10 | 9 | 8 | 7 | 6 | 5 | 4 | 3 | 2 | 1 |
|---|---|---|---|---|---|---|---|---|---|

▶ 경영층은 각각의 직원과 조직의 목표에 대해 설명하고 공유하는가?

| 10 | 9 | 8 | 7 | 6 | 5 | 4 | 3 | 2 | 1 |
|---|---|---|---|---|---|---|---|---|---|

▶ 직원 자신은 스스로 자신에게 주어진 역할에 적합한 조직의 목표와 목적을 수립할 수 있는가?

| 10 | 9 | 8 | 7 | 6 | 5 | 4 | 3 | 2 | 1 |
|---|---|---|---|---|---|---|---|---|---|

▶ 직원 자신의 행동이 조직에 얼마만한 기여를 하지는 알고 있는가?

| 10 | 9 | 8 | 7 | 6 | 5 | 4 | 3 | 2 | 1 |
|---|---|---|---|---|---|---|---|---|---|

▶ 직원이 적극적으로 경영에 참여할 수 있는 제도가 있는가?

| 10 | 9 | 8 | 7 | 6 | 5 | 4 | 3 | 2 | 1 |
|---|---|---|---|---|---|---|---|---|---|

▶ 직원을 동기 부여시키고 참여를 유도하기 위한 차별화된 제도나 프로그램이 있는가?

| 10 | 9 | 8 | 7 | 6 | 5 | 4 | 3 | 2 | 1 |
|---|---|---|---|---|---|---|---|---|---|

확인자료:
▶ 종업원의 동기부여를 위한 제도 등과 관련한 자료
▶ 고충처리 대장
▶ 제안제도 운영 실적
▶ 노사협력관련 목표관리제도 운영 실적
▶ 청년회의, 평사원의회, 노사협의회 등 활동 자료

| 평가내용(수행/이행 및 강점) | 개선사항 |
| --- | --- |

평가점수

| 매우 우수 | | 우수 | | 보통 | | 미흡 | | 매우 미흡 | |
|---|---|---|---|---|---|---|---|---|---|
| 10 | 9 | 8 | 7 | 6 | 5 | 4 | 3 | 2 | 1 |

평가의견(이유)

평가결과 | 배점 50점 X    % [      점]

## 2) 복리후생제도/동호회/사우회 등 지원제도 이행정도

▷ 회사는 직원들의 안전과 건강한 업무환경을 위하여 인간 공학적인 측면과 환경에 대한 척도와 목표치를 고려한 평가와 개선이 이루어지도록 노력하는가? ▷ 직원 복지 향상을 위한 지원 프로그램은 지속적으로 유지 향상되는가 등을 확인하고 평가한다. 이에 배정된 점수는 50점이다.

### ❶ 업무환경

| 매우 우수 | | 우 수 | | 보 통 | | 미 흡 | | 매우 미흡 | |
|---|---|---|---|---|---|---|---|---|---|
| 10 | 9 | 8 | 7 | 6 | 5 | 4 | 3 | 2 | 1 |

조직 내에서 고객과 직원들의 안전과 건강한 업무환경을 위하여 인간 공학적인 측면과 환경에 대한 척도와 목표치를 고려한 평가와 개선이 이루어지는가? ▷ 업무환경 분위기는 가장 기초적인 복리후생제도라 할 수 있는데 업무환경 분위기는 쾌적한 편인가? ▷ 조직 내에서 어떠한 서비스, 시설 및 기회를 제공함으로써 직원 만족, 복리 및 동기부여를 지원하는가?

▷ 작업환경은 소음, 악취, 다습, 진동 등으로 스트레스를 받고 있지는 않는지? ▷ 작업환경이 위험에 노출되어 업무상 재해가 발생할 수 있는 환경은 아닌지? ▷ 개인의 프라이버시는 보호받을 수 있는 작업환경인지? ▷ 사무실 및 현장의 작업환경에 대해 정기적으로 조사하고 있는지 등을 확인하고 평가한다.

### ❷ 복리후생 제도

| 매우 우수 | | 우 수 | | 보 통 | | 미 흡 | | 매우 미흡 | |
|---|---|---|---|---|---|---|---|---|---|
| 10 | 9 | 8 | 7 | 6 | 5 | 4 | 3 | 2 | 1 |

▷ 조직의 복리후생 실태는 어떠한가? 만약 열악하다면 개선의 여지는 없는가? ▷ 직원의 근무환경 및 복리후생제도 등은 적절한 수준을 유지하고 있는가? ▷ 고객접

점 직원에 대한 책임과 권한위임은 명확하게 구분되어 있는가? ▷ 직원의 복리후생 제도와 관련하여 노사 간의 불신은 없는가? ▷ 회사의 복리후생 제도가 특정인, 특정계층, 특정부서 등에 편중되어 운영되고 있지는 않은가? ▷ 회사의 복리후생제도의 종류와 내용은 적정한가? ▷ 매년 복지향상을 위한 지원 프로그램은 운영하고 있는가? ▷ 동호회, 산악회, 낚시회 등 비공식 조직에 지원을 하고 있는가?

### ❸ 직원사기

| 매우 우수 | | 우 수 | | 보 통 | | 미 흡 | | 매우 미흡 | |
|---|---|---|---|---|---|---|---|---|---|
| 10 | 9 | 8 | 7 | 6 | 5 | 4 | 3 | 2 | 1 |

　▷ 직원 만족도(ESI)는 정기적으로 조사하고 활용되고 있는가? ▷ 3년간 직원 사기조사 지수는 향상되고 있는가? ▷ 사기조사 설문 항목이 적절하게 균형을 유지하고 있는가? 사기조사 항목이 관리직 또는 사무직, 정규직 등에 국한되어 실시되고 있지는 않는가? ▷ 사기조사 결과를 피드백하여 개선 또는 유지를 위한 자료로 활용하고 있는가? 등을 확인하고 평가한다.

### ❹ 보상제도와 노사협력

| 매우 우수 | | 우 수 | | 보 통 | | 미 흡 | | 매우 미흡 | |
|---|---|---|---|---|---|---|---|---|---|
| 10 | 9 | 8 | 7 | 6 | 5 | 4 | 3 | 2 | 1 |

　▷ 개인 및 부서의 능력·성과에 따른 급여시스템이 도입되어 있는가? ▷ 보상제도가 회사 실정에 맞게 설계되었는가? ▷ 매출규모, 영업이익규모, 부채비율, 회사 성장성, 회사 안정성, 회사수익성 등을 고려한 보상제도인지 여부를 심사하고 평가를 한다.

| 8. 노사협력 시스템(100) | 8-1 고충처리제도/직원제안제도 등 참여제도 유무(50) | Driver | |
|---|---|---|---|
| | **8-2 복리후생제도/동호회/사우회 등 지원제도 이행정도(50)** | System | |
| | | Results | |

| 8-2 복리후생제도/동호회/사우회 등 지원제도 이행정도(50) | 노사협력 증진을 위해 복리후생/동호회/사우회/봉사 활동 등의 지원은 확충되고 있는가? |
|---|---|

| 세부평가내용<br>(해당 분야에 포함시킬 수 있는 부문) | 확인자료 |
|---|---|
| ▶ 회사는 직원들의 안전과 건강한 업무환경을 위하여 인간 공학적인 측면과 환경에 대한 척도와 목표치를 고려한 평가와 개선이 이루어지는가?<br><br>| 10 | 9 | 8 | 7 | 6 | 5 | 4 | 3 | 2 | 1 |<br><br>▶ 회사는 복지서비스, 시설 및 기회를 제공함으로써 직원 만족, 복리 및 동기 부여를 지원하는가?<br><br>| 10 | 9 | 8 | 7 | 6 | 5 | 4 | 3 | 2 | 1 |<br><br>▶ 회사의 복리후생 실태는 어떠한가? 만약 열악하다면 개선의 여지는 없는가? 직원의 근무환경 및 복리후생제고 등을 적절한 수준을 유지하고 있는가?<br><br>| 10 | 9 | 8 | 7 | 6 | 5 | 4 | 3 | 2 | 1 |<br><br>▶ 직원 만족도(ESI)는 정기적으로 조사 및 활용되고 있는가? 직원의 복리후생과 관련하여 노사 간의 불신은 없는가?<br><br>| 10 | 9 | 8 | 7 | 6 | 5 | 4 | 3 | 2 | 1 |<br><br>▶ 직원에 대한 책임과 권한위임은 명확하게 구분되어 있는가?<br><br>| 10 | 9 | 8 | 7 | 6 | 5 | 4 | 3 | 2 | 1 |<br><br>▶ 노사협력 증진을 위한 급여시스템이 개인 및 부서의 능력·성과에 따른 급여시스템이 도입되어 있는가?<br><br>| 10 | 9 | 8 | 7 | 6 | 5 | 4 | 3 | 2 | 1 | | ▶ 직원 복지향상을 위한 지원프로그램<br>▶ 급여 및 복리후생체계의 시계열 자료 (3년간)<br>▶ 직원 만족도 조사자료(3년간)<br>▶ 직원 복리후생시설 점검<br>▶ 능력급(성과급) 도입자료<br>▶ 노사협력 증진을 위한 프로그램 목록 |

| 평가내용(수행/이행 및 강점) | 개선사항 |
|---|---|
| 평가점수 | |

| 매우 우수 | | 우수 | | 보통 | | 미흡 | | 매우 미흡 | |
|---|---|---|---|---|---|---|---|---|---|
| 10 | 9 | 8 | 7 | 6 | 5 | 4 | 3 | 2 | 1 |

평가의견(이유)

| | 평가결과 | 배점 50점 X    % [    점] |
|---|---|---|

# 제3절

# Results 평가항목

## 1. 노동법 Ⅰ 준수결과의 평가항목과 평가요령

노동법 Ⅰ 준수결과를 평가함에 있어 개별적 노사관계법을 준수한 결과를 심사하고 평가하는 것이다. 그러나 노동법 1에 해당이 되는 부분이라도 다른 평가 부문에서 다루어진 부분은 가급적 중복평가를 하지 않는 범위 내에서 이곳에서는 제외를 하기도 하였다.

### 1) 노무기장 서류/취업규칙/근로계약서 등 작성 및 보관

회사는 노사관계 유지를 위하여 필수적인 서류를 작성 보관하여야 한다고 법으로 규정하고 있다. 따라서 이러한 노무기장 서류의 보관 상태를 평가한다. 이에 배정된 점수는 100점이다.

### ❶ 노무기장 서류

| 매우 우수 | | 우 수 | | 보 통 | | 미 흡 | | 매우 미흡 | |
|---|---|---|---|---|---|---|---|---|---|
| 10 | 9 | 8 | 7 | 6 | 5 | 4 | 3 | 2 | 1 |

근로기준법 제42조 및 동법 시행령 제22조에서 정하고 있는 서류는 다음과 같다. 1. 근로계약서 2. 임금대장 3. 임금의 결정·지급방법과 임금계산의 기초에 관한 서류 4. 고용·해고·퇴직에 관한 서류 5. 승급·감급에 관한 서류 6. 휴가에 관한 서류 7. 법 제53조 제3항의 연장근로시행 근로자 동의서, 법 제63조 제3호(감시적 단속적근로자 승

인서) 및 법 제70조 제2항 단서(임산부 및 18세 미만자 야간근무 인가서)에 따른 승인·인가에 관한 서류 8. 법 제51조 제2항의 탄력적 근로시간제 서면합의서, 법 제52조의 선택적 근로시간제 서면합의서, 법 제58조 제2항·제3항(출장 시 근무시간 계산 등 서면으로 인정하기로 한 서면합의서) 및 법 제59조의 근로시간 및 휴게시간의 특례에 따른 서면 합의 서류 9. 법 제66조에 따른 연소자의 증명에 관한 서류 등의 보존 상태를 평가한다.

노무기장서류는 위에서 열거한 것 이외에도 각 회사 실정에 맞게 특별히 제작하여 사용을 하는 것이 통상이다. 예를 들면 직원명부, 결근계, 휴가신청서, 연장근로신청서, 휴직신청서 등이 있다.

따라서 추가로 활용하는 서류도 확인을 하고 법률에서 정하고 있는 기준에 위배되는 사례는 없는지를 평가한다.

❷ 취업규칙 작성 및 신고

| 매 우 우 수 | | 우 수 | | 보 통 | | 미 흡 | | 매 우 미 흡 | |
|---|---|---|---|---|---|---|---|---|---|
| 10 | 9 | 8 | 7 | 6 | 5 | 4 | 3 | 2 | 1 |

취업규칙은 상시근로자 10인 이상 사업장은 의무적으로 작성하여 고용노동청에 신고를 하도록 법으로 정해져 있다.

이때 상시근로자가 10인 이상인지 미만인지의 판단은 일일 근로자 수를 합산한 후 그 일수로 나누어 계산을 하는 방식과 일일 근로자 수를 확인한 결과 10인 이상의 일수가 전체 일수 중 2분의 1이 넘으면 10인 이상 사업장으로 보는 방식이 있다. 취업규칙 작성 의무 사업장의 인원수는 후자의 방식에 의한다.

취업규칙을 작성한 때에는 직원 과반수의 동의 또는 의견을 청취하여 고용노동청에 신고를 하여야 한다. 또한 취업규칙을 변경할 때에도 동일하나 직원에게 불리하게 변경을 하는 경우에는 필히 동의서를 받아야 한다.

취업규칙에는 다음의 사항이 필수적으로 포함되어야 한다. 1. 업무의 시작과 종료 시각, 휴게시간, 휴일, 휴가 및 교대 근로에 관한 사항 2. 임금의 결정·계산·지급 방법,

임금의 산정기간·지급시기 및 승급(昇給)에 관한 사항 3. 가족수당의 계산·지급 방법에 관한 사항 4. 퇴직에 관한 사항 5. 「근로자퇴직급여 보장법」 제4조에 따라 설정된 퇴직급여, 상여 및 최저임금에 관한 사항 6. 근로자의 식비, 작업 용품 등의 부담에 관한 사항 7. 근로자를 위한 교육시설에 관한 사항 8. 출산전후휴가·육아휴직 등 근로자의 모성 보호 및 일·가정 양립 지원에 관한 사항

9. 안전과 보건에 관한 사항 10. 근로자의 성별·연령 또는 신체적 조건 등의 특성에 따른 사업장 환경의 개선에 관한 사항 11. 업무상과 업무 외의 재해부조(災害扶助)에 관한 사항 12. 표창과 제재에 관한 사항 13. 그 밖에 해당 사업 또는 사업장의 근로자 전체에 적용될 사항 등의 포함 여부를 평가한다.

하지만 각 사항의 표제가 중요한 것이 아니라 세부 사항이 중요한 것이므로 법에서 정하고 있는 최저기준에 미달되지 아니한지를 확인하고 평가하여야 한다.

❸ 근로계약서 작성 및 교부

| 매우 우수 | | 우 수 | | 보 통 | | 미 흡 | | 매우 미흡 | |
|---|---|---|---|---|---|---|---|---|---|
| 10 | 9 | 8 | 7 | 6 | 5 | 4 | 3 | 2 | 1 |

근로계약서는 2부 작성하여 1부는 직원에게 교부를 하여야 한다. 직원이 요청을 하지 않더라도 1부를 교부하고 있는지? 매년 임금이 인상되는 시점에 불필요하게 근로계약서를 새로이 작성을 하고 있지는 않은지? 근로조건이 현격하게 변경이 되었음에도 근로계약서를 변경하지 않고 있는지? 근로계약서 내용에 필수 기재사항은 모두 포함하고 있는지? 금지 사항을 계약서에 포함하고 있지는 않은지? 근로조건 명시의무는 준수하고 있는지? 전차금상계 금지, 강제저축의 금지, 중간착취의 배제 등은 지켜지는지 등을 평가한다.

| 9. 노동법 Ⅰ 준수결과 (200) | 9-1 노무기장 서류/ 취업규칙/근로계약서 등 작성 보관(100) | Driver | |
| | 9-2 근로시간/휴일, 휴게, 휴가/임금지급 등 기타 준수결과 (100) | System | |
| | | Results | |

| 9-1 노무기장 서류/ 취업규칙/근로계약서 등 작성 보관(100) | 노동법1(개별 노동법)의 의무적 기장 서류의 작성은 적절한가? 노무기장 서류의 보관 상태는? |
|---|---|

| 세부평가내용 (해당 분야에 포함시킬 수 있는 부문) | 확인자료 |
|---|---|
| ▶ 직원명부/급여대장/건강진단자료/근로계약서/취업규칙 기타 노무기장 서류는 관리하고 있는가?<br>10  9  8  7  6  5  4  3  2  1<br><br>▶ 연차휴가대장/연차휴가사용촉진 통지서 등 연차휴가제도를 관리하는 서류가 있는가?<br>10  9  8  7  6  5  4  3  2  1<br><br>▶ 연장근로 동의서/탄력적, 선택적 근로시간제 직원대표 합의서 등 근로시간 관련 서류관리는?<br>10  9  8  7  6  5  4  3  2  1<br><br>▶ 퇴직금중간정산신청서/퇴직연금동의서 등 퇴직금 관련 노무기장 서류는 관리하고 있는가?<br>10  9  8  7  6  5  4  3  2  1<br><br>▶ 유급휴가 대체와 관련한 직원 대표 합의서/취업규칙 변경 동의서/연소자증명서/사회보험 취득 및 상실신고서/산전후휴가/육아휴직실시 자료 및 서류가 있는가?<br>10  9  8  7  6  5  4  3  2  1 | ▶ 취업규칙 게시 현황 및 내용상 위법 사항 여부<br><br>▶ 근로계약서 교부확인 및 필수 기재 사항 누락여부<br><br>▶ 근로시간 관련 직원대표 동의서/합의서<br><br>▶ 연차휴가 관련 노무기장 서류<br><br>▶ 급여대장의 제 수당 내용 및 적법성 여부<br><br>▶ 4대사회보험 관련 노무기장서류<br><br>▶ 4대사회보험 사무조합에 업무위탁 여부 |

| 평가내용(수행/이행 및 강점) | 개선사항 |
|---|---|
| 평가점수<br><br>| 매우 우수 | | 우수 | | 보통 | | 미흡 | | 매우 미흡 | |<br>| 10 | 9 | 8 | 7 | 6 | 5 | 4 | 3 | 2 | 1 |<br><br>평가의견(이유) | |
| | 평가결과 \| 배점 100점 X    % [      점] |

## 2) 근무시간/휴일, 휴게, 휴가, 휴직/임금지급 등 기타 준수결과

최고경영자는 근로기준법에서 정하고 있는 최저기준 이상의 근로조건을 준수하여야 한다. 따라서 부분적으로 기준에 비해 부족한 부문이 있다면 이를 개선하여야 한다. 또한 매년 향상목표를 수립하고 실천계획을 작성하여 이를 실천하여야 한다. 이에 배정된 점수는 100점이다.

### ❶ 근로시간 준수결과

| 매우 우수 | | 우 수 | | 보 통 | | 미 흡 | | 매우 미흡 | |
|---|---|---|---|---|---|---|---|---|---|
| 10 | 9 | 8 | 7 | 6 | 5 | 4 | 3 | 2 | 1 |

회사는 법에서 정하고 있는 법정근로시간을 준수하여야 한다. 그러나 경영사정에 따라 연장근로 또는 야간근로, 휴일근로를 시행하는 경우가 있다. 이러한 때에는 근로시간 관련 직원대표 동의서/합의서를 작성하여 비치하도록 법에서 정하고 있다.

이러한 요식 행위를 준수하고 있는지 심사하고 평가를 한다.

때에 따라서는 일부는 준수를 잘하고 있으나 일부는 미시행을 하는 경우가 있을 수 있다. 이러한 때에는 전부를 시행하였을 때를 100%로 가정을 하고 회사의 현 시점의 준수율을 감안하여 배정된 점수에 준수율을 곱하여 평가를 한다.

법정근로시간을 초과하였을 때 법정수당 지급여부도 함께 심사를 하여 정당하게 지급을 하였는지를 평가한다. 특히 수당의 산출방법이 적정한지 여부와 임금대장에 작성된 내용과 일치하는지도 검토하고 평가를 한다.

### ❷ 연차휴가 부여 준수결과

| 매우 우수 | | 우 수 | | 보 통 | | 미 흡 | | 매우 미흡 | |
|---|---|---|---|---|---|---|---|---|---|
| 10 | 9 | 8 | 7 | 6 | 5 | 4 | 3 | 2 | 1 |

5인 이상 회사는 연차휴가 관련 노무기장 서류를 작성하여 직원들의 확인 날인을 받아 보관 비치하여야 한다. 관련 서류로는 연차휴가대장/연차휴가사용촉진 통지서 등 연차휴가제도를 관리하는 서류가 있는데 이러한 서류들을 잘 비치하고 있는가를 심사하고 평가한다.

연차휴가는 발생시기와 사용가능시기, 회사사정으로 미사용 시 수당 지급시기가 각

각 시차를 두고 있기 때문에 세심하게 판단을 하여야 한다.

특히 이와 관련하여 고용노동청에 진정이 접수된 사례가 있는지를 확인하여 평가에 반영을 하여야 한다.

배정된 점수에서 사례 건수에 따라 일정한 점수를 감점 처리할 수 있다. 다만 정당한 이유가 있다고 판단이 되면 감점처리를 하지 않을 수 있다.

❸ 휴게시간 및 휴일 / 휴가부여 준수결과

| 매우 우수 | | 우 수 | | 보 통 | | 미 흡 | | 매우 미흡 | |
|---|---|---|---|---|---|---|---|---|---|
| 10 | 9 | 8 | 7 | 6 | 5 | 4 | 3 | 2 | 1 |

휴게시간은 일일 4시간 근무 시에는 30분 이상을 8시간 근무 시에는 60분 이상을 부여하도록 법으로 정하고 있기 때문에 의무적으로 준수하여야 한다.

휴게시간은 근로자가 자유롭게 사용을 할 수 있어야 하나 회사 경영 질서를 유지하는 범위 내에서 사내에서 사용하도록 규제를 할 수 있다. 이러한 휴게시간 제도가 법에서 정하고 있는 대로 시행되고 있는지를 심사하고 평가한다.

근로기준법에서 휴일은 주휴일과 근로자의 날을 의미한다. 하지만 회사 내부 규정(취업규칙 등)에서 휴일을 지정하여 운영을 할 수 있다. 이때에는 회사 규정을 검토한 이후에 이행여부를 평가하여야 한다.

휴일에는 유급휴일과 무급휴일로 구분할 수 있는데 휴일근무수당의 계산이 적합한지를 평가한다.

특히 주5일제 근무를 하는 회사에서 토요일은 무급휴일로 취급을 하는지를 확인하고 주40시간을 초과하였을 때 연장근로수당 지급이 정상적으로 이루어졌는지도 평가한다.

이어서 휴가제도는 법정휴가제도와 임의휴가제도로 구분할 수 있는데 법정휴가는 산전. 산후휴가제도와 같이 회사가 의무적으로 부여를 하여야 하는데 제대로 준수를 하고 있는지를 평가한다. 임의휴가제도는 회사 내규(취업규칙 등)에 정하여 포상휴가라든지, 가족 돌봄 휴가라든지 각종 명칭의 휴가제도가 있는데 규정대로 이행을 하고 있는지를 평가한다.

❹ 휴직제도 준수결과

| 매 우 우 수 | | 우 수 | | 보 통 | | 미 흡 | | 매 우 미 흡 | |
| --- | --- | --- | --- | --- | --- | --- | --- | --- | --- |
| 10 | 9 | 8 | 7 | 6 | 5 | 4 | 3 | 2 | 1 |

휴직제도는 법정휴직제도와 임의휴직제도로 구분하여 심사를 하여야 한다. 법정 휴직제도는 요건에 해당이 되는 경우 회사가 의무적으로 부여하여야 하나 임의휴직제도는 회사 규정을 검토한 후 판단을 하여야 한다.

육아휴직과 같은 법정휴직제도는 해당 직원의 신청이 있을 경우 회사가 이를 수락했는지, 거부했는지 등을 평가한다. 또한 휴직제도의 대안으로 근로시간 단축을 희망하는 경우 이를 수락했는지 여부도 평가한다.

한편 업무상재해로 인한 휴직기간에 근로자에게 불이익을 준 사실을 없는지, 휴직을 마치고 복귀하는 직원에게 불이익 처우를 하지는 않았는지 등도 평가 대상이다.

❺ 임금 및 금품정산 준수결과

| 매 우 우 수 | | 우 수 | | 보 통 | | 미 흡 | | 매 우 미 흡 | |
| --- | --- | --- | --- | --- | --- | --- | --- | --- | --- |
| 10 | 9 | 8 | 7 | 6 | 5 | 4 | 3 | 2 | 1 |

직원들에게는 임금이 생활의 기본이기 때문에 매월 정기적으로 직원에게 직접 통화로 지불을 하도록 법으로 정하고 있다. 회사가 이러한 임금 지급의 원칙을 준수하고 있는지를 평가한다.

또한 회사사정으로 휴업을 한 경우 휴업수당은 제대로 지급을 하였는지? 징계처분으로 감급을 할 때 법에서 정한 일일 임금의 50% 이내 총 감급액이 월급의 10% 이내에서 시행되었는지? 최저임금법에는 저촉되지 않는지? 퇴직금 지급은 퇴직일로부터 14일 이내에 지급이 되고 있는지? 법정 제 수당 지급은 적법하게 지불되고 있는지? 급여대장의 제 수당 내용과 실제 근무일수, 시간과는 일치하는지? 그리고 적법하게 지급은 되었는지? 임금 공제 항목은 법에서 허용하는 범위 내에서 이루어지는지? 회사 내부 규정으로 정한 제 수당들에 대해 지급 요건에 해당이 되는 직원에게 예외 없이 지급이 되고 있는지? 임금중간 착취 사례는 없는지? 강제저축을 한 사례는 없는지? 통상임금 적용을 회피하고 있지는 않는지 등을 평가한다.

| | | | |
|---|---|---|---|
| **9. 노동법 Ⅰ 준수결과(200)** | 9-1 노무기장 서류/ 취업규칙/근로계약서 등 작성 보관 (100) | Driver | |
| | **9-2 근로시간/휴일, 휴게, 휴가/임금지급 등 기타 준수결과(100)** | System | |
| | | Results | |

| | |
|---|---|
| **9-2 근로시간/휴일, 휴게, 휴가/임금지급 등 기타 준수결과(100)** | 직원들에게 법정근로시간, 휴일, 휴게, 휴가는 적법하게 이행되는가? |

| 세부평가내용<br>(해당 분야에 포함시킬 수 있는 부문) | 확인자료 |
|---|---|
| ▶ 회사는 법정 근로시간을 확실하게 준수하는가? 초과 근무 시 법정 수당은 지급하는가? 회사는 초과근로(연장근로)시간을 법정 한도 이내에서 운영하고 있는가?<br><br>\| 10 \| 9 \| 8 \| 7 \| 6 \| 5 \| 4 \| 3 \| 2 \| 1 \|<br><br>▶ 회사는 근무시간 도중에 휴게시간을 적법하게 부여하고 있는가?<br><br>\| 10 \| 9 \| 8 \| 7 \| 6 \| 5 \| 4 \| 3 \| 2 \| 1 \|<br><br>▶ 회사는 연차휴가를 적법하게 부여하고 있는가? 연차휴가 사용촉진제도를 적법하게 운영하는가? 회사는 회사사정으로 연차휴가 미사용 시 수당으로 지급하고 있는가?<br><br>\| 10 \| 9 \| 8 \| 7 \| 6 \| 5 \| 4 \| 3 \| 2 \| 1 \|<br><br>▶ 회사는 출산 전후 휴가를 적법하게 부여하고 있는가? 회사는 육아휴직/가족돌봄휴직 등 적법한 휴직 신청 시 이를 허락하고 있는가?<br><br>\| 10 \| 9 \| 8 \| 7 \| 6 \| 5 \| 4 \| 3 \| 2 \| 1 \|<br><br>▶ 회사는 급여를 매월 1회 정기적으로 직원에게 직접 통화로 전액을 지급하고 있는가?<br><br>\| 10 \| 9 \| 8 \| 7 \| 6 \| 5 \| 4 \| 3 \| 2 \| 1 \| | ▶ 급여대장의 연장근로수당 등 법정수당 지급 금액(법정 한도 시간 대비 금액)<br><br>▶ 노동법 위반 사실 여부 직원 인터뷰(면담) 확인자료<br><br>▶ 근로계약서 근무시간, 휴게시간 확인<br><br>▶ 휴가신청서, 휴직신청서, 휴일근로신청서 등 자료 |

| 평가내용(수행/이행 및 강점) | 개선사항 |
|---|---|
| 평가점수 | |

| 매우 우수 | | 우수 | | 보통 | | 미흡 | | 매우 미흡 | |
|---|---|---|---|---|---|---|---|---|---|
| 10 | 9 | 8 | 7 | 6 | 5 | 4 | 3 | 2 | 1 |

평가의견(이유)

| | | | |
|---|---|---|---|
| | 평가결과 | 배점 100점 X | % [ 점] |

## 2. 노동법 Ⅱ 사회보험법, 기타 사회적 책임 준수결과 평가항목과 평가요령

### 1) 노조법/근참법 등 기타 준수 결과

노동법 Ⅱ는 집단적 노사관계법의 준수 결과를 평가하는 것이다. 대표적인 것이 노동조합 및 노동쟁의 조정법(노조법이라 함)과 근로자참여 및 협력증진에 관한 법률(노사협의회법이라 함)을 들 수 있다. 노사상생관계우수기업 인증에서는 집단적 노사관계가 원만하고 협조적이어서 노사상생의 분위기가 구축됨을 인정받는 절차이기도 하다. 그러나 노동조합이 결성되지 않은 사업장에서는 노사협의회 설치와 관련하여 심사하고 평가를 하게 된다. 그러나 노사협의회 제도 역시 30인 이상 사업장에만 설치가 의무화되어 있기 때문에 30인 미만 사업장에 노동조합이 없는 경우 이에 배정된 점수 50점을 그대로 획득하게 된다.

❶ 30인 미만 사업장

| 매우 우수 | | 우 수 | | 보 통 | | 미 흡 | | 매우 미흡 | |
|---|---|---|---|---|---|---|---|---|---|
| 10 | 9 | 8 | 7 | 6 | 5 | 4 | 3 | 2 | 1 |

30인 미만 사업장은 노사협의회를 설치하지 않아도 되므로 노조법에 의한 노동조합과의 관계에서 노조법을 준수하고 있는지 여부만을 심사하고 평가하면 된다.

그러나 노동조합이 결성되어 있지 않다면 배정된 점수 50점(매우 우수 10점)을 부여하게 된다.

❷ 30인 이상 사업장

| 매우 우수 | | 우 수 | | 보 통 | | 미 흡 | | 매우 미흡 | |
|---|---|---|---|---|---|---|---|---|---|
| 10 | 9 | 8 | 7 | 6 | 5 | 4 | 3 | 2 | 1 |

30인 이상 사업장은 노사협의회를 의무적으로 설치를 하고 노사협의회규정을 제정하여 고용노동청에 신고를 하도록 되어 있다. 따라서 이를 준수했는지 여부를 심사하고 평가한다. 노사협의회는 분기별로 개최하여야 하며 회의록을 필히 작성하여 비치 보관하여야 한다.

고충처리위원을 선임하여야 하며 고충처리대장을 작성하고 이를 보관하여야 한다. 고충처리위원이 해결하기 어려운 경우에는 고충처리위원회 또는 노사협의회에 상정하여 해결을 하여야 하며 그 결과를 본인에게 통보하여야 하며 실적을 기록하여 보관하여야 한다.

노사협의회 사용자위원과 근로자위원 선출 방법이 적법하였는지? 위원 숫자는 적정한지 등을 심사하고 평가한다.

회사는 노사협의회 제도를 노사상생을 위한 제도로 활용하고 있는지를 평가한다.

노사협의회와는 별도로 노동조합이 결성되어 있는 경우에는 노동조합법에서 규정하고 있는 전임자 인정과 타임오프제(근로시간 면제자) 적용, 복수노조 관계 여부, 부당노동행위 여부, 차별시정 명령을 받은 사실이 있는지 여부, 단체협약 외에 이면 계약이 있는지 여부, 단체협약 내용 중 위법한 내용은 없는지 여부 등을 심사하고 평가한다.

| 10. 노동법 II / 사회보험법 준수결과 (100) | 10-1 노조법/근참법 등 기타 준수결과(50)<br>10-2 사회보험법 등 기타 사회적 책임준수 결과(50) | Driver | |
|---|---|---|---|
| | | System | |
| | | Results | |

| 10-1 노조법/근참법 등 기타 준수결과(50) | 노조법/근참법의 의무사항을 노사 모두가 준수하고 있는가? |
|---|---|

| 세부평가내용<br>(해당 분야에 포함시킬 수 있는 부문) | 확인자료 |
|---|---|
| ▶ 회사에 노동조합이 결성되어 있는가? 노사는 노조법위반 사실이 없는가?<br>(노조가 없는 경우 노조법 준수 사항은 25점 배점)<br><br>`10  9  8  7  6  5  4  3  2  1`<br><br>▶ 회사는 노동조합을 회사 발전 동반자로 인식하고 협력적 분위기를 유지하고 있는가? 회사는 부당노동행위를 한 사례가 없는가?<br><br>`10  9  8  7  6  5  4  3  2  1`<br><br>▶ 노사협의회는 3개월마다 개최를 하고 있는가? 고충처리위원은 선임되어 있는가? 고충처리 실적은 고충처리 대장에 기록하여 관리하고 있는가?<br><br>`10  9  8  7  6  5  4  3  2  1`<br><br>▶ 회사는 협력적 노사관계 유지를 위해 지속적으로 근로자 참여 및 협력증진에 노력하고 있는가?<br><br>`10  9  8  7  6  5  4  3  2 . 1`<br><br>▶ 회사는 전임자인정과 타임오프제 적용을 법대로 준수하고 있는가?<br><br>`10  9  8  7  6  5  4  3  2  1` | ▶ 고충처리 상담실 운영 여부<br>▶ 노사협의회 규정 / 단체협약 검토<br>▶ 단체교섭 일지(회의록) 등 검토<br>▶ 노사협의회 회의록 등 검토<br>(과거 3년간의 자료와 최근의 자료 비교)<br>▶ 노사 협력을 위한 행사 등에 관련된 자료<br>▶ 부당노동행위 사례 자료 및 점검 |

| 평가내용(수행/이행 및 강점) | 개선사항 |
|---|---|
| 평가점수<br><br>| 매우 우수 | | 우수 | | 보통 | | 미흡 | | 매우 미흡 | |<br>| 10 | 9 | 8 | 7 | 6 | 5 | 4 | 3 | 2 | 1 |<br><br>평가의견(이유) | <br><br><br>평가결과　배점 50점 X 　% [ 　점] |

## 2) 사회보험법 등 기타 사회적 책임준수/국가시책준수 결과

사회보험법은 노동법 1에 해당이 되지만 예외적으로 노동법 2에서 평가를 하도록 설계를 하였다. 이유는 노동조합이 결성되어 있지 아니한 사업장에서도 노사관계 우수기업 인증을 신청하기 때문에 노동법 2의 점수 배정에 형평성을 주기 위해 이곳으로 설계를 하게 된 것이다.

또한 사회적 책임 준수결과를 최고경영자는 리더십 평가에서 다루기는 하였지만 결과에 대한 평가는 이곳에서 하기로 한다.

특히 사회적 책임의 범위를 넓혀 국가시책을 준수하였는지 여부를 평가한다. 이는 매년 국가시책이 새로울 수 있기 때문에 시사성을 가지고 있다고 볼 수 있다. 이러한 점을 고려하여 실천여부를 심사하고 평가를 하여야 한다. 이에 배정된 점수는 50점이다.

### ❶ 4대사회보험 관련 노무기장서류

| 매우 우수 | | 우 수 | | 보 통 | | 미 흡 | | 매우 미흡 | |
|---|---|---|---|---|---|---|---|---|---|
| 10 | 9 | 8 | 7 | 6 | 5 | 4 | 3 | 2 | 1 |

회사에서 4대사회보험 업무를 담당자가 직접 수행하는 경우와 4대사회보험 사무조합에 업무를 위탁하여 처리를 하는 경우가 있다. 사무조합에 위탁하여 처리를 하고 있다면 4대사회보험 업무에 문제가 없다고 볼 수 있다. 그러나 제 보험 자격 취득신고서류와 상실신고 서류 등의 보관 상태는 확인하고 평가를 하여야 한다.

### ❷ 사회적 책임 준수 결과

| 매우 우수 | | 우 수 | | 보 통 | | 미 흡 | | 매우 미흡 | |
|---|---|---|---|---|---|---|---|---|---|
| 10 | 9 | 8 | 7 | 6 | 5 | 4 | 3 | 2 | 1 |

사회적 책임 준수 결과 평가는 최고경영자 리더십 평가에서 다루기는 하였으나 여기에서는 직원들이 조직적으로 사회적 책임 준수에 적극적으로 자진하여 참여를 하였는지를 심사하고 평가를 하는 것이다.

사회적 책임 준수분야에서는 사회적 소외 계층을 위한 봉사활동, 지원활동에 참여하였는지를 평가한다.

❸ 국가시책 준수 결과

| 매우 우수 | | 우 수 | | 보 통 | | 미 흡 | | 매우 미흡 | |
|---|---|---|---|---|---|---|---|---|---|
| 10 | 9 | 8 | 7 | 6 | 5 | 4 | 3 | 2 | 1 |

　회사는 국가시책, 지방자치단체 정책 등을 충실히 이행하였는지를 심사하고 평가를 한다.

　회사에 따라서는 국가시책이나 지자체 정책 등과 무관한 회사도 있을 수 있다. 하지만 일부라도 시행을 한 실적이 있다면 이를 반영하는 것이 바람직하다.

　특히 세무분야라든지, 국가 고용정책 준수, 청년일자리, 고용단절 여성 취업, 임금피크제 도입 등 정부에서 정책적으로 시행하기를 권장하는 부분은 모두 이에 해당이 된다.

| 10. 노동법 Ⅱ / 사화보험법 준수결과 (100) | 10-1 노조법/근참법 등 기타 준수결과(50) **10-2 사회보험법 등 기타 사회적 책임준수 결과(50)** | Driver | |
| | | System | |
| | | Results | |

| 10-2 사회보험법 등 기타 사회적 책임준수 결과(50) | 회사는 사회보험 가입 및 관리를 적법하게 하고 있으며, 사회적 책임을 다하고 있는가? |

| 세부평가내용 (해당 분야에 포함시킬 수 있는 부문) | 확인자료 |
|---|---|
| ▸ 회사는 4대사회보험을 관리하면서 직원들에게 최대한의 혜택이 돌아가도록 노력하고 있는가?<br><br>\| 10 \| 9 \| 8 \| 7 \| 6 \| 5 \| 4 \| 3 \| 2 \| 1 \|<br><br>▸ 회사는 4대사회보험료 납부를 지연한 적은 없는가? 직원 분담금은 적절하게 공제를 하고 있는가?<br><br>\| 10 \| 9 \| 8 \| 7 \| 6 \| 5 \| 4 \| 3 \| 2 \| 1 \|<br><br>▸ 회사는 4대사회보험 가입(자격취득)신고 또는 퇴사(자격상실)신고를 법정기일 내에 하는가?<br><br>\| 10 \| 9 \| 8 \| 7 \| 6 \| 5 \| 4 \| 3 \| 2 \| 1 \|<br><br>▸ 회사는 사회적 책임을 어느 정도 이행하고 있으며 직원들은 사회적 책임을 위해 노력하는가?<br><br>\| 10 \| 9 \| 8 \| 7 \| 6 \| 5 \| 4 \| 3 \| 2 \| 1 \|<br><br>▸ 직장어린이집 설치를 위해 노력을 하고 있는가? (상시 500인/여성 300인 이상 사업장은 의무설치)<br><br>\| 10 \| 9 \| 8 \| 7 \| 6 \| 5 \| 4 \| 3 \| 2 \| 1 \|<br><br>▸ 회사는 국가정책이나 시책을 성실하게 준수하였는가?<br><br>\| 10 \| 9 \| 8 \| 7 \| 6 \| 5 \| 4 \| 3 \| 2 \| 1 \| | ▸ 직원 부양가족 누락 사실은 없는가?<br>▸ 급여대장 4대사회보험료 공제금액 점검<br>▸ 자격취득 또는 자격상실신고서철<br>▸ 회사의 사회적 책임 이행 실적<br>▸ 직원들의 사회적 책임 참여 실적<br>▸ 4대사회보험 업무 절차 교육실적<br>▸ 직장어린이집.설치여부<br>▸ 직전 심사 시 지적사항 개선 실적 |

| 평가내용(수행/이행 및 강점) | 개선사항 |
|---|---|
| 평가점수<br><br>\| 매우 우수 \| \| 우수 \| \| 보통 \| \| 미흡 \| \| 매우 미흡 \| \|<br>\| 10 \| 9 \| 8 \| 7 \| 6 \| 5 \| 4 \| 3 \| 2 \| 1 \|<br><br>평가의견(이유) | |
| | 평가결과 \| 배점 50점 X    % [      점] |

## 3. 면담 평가 지표

　　노사상생관계우수기업으로 인증을 받기 위해서 신청 기업체에서는 각 평가지표에 해당되는 점검항목에 대해 철저하게 준비를 하였다고 볼 수 있다. 하지만 이와는 별도로 근로자들과 경영진을 상대로 사실적인 확인을 위해 면담을 실시하게 된다. 면담을 실시하면서 체크리스트를 활용하는 것이 결과를 입증하는 자료가 되기 때문에 면담 평가 지표를 정리하였다.

| 노사상생관계 우수기업 인증 면담평가지표 |
|:---:|

　　본 면담평가 조사표는 노사공포럼인증원이 주관하여 시행하는 '노사상생관계 우수기업 인증'과 관련하여, 해당 사업장의 현장 심사평가와 병행하여 면담을 통해 검증하여 심사를 객관화하고 신뢰성을 확보하는 데 그 목적이 있습니다.

　　심사위원은 해당 사업장을 직접 방문하여 현장 심사와 면담평가를 병행 실시하여 노사 협력수준을 확인합니다. 심사를 위해 심사위원은 관찰조사법, 질문법, 미스터리 평가 등의 기법을 활용할 수 있으나 본 평가지표를 준수하여야 합니다. 또한 평가의 객관성 및 신뢰성을 확보하기 위해 근거자료 및 내용을 구체적으로 기술하여 주시기 바랍니다. (면담평가표는 회사 경영진과 근로자 대표에게서 각각 받습니다.)

| 회　사　명 | | | |
|:---:|:---:|:---:|:---|
| 면　담　일　시 | 20 년　월　일　　시 | 면담참석자 | 소속 및 직책: |
| 면　담　장　소 | | | 성명:　　　　　(서명) |
| 심　사　위　원 | (서명) | 점　　　수 | |

노사공포럼인증원

# Ⅰ. 리더십 및 노사상생 경영전략 (50점)

| 항　목 | 평 가 내 용 | 평가점수 |
|---|---|---|
| 1. 사장님과 경영진은 현장 직원들과 정기적 대화하는 제도가 있는가? (10점) | 1. 제도가 있으며, 매월 평균 4회 이상 대화의 기회를 가짐 (10점)<br>2. 제도가 있으며 월 1회~3회 대화의 기회를 가지는 정도임 (5점~9점)<br>3. 두 가지 모두 미실시 또는 실시는 하고 있으나 형식에 그침 (0점~4점)<br>※ 대화의 기회는 직원들과 의견 교환이 있는 수준을 말함 | |
| 2. 사장님과 경영진의 경영 방침이 현장 직원까지 전달되고 있는가? (10점) | 1. 회사의 경영 방침을 현장 직원까지 전달하였다. (10점)<br>2. 회사의 경영 방침을 간부와 일부 직원에게만 전달하였다. (5점~9점)<br>3. 회사의 경영방침의 전달이 많은 직원에게 전달되지 않았다. (0점~4점) | |
| 3. 노사협력 공동선언문 또는 노사상생 선언문 등 분위기는 형성되어 있는가? (10점) | 1. 노사 모두가 협력/상생을 위한 분위기가 형성되어 있다. (10점)<br>2. 협력/상생 분위기는 있으나 개선할 부분이 있는 것 같다. (5점~9점)<br>3. 협력/상생 분위기가 매우 적거나 없다. (0점~4점) | |
| 4. 노사 모두가 성과지향적인 노사문화를 위해 창의적인 활동을 하고 있는가? (10점) | 1. 노사 모두는 성과지향화를 위해 워크숍 또는 집단토의 활동을 자주하였다. (10점)<br>2. 노사 모두는 성과지향화를 위해 워크숍 또는 집단토의 활동을 조금 하였다. (5점~9점)<br>3. 성과지향화를 위한 활동을 하지 않았거나 미흡하다. (0점~4점) | |
| 5. 회사는 사회적 책임을 갖고 사회적 약자를 위한 활동을 하는가? (10점) | 1. 회사는 사회적 약자를 위한 봉사, 지원, 찬조 등의 활동을 연 4회 이상하였다. (10점)<br>2. 회사는 사회적 약자를 위한 봉사, 지원, 찬조 등의 활동을 하였으나 미흡하다. (5점~9점)<br>3. 회사는 위의 활동을 한 실적이 없거나 너무 미미하다. (0점~4점) | |

## Ⅱ. 채용관리/인재육성/평가보상 시스템 (50점)

| 항 목 | 평 가 내 용 | 평가점수 |
|---|---|---|
| 1. 직원 채용 시 차별(남녀, 연령, 지역, 외모, 신체조건 등)이 있는가? (5점) | 1. 회사는 직원 채용 시 법을 위반한 어떠한 차별행위를 하지 않았다. (5점)<br>2. 회사는 직원 채용 시 어쩔 수 없이 연령 등 일부 차별하여 채용한 사실이 있다. (3점~4점)<br>3. 회사는 직원 채용 시 연령, 남녀, 지역, 외모 등 차별한 사실이 많다. (0점~2점) | |
| 2. 직원 채용 시 근로계약서를 즉시 작성하고 1부 교부하였는가? (5점) | 1. 직원 채용 시 즉시 근로계약서를 작성하고 1부를 교부하였다. (5점)<br>2. 직원 채용 후 일정기간이 경과한 후 근로계약서를 작성하고 1부를 교부하였다. (3점~4점)<br>3. 근로계약서를 미작성하였거나 미교부한 사실이 많다. (0점~2점)<br>＊ 근로계약서 작성 및 교부 절차는 노사협력인증 심사에 있어서 주요 업무임 | |
| 3. 비정규직을 정규직으로 전환하려는 계획과 실적은 있는가? (5점) | 1. 비정규직을 정규직으로 전환하는 계획을 가지고 있으며 실적이 있다. (5점)<br>2. 정규직화하려는 계획은 있으나 실적이 미진하다. (3점~4점)<br>3. 계획도 실적도 너무 미진하다. (0점~2점) | |
| 4. 회사는 직원 교육계획을 구체적으로 수립하고 이를 시행하고 있는가? (5점) | 1. 교육계획을 구체적으로 수립하였으며 교육 실적도 우수하다. (5점)<br>2. 교육계획과 교육 실적은 있으나 다소 미흡하다. (3점~4점)<br>3. 교육계획도 교육 실적도 많이 미흡하다. (0점~2점) | |
| 5. 직원들에게 교육계획 내용을 사전에 공지하여 교육준비를 하도록 하는가? (5점) | 1. 교육계획을 직원들에게 사전에 알리고 있으며 직원은 사전 준비를 하고 있다. (5점)<br>2. 교육계획을 사전에 알리지 못했거나 또는 사전준비를 일부 못 한 것 같다. (3점~4점)<br>3. 두 가지 모두가 많이 미흡하다. (0점~2점) | |

## Ⅱ. 채용관리/인재육성/평가보상 시스템 (50점)

| 항 목 | 평 가 내 용 | 평가점수 |
|---|---|---|
| 6. 회사 간부가 사내교육 계획을 수립한 후 직원들에게 실시하고 있는가? (5점) | 1. 사내교육 시스템이 잘되어 있으며 실적이 훌륭하다. (5점)<br>2. 사내교육 계획은 잘 되어 있으나 특정부서(팀)만 사내교육을 실시하고 있다. (3점~4점)<br>3. 사내교육 계획은 없으나 간부들이 실제 교육을 시행하고 있다. (1점~2점)<br>4. 사내교육계획도 실적도 없다. (0점) | |
| 7. 회사는 인사고과(평가) 규정이 있으며 평가가 공정하고 객관적으로 이루어지는가? (5점) | 1. 인사고과규정이 있으며 평가가 공정하고 객관적이다. (5점)<br>2. 고과규정이 없거나 평가가 공정치 못하거나 일부 미흡하다. (3점~4점)<br>3. 두 가지 모두 미흡하다. (0점~2점) | |
| 8. 회사는 승진/승급 심사를 공정하고 객관적으로 하고 있는가? (5점) | 1. 승진/승급 심사를 객관적(인사고과, 업적, 목표관리)이며 공정하게 시행하였다. (5점)<br>2. 승진/승급 심사를 경영진만의 판단 등 시행에 일부 공정성이 결여되었다. (3점~4점)<br>3. 승진/승급 심사를 장기근속 등 비합리적으로 시행하였다. (0점~2점) | |
| 9. 상·벌규정은 있으며 포상과 징계는 엄격하게 시행하고 있는가? (5점) | 1. 상·벌규정이 있으며, 포상실적과 징계실적이 엄격하다. (실적이 있는 기업만) (5점)<br>2. 상·벌규정이 있으나 포상실적 미흡 또는 징계사유 있음에도 징계실적 미흡 (3점~4점)<br>3. 상·벌규정이 없거나 포상 또는 징계실적이 미흡하다. (0점~2점) | |
| 10. 직원 동기부여를 위한 행사 또는 복리후생 제도를 시행하고 있는가? (5점) | 1. 직원의 동기부여를 위해 워크숍, 체육대회, 써클지원, 제반 복지제도를 운영한다. (5점)<br>2. 직원의 동기부여를 위해 노력은 하고 있으나 다소 미흡하다. (3점~4점)<br>3. 동기부여 제도가 매우 미흡하다. (0점~2점) | |

## Ⅲ. 고용안정/안전보건/노사협력 시스템 (50점)

| 항　　목 | 평 가 내 용 | 평가점수 |
|---|---|---|
| 1. 정당한 사유 없이 직원을 해고 또는 징계를 한 사실은 없는가? (5점) | 1. 정당한 사유 없이 직원을 해고 또는 징계를 한 사실이 없다. (5점)<br>2. 정당한 사유로 해고 또는 징계를 하였으나 징계 양정이 과다한 적이 있다. (3점~4점)<br>3. 정당한 사유도 없이 해고 또는 징계를 한 사실이 있다. (0점~2점) | |
| 2. 청년, 고령, 주부, 장애인, 보훈대상 등의 채용실적은 어떠한가? (5점) | 1. 적절한 비율로 채용하였거나 분담금 납부 실적이 매우 양호하다. (5점)<br>2. 채용 비율이 낮고, 분담금 납부 실적이 다소 미흡하다. (3점~4점)<br>3. 채용실적과 분담금 납부실적이 다소 부진하다. (0점~2점) | |
| 3. 이직률은 적정하며, 퇴사 이유가 회사불만에 기인하지는 않는가? (5점) | 1. 이직률이 동종업계 평균보다 낮으며, 회사불만을 이유로 퇴사한 직원은 없다. (5점)<br>2. 이직률이 동종업계 평균수준이며, 회사불만을 이유로 퇴사한 경우가 간혹 있다. (3점~4점)<br>3. 이직률이 동종업계 평균보다 높으며, 대부분 회사불만으로 퇴사를 한다. (0점~2점) | |
| 4. 화재 등 재난 사태를 대비한 조직은 구성되었으며, 훈련과 교육은 실시하였는가? (5점) | 1. 재난대비 조직과 매뉴얼을 갖추었고 대비훈련과 교육도 실시하였다. (5점)<br>2. 재난대비 조직과 대비훈련 및 교육이 다소 미흡한 측면이 있다. (3점~4점)<br>3. 재난대비 조직과 대비훈련 및 교육이 부족하고 실시하지 않는 것 같다. (0점~2점) | |
| 5. 안전사고 발생 시 사고수습 매뉴얼에 따라 수습하고 재발방지를 하였는가? (5점) | 1. 안전사고 발생 시 사고수습 매뉴얼대로 하였고 재발방지를 하였다. (5점)<br>2. 안전사고 발생 시 매뉴얼에 의하였고, 재발방지도 하였으나 다소 미흡하다. (3점~4점)<br>3. 안전사고 발생 시 매뉴얼에 따르지도, 재발방지도 상당부분 못 하였다. (0점~2점)<br>＊안전사고 미발생 사업장은 사고수습 매뉴얼을 비치한 경우 5점 | |

## Ⅲ. 고용안정/안전보건/노사협력 시스템 (50점)

| 항 목 | 평 가 내 용 | 평가점수 |
|---|---|---|
| 6. 내부고객안전시설(화재, 안전사고)은 갖추고 있는가? (5점) | 1. 내부고객안전시설을 갖추고 있다. (5점)<br>2. 내부고객안전시설을 갖추고 있으나 다소 미흡하다. (3점~4점)<br>3. 내부고객안전시설이 매우 미흡하다. (0점~2점)<br>* 안전시설 – 소화기비치, 방화시설, 비상표시등, 위험물표시, 주의표시, 비상구표시 등 | |
| 7. 작업환경은 근무하기에 안전하고 정리정돈 등 관리 상태는 잘 되어 있는가? (5점) | 1. 작업환경이 안전하고 정리정돈 등 관리상태가 매우 양호하다. (5점)<br>2. 작업환경이 안전하긴 하나 정리정돈 등 관리상태가 다소 미흡하다. (3점~4점)<br>3. 작업환경이 불안하고 정리정돈 등 관리상태가 매우 불량하다. (0점~2점) | |
| 8. 경영진은 직원들을 인적자원으로 생각하고 경영목표 수립 시 참여시키고 있는가? (5점) | 1. 경영진은 회사 경영목표 수립 시 직원들의 의견을 수렴하고 있다. (5점)<br>2. 경영진은 회사 경영목표 수립 시 직원들의 참여 기회가 다소 미흡하다. (3점~4점)<br>3. 경영진은 회사 경영목표 수립 시 직원 참여를 거의 시키지 않는다. (0점~2점)<br>* 목표관리제도, 제안제도, 노사협의회, 청년회의, 평사원회의 등을 운영하는 경우 5점 | |
| 9. 직원 복리후생제도는 적절한가? (5점) | 1. 회사는 직원 복리후생을 위해 많은 제도를 운영하고 있다. (5점)<br>2. 회사의 복리후생제도는 다소 미흡한 측면이 있다. (3점~4점)<br>3. 회사의 복리후생제도는 매우 부족하고 노력이 부족하다. (0점~2점) | |
| 10. 회사는 직원들의 사기조사를 정기적으로 실시하고 있으며 피드백하고 있는가? (5점) | 1. 회사는 직원 사기조사를 정기적으로 실시하고 개선실적이 있다. (5점)<br>2. 회사는 비정기적으로 사기조사를 하였고 개선실적이 미흡하다. (3점~4점)<br>3. 회사는 사기조사를 하지 않았고 개선실적이 거의 없다. (0점~2점) | |

## Ⅳ. 노동법 Ⅰ 준수결과 (200점)

| 항 목 | 평 가 내 용 | 평가점수 |
|---|---|---|
| 1. 회사는 근로계약서의 필수 기재사항을 준수하고 직원에게 1부를 교부하였는가? (40점) | 1. 회사는 근로계약서 필수기재사항을 모두 준수하고 1부 교부하였다. (31점~40점)<br>2. 필수기재사항을 준수하였으나 다소 미흡하고 1부 교부는 하였다. (20점~30점)<br>3. 근로계약서 일부 미작성 또는 필수기재사항 미준수, 일부 미교부하였다. (0점~19점)<br>* 필수사항: 임금, 소정근로시간, 시업, 종업, 휴일, 연차휴가, 취업장소, 담당업무 등 | |
| 2. 회사는 근로기준법 위반으로 관계기관으로부터 과태료, 벌금 등 처벌이 있었는가? (40점) | 1. 회사는 근로기준법 위반사실이 없고 관계기관의 처벌이 없다. (31점~40점)<br>2. 고용노동청 등 진정사건은 있었으나 무혐의 등으로 처벌이 없었다. (20점~30점)<br>3. 근로기준법 위반사실이 있으나 매우 경미하다. (0점~19점)<br>* 현 시점부터 이전 1년간의 기간 중의 실적을 말함 | |
| 3. 회사는 인사관리 필수 서식을 갖추고 사용하고 있는가? (40점) | 1. 회사는 인사관리 필수 서식들을 갖추고 있으며 정상적으로 사용하고 있다. (31점~40점)<br>2. 회사는 인사관리 필수 서식을 갖추고 있으나 내용의 일부가 미흡하다. (20점~30점)<br>3. 회사의 필수서식 및 내용에 미흡한 부분이 많다. (0점~19점)<br>* 필수서식 – 취업규칙, 직원명부, 임금대장, 근로시간관련 근로자동의/합의서, 연차휴가, 4대보험서류, 퇴직연금동의서 등 기타 | |
| 4. 회사는 법정 근로시간을 준수하였고 초과 시 수당지급을 하였는가? (40점) | 1. 회사는 법정 근로시간을 준수하였으며 초과근로 시 수당을 지급하였다. (31점~40점)<br>2. 회사는 법정 근로시간 또는 초과 시 수당 지급에 개선할 부분이 일부 있다. (20점~30점)<br>3. 회사는 법정근로시간 준수와 수당지급을 경우에 따라 하지 않는 것 같다. (0점~19점) | |
| 5. 회사는 휴가, 휴직, 휴일, 휴게시간을 법률 규정대로 시행하고 있는가? (40점) | 1. 회사는 법에서 정하고 있는 내용을 충실히 시행하고 있다. (31점~40점)<br>2. 회사는 법에서 정하고 있는 내용을 시행하기는 하나 일부 미진하다. (20점~30점)<br>3. 회사는 법에서 정하고 있는 내용을 시행하기는 하나 많이 부족하다. (0점~19점) | |

## Ⅴ. 노동법 Ⅱ/사회보험/사회적 책임 준수결과 (150점)

| 항 목 | 평 가 내 용 | 평가점수 |
|---|---|---|
| 1. 회사는 노사상생을 위해 노사협의체를 구성하고 있는가? (30점) | 1. 회사는 노사상생을 위해 노사협의체를 구성하고 있다. (20점~30점)<br>2. 회사에는 노사협의체가 있으나 노사상생관계에는 다소 미흡하다. (10점~19점)<br>3. 회사에 노사협의체가 없거나, 있더라도 갈등 또는 반목상태에 있다. (0점~9점)<br>＊ 노사협의체 – 노동조합, 노사협의회, 기타 노사 간 대화기구 등 | |
| 2. 회사는 노사협의체를 노사상생을 위한 동반자 관계로 운영을 하는가? (30점) | 1. 회사와 노사협의체는 노사상생을 위한 동반자관계로 운영되고 있다. (20점~30점)<br>2. 회사와 노사협의체는 노사상생 관계가 다소 미흡하다. (10점~19점)<br>3. 회사와 노사협의체의 상태가 매우 불량하거나 개선할 부분이 많다. (0점~9점) | |
| 3. 회사는 사회보험을 정상적으로 가입하고 운영하고 있는가? (30점) | 1. 회사는 사회보험을 정상적으로 가입하고 운영하고 있다. (20점~30점)<br>2. 회사는 사회보험을 가입하고 운영하고 있으나 다소 미흡하다. (10점~19점)<br>3. 회사는 사회보험 가입 및 운영이 매우 미흡하다. (0점~9점)<br>＊ 사회보험업무를 사무조합에 위탁관리하는 경우에는 정상적인 운영으로 봄 | |
| 4. 회사는 사회적 책임을 적극적으로 수행하고 있는가? (30점) | 1. 회사는 사회적 책임을 적극적으로 수행하고 있다. (20점~30점)<br>2. 회사는 사회적 책임을 수행하고 있으나 다소 미진하다. (10점~19점)<br>3. 회사는 사회적 책임을 소극적으로 수행하거나 거의 외면하는 것 같다. (0점~9점)<br>＊ 사회적 책임사례 – 사회적 약자 지원, 장학금 전달, 연구단체 후원, 환경보호지원 등 | |
| 5. 회사는 국가정책이나 시책을 성실하게 수행하고 있는가? (30점) | 1. 회사는 국가정책이나 시책을 성실하게 수행하였다. (20점~30점)<br>2. 회사는 국가정책이나 시책을 수행하였으나 다소 미흡하다. (10점~19점)<br>3. 회사는 국가정책이나 시책을 많은 부분 수행하지 못하고 있다. (0점~9점)<br>＊ 국가정책 및 시책 – 납세의무 이행, 환경배출 규제, 에너지 절감운동참여 등 | |

| 구 분 | 배점(1) | 점수(2) | (2)/(1)X100 | 비고 |
|---|---|---|---|---|
| Ⅰ. 리더십 및 노사상생 경영전략 | 50 | | | |
| Ⅱ. 채용관리/인재육성/평가보상 시스템 | 50 | | | |
| Ⅲ. 고용안정/안전보건/노사협력 시스템 | 50 | | | |
| Ⅳ. 노동법Ⅰ 준수결과 | 200 | | | |
| Ⅴ. 노동법Ⅱ/사회보험/사회적 책임 준수결과 | 150 | | | |
| 합 계 | 500 | | | |
| 종 합 의 견 | | | | |

## 4. 기간 연장 신청회사의 개선지적사항 이행결과

　　최초 노사상생관계우수기업으로 인증을 받은 후 2년 후 기간 연장 신청을 하여 재평가를 받을 시에는 전회 평가 시 향후 개선사항으로 지적이 된 부분을 개선하고 향상시켰는지 여부의 결과를 심사 평가한 후 결과를 공적서에 명기하여야 한다.

| 매우 우수 | | 우 수 | | 보 통 | | 미 흡 | | 매우 미흡 | |
|---|---|---|---|---|---|---|---|---|---|
| 10 | 9 | 8 | 7 | 6 | 5 | 4 | 3 | 2 | 1 |

　　기간 연장 신청회사가 아닌 최초 인증 신청을 한 기업체는 본 항목이 해당되지 아니한다.

# 첨부

1. 노사상생관계우수기업 인증 면담평가지표 ···················· 142

2. 노사상생관계우수기업 인증평가 일정표 ···················· 151

3. 노사상생관계우수기업 인증 심사기준(지표) ··············· 159

4. 노사상생관계우수기업 인증운영 규정 ····················· 192

5. 노사상생관계우수기업 인증서 ······························· 206

6. 심사위원 윤리강령 서약서 ·································· 207

7. 확약서(심사위원용) ········································· 208

8. 노사상생관계우수기업 인증 신청서 ······················· 209

9. 위촉장(심사위원) ··········································· 211

10. 인증서 기재사항 변경 및 재교부 신청서 ················ 212

11. 노사상생관계우수기업 인증 재심사 신청서 ·············· 213

12. 노사상생관계우수기업 표시 ······························· 214

13. 노사상생관계우수기업 인증 심사위원 선정 기준표 ······· 215

14. 노사상생관계우수기업 인증제도 개요 ··················· 219

15. 심사위원 연합 교육 일정표 ······························ 222

16. 심사위원 연합 교육 신청서 ······························ 223

17. 노사상생관계우수기업 심사·평가 위원 지원서 ·········· 224

# 01 노사상생관계우수기업 인증 면담평가지표

## 노사상생관계우수기업 인증 면담평가지표

본 면담평가 조사표는 노사공포럼인증원이 주관하여 시행하는 '노사상생관계
우수기업 인증'과 관련하여, 해당 사업장의 현장 심사평가와 병행하여 면담을
통해 검증하여 심사를 객관화하고 신뢰성을 확보하는 데 그 목적이 있습니다.
심사위원은 해당 사업장을 직접 방문하여 현장 심사와 면담평가를 병행 실시
하여 노사협력수준을 확인합니다. 심사를 위해 심사위원은 관찰조사법, 질문
법, 미스터리 평가 등의 기법을 활용할 수 있으나 본 평가지표를 준수하여야
합니다. 또한 평가의 객관성 및 신뢰성을 확보하기 위해 근거자료 및 내용을
구체적으로 기술하여 주시기 바랍니다. (면담평가표는 회사 경영진과 근로자 대표에
게서 각각 받습니다.)

| 회 사 명 | | | |
|---|---|---|---|
| 면 담 일 시 | 20 년 월 일 시 | 면담참석자 | 소속 및 직책: |
| 면 담 장 소 | | | 성명:                (서명) |
| 심 사 위 원 | (서명) | 점        수 | |

노사공포럼인증원

# Ⅰ. 리더십 및 노사상생 경영전략(50점)

| 항 목 | 평 가 내 용 | 평가점수 |
|---|---|---|
| 1. 사장님과 경영진은 현장 직원들과 정기적 대화하는 제도가 있는가? (10점) | 1. 제도가 있으며, 매월 평균 4회 이상 대화의 기회를 가짐 (10점)<br>2. 제도가 있으며 월 1회~3회 대화의 기회를 가지는 정도임 (5점~9점)<br>3. 두 가지 모두 미실시 또는 실시는 하고 있으나 형식에 그침 (0점~4점)<br>※ 대화의 기회는 직원들과 의견 교환이 있는 수준을 말함 | |
| 2. 사장님과 경영진의 경영 방침이 현장 직원까지 전달되고 있는가? (10점) | 1. 회사의 경영 방침을 현장 직원까지 전달하였다. (10점)<br>2. 회사의 경영 방침을 간부와 일 직원에게만 전달하였다. (5점~9점)<br>3. 회사의 경영방침의 전달이 많은 직원에게 전달되지 않았다. (0점~4점) | |
| 3. 노사협력 공동선언문 또는 노사상생 선언문 등 분위기는 형성되어 있는가? (10점) | 1. 노사 모두가 협력/상생을 위한 분위기가 형성되어 있다. (10점)<br>2. 협력/상생 분위기는 있으나 개선할 부분이 있는 것 같다. (5점~9점)<br>3. 협력/상생 분위기가 매우 적거나 없다. (0점~4점) | |
| 4. 노사 모두가 성과지향적인 노사문화를 위해 창의적인 활동을 하고 있는가? (10점) | 1. 노사 모두는 성과지향화를 위해 워크숍 또는 집단토의 활동을 자주하였다. (10점)<br>2. 노사 모두는 성과지향화를 위해 워크숍 또는 집단토의 활동을 조금 하였다. (5점~9점)<br>3. 성과지향화를 위한 활동을 하지 않았거나 미흡하다. (0점~4점) | |
| 5. 회사는 사회적 책임을 갖고 사회적 약자를 위한 활동을 하는가? (10점) | 1. 회사는 사회적 약자를 위한 봉사, 지원, 찬조 등의 활동을 연 4회 이상하였다. (10점)<br>2. 회사는 사회적 약자를 위한 봉사, 지원, 찬조 등의 활동을 하였으나 미흡하다. (5점~9점)<br>3. 회사는 위의 활동을 한 실적이 없거나 너무 미미하다. (0점~4점) | |

## Ⅱ. 채용관리/인재육성/평가보상 시스템 (50점)

| 항 목 | 평 가 내 용 | 평가점수 |
|---|---|---|
| 1. 직원 채용 시 차별(남녀, 연령, 지역, 외모, 신체조건 등)이 있는가? (5점) | 1. 회사는 직원 채용 시 법을 위반한 어떠한 차별행위를 하지 않았다. (5점)<br>2. 회사는 직원 채용 시 어쩔 수 없이 연령 등 일부 차별하여 채용한 사실이 있다. (3~4점)<br>3. 회사는 직원 채용 시 연령, 남녀, 지역, 외모 등 차별한 사실이 많다. (0점~2점) | |
| 2. 직원 채용 시 근로계약서를 즉시 작성하고 1부 교부하였는가? (5점) | 1. 직원 채용 시 즉시 근로계약서를 작성하고 1부를 교부하였다. (5점)<br>2. 직원 채용 후 일정기간이 경과한 후 근로계약서를 작성하고 1부를 교부하였다. (3점~4점)<br>3. 근로계약서를 미 작성하였거나 미교부한 사실이 많다. (0점~2점)<br>＊ 근로계약서 작성 및 교부 절차는 노사협력인증 심사에 있어서 주요 업무임 | |
| 3. 비정규직을 정규직으로 전환하려는 계획과 실적은 있는가? (5점) | 1. 비정규직을 정규직으로 전환하는 계획을 가지고 있으며 실적이 있다. (5점)<br>2. 정규직화하려는 계획은 있으나 실적이 미진하다. (3점~4점)<br>3. 계획도 실적도 너무 미진하다. (0점~2점) | |
| 4. 회사는 직원 교육계획을 구체적으로 수립하고 이를 시행하고 있는가? (5점) | 1. 교육계획을 구체적으로 수립하였으며 교육 실적도 우수하다. (5점)<br>2. 교육계획과 교육 실적은 있으나 다소 미흡하다. (3점~4점)<br>3. 교육계획도 교육 실적도 많이 미흡하다. (0점~2점) | |
| 5. 직원들에게 교육계획 내용을 사전에 공지하여 교육준비를 하도록 하는가? (5점) | 1. 교육계획을 직원들에게 사전에 알리고 있으며 직원은 사전준비를 하고 있다. (5점)<br>2. 교육계획을 사전에 알리지 못했거나 또는 사전준비를 일부 못 한 것 같다. (3점~4점)<br>3. 두 가지 모두가 많이 미흡하다. (0점~2점) | |

| 항 목 | 평 가 내 용 | 평가점수 |
|---|---|---|
| 6. 회사 간부가 사내교육 계획을 수립한 후 직원들에게 실시하고 있는가? (5점) | 1. 사내교육 시스템이 잘 되어 있으며 실적이 훌륭하다. (5점)<br>2. 사내교육 계획은 잘 되어 있으나 특정부서(팀)만 사내교육을 실시하고 있다. (3점~4점)<br>3. 사내교육 계획은 없으나 간부들이 실제 교육을 시행하고 있다. (1점~2점)<br>4. 사내교육계획도 실적도 없다. (0점) | |
| 7. 회사는 인사고과(평가) 규정이 있으며 평가가 공정하고 객관적으로 이루어지는가? (5점) | 1. 인사고과규정이 있으며 평가가 공정하고 객관적이다. (5점)<br>2. 고과규정이 없거나 평가가 공정치 못하거나 일부 미흡하다. (3점~4점)<br>3. 두 가지 모두 미흡하다. (0점~2점) | |
| 8. 회사는 승진/승급 심사를 공정하고 객관적으로 하고 있는가? (5점) | 1. 승진/승급 심사를 객관적(인사고과, 업적, 목표관리)이며 공정하게 시행하였다. (5점)<br>2. 승진/승급 심사를 경영진만의 판단 등 시행에 일부 공정성이 결여되었다. (3점~4점)<br>3. 승진/승급 심사를 장기근속 등 비합리적으로 시행하였다. (0점~2점) | |
| 9. 상·벌규정은 있으며 포상과 징계는 엄격하게 시행하고 있는가? (5점) | 1. 상·벌규정이 있으며, 포상실적과 징계실적이 엄격하다. (실적이 있는 기업만) (5점)<br>2. 상·벌규정이 있으나 포상실적 미흡 또는 징계사유 있음에도 징계실적 미흡 (3점~4점)<br>3. 상·벌규정이 없거나 포상 또는 징계실적이 미흡하다. (0점~2점) | |
| 10. 직원 동기부여를 위한 행사 또는 복리후생 제도를 시행하고 있는가? (5점) | 1. 직원의 동기부여를 위해 워크숍, 체육대회, 써클지원, 제반 복지제도를 운영한다. (5점)<br>2. 직원의 동기부여를 위해 노력은 하고 있으나 다소 미흡하다. (3점~4점)<br>3. 동기부여 제도가 매우 미흡하다. (0점~2점) | |

## Ⅲ. 고용안정/안전보건/노사협력 시스템 (50점)

| 항 목 | 평 가 내 용 | 평가점수 |
|---|---|---|
| 1. 정당한 사유 없이 직원을 해고 또는 징계를 한 사실은 없는가? (5점) | 1. 정당한 사유 없이 직원을 해고 또는 징계를 한 사실이 없다. (5점)<br>2. 정당한 사유로 해고 또는 징계를 하였으나 징계 양정이 과다한 적이 있다. (3점~4점)<br>3. 정당한 사유도 없이 해고 또는 징계를 한 사실이 있다. (0점~2점) | |
| 2. 청년, 고령, 주부, 장애인, 보훈대상 등의 채용실적은 어떠한가? (5점) | 1. 적절한 비율로 채용하였거나 분담금 납부 실적이 매우 양호하다. (5점)<br>2. 채용 비율이 낮고, 분담금 납부 실적이 다소 미흡하다. (3점~4점)<br>3. 채용실적과 분담금 납부실적이 다소 부진하다. (0점~2점) | |
| 3. 이직률은 적정하며, 퇴사 이유가 회사불만에 기인하지는 않는가? (5점) | 1. 이직률이 동종업계 평균보다 낮으며, 회사불만을 이유로 퇴사한 직원은 없다. (5점)<br>2. 이직률이 동종업계 평균수준이며, 회사불만을 이유로 퇴사한 경우가 간혹 있다. (3점~4점)<br>3. 이직률이 동종업계 평균보다 높으며, 대부분 회사불만으로 퇴사를 한다. (0점~2점) | |
| 4. 화재 등 재난 사태를 대비한 조직은 구성되었으며, 훈련과 교육은 실시하였는가? (5점) | 1. 재난대비 조직과 매뉴얼을 갖추었고 대비훈련과 교육도 실시하였다. (5점)<br>2. 재난대비 조직과 대비훈련 및 교육이 다소 미흡한 측면이 있다. (3점~4점)<br>3. 재난대비 조직과 대비훈련 및 교육이 부족하고 실시하지 않는 것 같다. (0점~2점) | |
| 5. 안전사고 발생 시 사고수습 매뉴얼에 따라 수습하고 재발방지를 하였는가? (5점) | 1. 안전사고 발생 시 사고수습 매뉴얼대로 하였고 재발방지를 하였다. (5점)<br>2. 안전사고 발생 시 매뉴얼에 의하였고, 재발방지도 하였으나 다소 미흡하다. (3점~4점)<br>3. 안전사고 발생 시 매뉴얼에 따르지도, 재발방지도 상당부분 못 하였다. (0점~2점)<br>＊안전사고 미발생 사업장은 사고수습 매뉴얼을 비치한 경우 5점 | |

| 항            목 | 평 가 내 용 | 평가점수 |
|---|---|---|
| 6. 내부고객안전시설(화재, 안전사고)은 갖추고 있는가? (5점) | 1. 내부고객안전시설을 갖추고 있다. (5점)<br>2. 내부고객안전시설을 갖추고 있으나 다소 미흡하다. (3점~4점)<br>3. 내부고객안전시설이 매우 미흡하다. (0점~2점)<br>＊ 안전시설 – 소화기비치, 방화시설, 비상표시등, 위험물표시, 주의표시, 비상구표시 등 | |
| 7. 작업환경은 근무하기에 안전하고 정리정돈 등 관리 상태는 잘 되어 있는가? (5점) | 1. 작업환경이 안전하고 정리정돈 등 관리상태가 매우 양호하다. (5점)<br>2. 작업환경이 안전하긴 하나 정리정돈 등 관리상태가 다소 미흡하다. (3점~4점)<br>3. 작업환경이 불안하고 정리정돈 등 관리상태가 매우 불량하다. (0점~2점) | |
| 8. 경영진은 직원들을 인적자원으로 생각하고 경영목표 수립 시 참여시키고 있는가? (5점) | 1. 경영진은 회사 경영목표 수립 시 직원들의 의견을 수렴하고 있다. (5점)<br>2. 경영진은 회사 경영목표 수립 시 직원들의 참여 기회가 다소 미흡하다. (3점~4점)<br>3. 경영진은 회사 경영목표 수립 시 직원 참여를 거의 시키지 않는다. (0점~2점)<br>＊ 목표관리제도, 제안제도, 노사협의회, 청년회의, 평사원회의 등을 운영하는 경우 5점 | |
| 9. 직원 복리후생제도는 적절한가? (5점) | 1. 회사는 직원 복리후생을 위해 많은 제도를 운영하고 있다. (5점)<br>2. 회사의 복리후생제도는 다소 미흡한 측면이 있다. (3점~4점)<br>3. 회사의 복리후생제도는 매우 부족하고 노력이 부족하다. (0점~2점) | |
| 10. 회사는 직원들의 사기조사를 정기적으로 실시하고 있으며 피드백하고 있는가? (5점) | 1. 회사는 직원 사기조사를 정기적으로 실시하고 개선실적이 있다. (5점)<br>2. 회사는 비정기적으로 사기조사를 하였고 개선실적이 미흡하다. (3점~4점)<br>3. 회사는 사기조사를 하지 않았고 개선실적이 거의 없다. (0점~2점) | |

## IV. 노동법 I 준수결과 (200점)

| 항 목 | 평 가 내 용 | 평가점수 |
|---|---|---|
| 1. 회사는 근로계약서의 필수 기재사항을 준수하고 직원에게 1부를 교부하였는가? (40점) | 1. 회사는 근로계약서 필수기재사항을 모두 준수하고 1부 교부하였다. (31점~40점)<br>2. 필수기재사항을 준수하였으나 다소 미흡하고 1부 교부는 하였다. (20점~30점)<br>3. 근로계약서 일부 미작성 또는 필수기재사항 미ㅌ준수, 일부 미교부하였다. (0점~19점)<br>\* 필수사항: 임금, 소정근로시간, 시업, 종업, 휴일, 연차휴가, 취업장소, 담당업무 등 | |
| 2. 회사는 근로기준법 위반으로 관계기관으로부터 과태료, 벌금 등 처벌이 있었는가? (40점) | 1. 회사는 근로기준법 위반사실이 없고 관계기관의 처벌이 없다. (31점~40점)<br>2. 고용노동청 등 진정사건은 있었으나 무혐의 등으로 처벌이 없었다. (20점~30점)<br>3. 근로기준법 위반사실이 있으나 매우 경미하다. (0점~19점)<br>\* 현 시점부터 이전 1년간의 기간 중의 실적을 말함 | |
| 3. 회사는 인사관리 필수 서식을 갖추고 사용하고 있는가? (40점) | 1. 회사는 인사관리 필수 서식들을 갖추고 있으며 정상적으로 사용하고 있다. (31점~40점)<br>2. 회사는 인사관리 필수 서식을 갖추고 있으나 내용의 일부가 미흡하다. (20점~30점)<br>3. 회사의 필수서식 및 내용에 미흡한 부분이 많다. (0점~19점)<br>\* 필수서식 – 취업규칙, 직원명부, 임금대장, 근로시간관련 근로자동의/합의서, 연차휴가, 4대보험서류, 퇴직연금동의서 등 기타 | |
| 4. 회사는 법정 근로시간을 준수하였고 초과 시 수당지급을 하였는가? (40점) | 1. 회사는 법정 근로시간을 준수하였으며 초과근로 시 수당을 지급하였다. (31점~40점)<br>2. 회사는 법정 근로시간 또는 초과 시 수당 지급에 개선할 부분이 일부 있다. (20점~30점)<br>3. 회사는 법정근로시간 준수와 수당지급을 경우에 따라 하지 않는 것 같다. (0점~19점) | |
| 5. 회사는 휴가, 휴직, 휴일, 휴게시간을 법률 규정대로 시행하고 있는가? (40점) | 1. 회사는 법에서 정하고 있는 내용을 충실히 시행하고 있다. (31점~40점)<br>2. 회사는 법에서 정하고 있는 내용을 시행하기는 하나 일부 미진하다. (20점~30점)<br>3. 회사는 법에서 정하고 있는 내용을 시행하기는 하나 많이 부족하다. (0점~19점) | |

## V. 노동법Ⅱ/사회보험/사회적 책임 준수결과 (150점)

| 항 목 | 평 가 내 용 | 평가점수 |
|---|---|---|
| 1. 회사는 노사상생을 위해 노사협의체를 구성하고 있는가? (30점) | 1. 회사는 노사상생을 위해 노사협의체를 구성하고 있다. (20점~30점)<br>2. 회사에는 노사협의체가 있으나 노사상생관계에는 다소 미흡하다. (10점~19점)<br>3. 회사에 노사협의체가 없거나, 있더라도 갈등 또는 반목상태에 있다. (0점~9점)<br>* 노사협의체 – 노동조합, 노사협의회, 기타 노사 간 대화기구 등 | |
| 2. 회사는 노사협의체를 노사상생을 위한 동반자 관계로 운영을 하는가? (30점) | 1. 회사와 노사협의체는 노사상생을 위한 동반자관계로 운영되고 있다. (20점~30점)<br>2. 회사와 노사협의체는 노사상생관계가 다소 미흡하다. (10점~19점)<br>3. 회사와 노사협의체의 상태가 매우 불량하거나 개선할 부분이 많다. (0점~9점) | |
| 3. 회사는 사회보험을 정상적으로 가입하고 운영하고 있는가? (30점) | 1. 회사는 사회보험을 정상적으로 가입하고 운영하고 있다. (20점~30점)<br>2. 회사는 사회보험을 가입하고 운영하고 있으나 다소 미흡하다. (10점~19점)<br>3. 회사는 사회보험 가입 및 운영이 매우 미흡하다. (0점~9점)<br>* 사회보험업무를 사무조합에 위탁관리하는 경우에는 정상적인 운영으로 봄 | |
| 4. 회사는 사회적 책임을 적극적으로 수행하고 있는가? (30점) | 1. 회사는 사회적 책임을 적극적으로 수행하고 있다. (20점~30점)<br>2. 회사는 사회적 책임을 수행하고 있으나 다소 미진하다. (10점~19점)<br>3. 회사는 사회적 책임을 소극적으로 수행하거나 거의 외면하는 것 같다. (0점~9점)<br>* 사회적 책임사례 – 납세의무 이행, 환경배출 규제, 에너지절감운동참여 등 | |
| 5. 회사는 국가정책이나 시책을 성실하게 수행하고 있는가? (30점) | 1. 회사는 국가정책이나 시책을 성실하게 수행하였다. (20점~30점)<br>2. 회사는 국가정책이나 시책을 수행하였으나 다소 미흡하다. (10점~19점)<br>3. 회사는 국가정책이나 시책을 많은 부분 수행하지 못하고 있다. (0점~9점)<br>* 국가정책 및 시책 – 납세의무 이행, 환경배출 규제, 에너지절감운동참여 등 | |

| 구 분 | 배점(1) | 점수(2) | (2)/(1)X100 | 비고 |
|---|---|---|---|---|
| Ⅰ. 리더십 및 노사상생 경영전략 | 50 | | | |
| Ⅱ. 채용관리/인재육성/평가보상 시스템 | 50 | | | |
| Ⅲ. 고용안정/안전보건/노사협력 시스템 | 50 | | | |
| Ⅳ. 노동법Ⅰ 준수결과 | 200 | | | |
| Ⅴ. 노동법Ⅱ/사회보험/사회적 책임 준수결과 | 150 | | | |
| 합 계 | 500 | | | |
| 종 합 의 견 | | | | |

# 02 노사상생관계우수기업 인증평가 일정표

## 노사상생관계우수기업 인증(                )심사 일정

### 1. 현장평가 일정표

| 일 시 | 심사 진행 내용 | 시 나 리 오 |
|---|---|---|
| ~ 9:20 | ◆ 회의실 세팅 | – PPT 준비 도구, 간단한 모닝티를 준비하여 주시길 바랍니다.<br>(간단한 인사교류가 있을 수 있습니다.) |
| 09:20 ~ 09:30 | ◆ opening meeting | – 심사위원과 인증기관집행요원만 미팅을 가질 수 있는 시간을 마련해 주시길 바랍니다 |
| 09:30 ~ 10:00 | ◆ 경영진(사업장 대표) 면담 | – 대표자분 자리로 전체 이동<br>(팀장급분들도 면담에 참여 가능하시고 인터뷰가 스케줄보다 길어지는 경우가 종종 있습니다.) |
| 10:00 ~ 10:05 | ◆ 인사교류회 | – 다시 회의실로 이동. 실무자분들 및 팀장급분들 동석. 인증기관집행요원이 간단한 인사와 함께 심사위원 소개<br>– 이후 인증실무자가 사업장 직원 소개<br>(소개가 끝나면 심사위원을 응대하시지 않는 분들은 회의실에서 나가셔도 됩니다) |
| 10:05 ~ 10:20 | ◆ 회사 현황 설명회(프리젠테이션) | – 미리 준비하신 회사 현황에 대하여 간략히 설명하여 주시면 됩니다. 간단한 질의가 있을 수 있습니다. |

＊지방의 경우 심사 시작 시간이 10시임.

| 일 시 | 심사 진행 내용 | 시 나 리 오 |
|---|---|---|
| 10:20 ~ 11:00 | ◆ 직원근무 사업장 견학 (사무실, 고충처리상담실과 안전보건 시설 등)<br>◆ 직원 및 경영진 설문지 작성 | – 가까운 사업장으로 이동하게 됩니다. 인증 실무자분은 동행하여 주시고 사업장이 거리가 있을 경우 차량을 준비해 주시길 바랍니다.<br>– 사업장 견학 도중에 사업장의 직원에게 질의가 있을 수 있습니다. (노사관계 관련) |
| 11:00 ~ 12:00 | ◆ 노사상생 인증 현장심사 | – 인증기관집행요원이 인증심사 시작을 말씀드리며 각 카테고리별 응대 실무자를 다시 한 번 소개해 드립니다. (미리 카테고리별 응대 실무자에 대한 정보를 주시길 바랍니다)<br>– 심사는 심사위원의 책상을 중심으로 응대 실무자는 심사위원의 옆쪽에서 응대하여 주시면 됩니다. |
| 12:00 ~ 13:00 | ◆ 점심식사 | – 점심시간이 되면 인증기관집행요원이 오전 인증 심사 종료를 안내해 드립니다. 실무자들 모두 가까운 식당으로 이동하여 함께 점심식사를 하면 됩니다.<br>(점심시간이 길어지지 않도록 주의 바랍니다.) |
| 13:00 ~ 16:40 | ◆ 노사상생 인증 현장심사(계속) | – 인증기관집행요원이 오후 인증 심사 시작을 안내해 드립니다. 오전과 같이 심사를 계속 진행하여 주시면 됩니다. 오후 심사 도중에 약 15분간의 휴식시간이 있습니다. 인증기관집행요원이 안내하여 드립니다. |
| 16:40 ~ 16:45 | ◆ Closing meeting | – 심사위원과 인증기관집행요원만 미팅을 가질 수 있는 시간을 마련해 주시길 바랍니다 |
| 16:45 ~ 17:00 | ◆ 심사결과 및 소감 (Feedback) | – 대표자분들과 실무자분들 모두 회의실에 모여주시길 바랍니다. 인증기관집행요원이 심사 종료를 안내하여 드리고 최종 강평 시간을 갖게 됩니다. 심사위원의 최종 강평이 끝나면 대표자분의 간단한 소감을 듣게 됩니다. |

– 상기 일정은 기본 일정이므로 해당업체의 사정에 따라 다소 변동될 수 있습니다.

– 인증기관집행요원을 배정하지 아니한 경우에는 선임 심사위원이 주관합니다.

## 2. 주요 점검 서류

● 리더십 ───────────────────────────────

- 경영이념  – 사훈  – 연도별 경영방침  – 내부고객 주인의식 헌장
- 경영방침 설명회 자료(신년사, 간담회, 세미나 등)
- 회의체 구성자료
- 조직도(노사관계 전담부서)
- 노사협력 향상을 위한 지원활동사례
- CEO 면담  – CEO의 솔선수범 사례
- 의사소통통로 여부(공식 및 비공식 채널)  – 윤리강령
- 사내홍보자료  – 언론공개자료
- 사회지원 봉사프로그램 구축실적과 직원 참여실적
  ❶ 기부금
  ❷ 고아원 방문
  ❸ 양로원 방문
  ❹ 환경친화활동, 친환경 제품구입 영수증 등

● 노사협력 경영전략 ───────────────────────

- 연도별 경영목표(방침, 지침) 및 사업계획서
- 노사협력 경영전략의 내부 구성원 공유여부(면담)
- 노사협력 경영전략 수립에 있어 조직구성원 및 전사적인 참여의 기회를 부여한 입증 자료
- 노사협력지수(직원 사기조사)
  모니터링을 통해 관찰되고 잴 수 있고, 계산될 수 있는 것 포함. 자기신고서 등 자료
- 노사협력 경영전략에 의거 실행된 자료(최근과 과거의 자료분석 – 과거 3년간)

## ● 채용관리 시스템

- 직원 모집공고문
- 채용관련 서류(서류, 면접, 실기, 필기 평가표 등)
- 파견회사 허가증명서
- 기간제 직원 현황(직원명부) 자료
- 파견직원 현황 자료 및 파견직종 현황
- 15세 미만자 취직인허가증 및 친권자 동의서
- 개인정보 사용동의서(개인정보보호법)
- 직무분석, 직무요건명세서, 적정인력진단평가서
- 인력수요조사표
- 근로계약서 작성 시 필수 기재사항

  ❶ 임금(항목, 계산방법, 지급방법 등) ❷ 근로시간(시업과 종업) ❸ 휴게시간 ❹ 휴일

  ❺ 연차유급휴가 ❻ 취업장소 담당업무 등 확인

- 근로계약서 교부 확인(수령증)
- 취업규칙 내용 설명을 하고 게시하였는가?(게시장소)
- 근로계약 시 금지 사항은 지켜지고 있는지?

  (특히 문맹자, 장애인, 노약자들을 위한 설명은 잘 하였는지)

## ● 인재육성 시스템

- 교육훈련 예산(매출액 대비 %)
- 고용보험 환급과정 교육참가 계획표
- 직원 직장생활 라이프사이클 계획표
- 교육훈련 계획서 및 교육 대상자 명단
- 최고 경영자의 직원 교육의지 확인(인터뷰)
- 직원들이 자신의 교육참가 일정을 숙지하고 있는지?

- 교육훈련비 예산 집행 실적
- 고용보험 환급금 실적
- 교육훈련 참가자 명단
- 사내교육, 사외교육 교재(교안) 공유화 상태확인
- 교육참가자 교육 결과 설문조사 결과분석표 자료
- 경력개발 제도 활용 여부 확인
- 교육 이수율 (교육이수자/총인원×100)
- 관리직 인사고과표 항목

## ● 평가보상 시스템

- 인사고과표 및 인사고과규정
- 인사고과 결과표, 결과에 대한 이의/면담신청 자료
  (특히 인사고과에 대한 직원 만족도 조사자료)
- 목표관리제도의 목표설정은 적정한지?
- 제안제도, 품질관리, 원가절감, 봉사활동 등 회사 캠페인 활동 참여 반영여부
- 인사고과 실시 전 교육 실적(교안 및 입증자료)
- 복리후생제도 종류와 실적 서류들
- 승진/승급 심사 매뉴얼
- 상·벌규정, 징계규정, 포상과 징계관련 서류철
- 징계양정의 형평성, 적정성 여부 확인
- 임금대장과 급여명세서
- 성과배분제도 등 운영지침과 우리사주 등 자료
- 동기부여차원의 행사/여행/워크숍 실적

## ● 고용안정 시스템

- 비정규직 임금격차에 대한 사유가 적정한가?
- 노동위원회 차별시정 명령받은 사실이 있는가?
- 노동위원회 부당해고 판정받은 사실이 있는가?
- 상시업무 직원 대비 비정규직 비율
- 비정규직 근로계약서 및 교부 증명확인
- 비정규직 직원명부
- 퇴사자 명부(퇴직사유)
- 개인정보 사용동의서(개인정보보호법)
- 장애인/주부직원/고령자/원호대상자 각각 비율
- 장애인/원호대상자 고용분담금 납부 영수증(과거 3년간)
- 고용보험 채용 장려금 수령 실적
- 사회적 약자 근로계약서 및 교부확인자료
- 사회적 약자 차별대우 사례 또는 개선된 자료

## ● 안전보건 시스템

- 안전/보건/화재 대책위원회 조직구성 및 활동
- 안전관리자/보건관리자 등 선임자료
- 안전장구류 지급확인서, 수령확인서(유니폼 등)
- 작업 도구 안전장치 설치 및 주의문구 부착여부
- 성희롱예방교육 실시 결과자료 (교육자료)
- 무재해 운동 실시자료, 사건 예상분야 조사기록
- 산재보험/근재보험 가입확인 및 보험금 수령실적
- 안전사고 발생자료(과거 3년간)
- 안전사고 발생 원인과 조치 성과의 비교자료

- 안전사고 발생 징후 발생 자료 및 조치결과
- 안전사고 발생 시 관리자와 직원들의 행동지침
- 안전사고 수습 매뉴얼
- 안전관리자 및 직원 면담(인터뷰) 확인

## ● 노사협력 시스템

- 종업원의 동기부여를 위한 제도 등과 관련한 자료
- 고충처리 대장
- 제안제도 운영 실적
- 노사협력관련 목표관리제도 운영 실적
- 청년회의, 평사원의회, 노사협의회 등 활동 자료
- 직원 복지향상을 위한 지원 프로그램
- 급여 및 복리후생체계의 시계열 자료(3년간)
- 직원 만족도 조사자료(3년간)
- 직원 복리후생시설 점검
- 능력급(성과급)도입자료
- 노사협력 증진을 위한 프로그램 목록

## ● 노동법 Ⅰ 준수결과

- 취업규칙 게시 현황 및 내용상 위법사항 여부
- 근로계약서 교부확인 및 필수 기재사항 누락여부
- 근로시간 관련 직원대표 동의서/합의서
- 연차휴가 관련 노무기장 서류
- 급여대장의 제 수당 내용 및 적법성 여부
- 4대사회보험 관련 노무기장서류

- 급여대장의 연장근로수당 등 법정수당 지급 금액(법정 한도 시간 대비 금액)
- 노동법 위반 사실 여부 직원 인터뷰(면담) 확인자료
- 근로계약서 근무시간, 휴게시간 확인
- 휴가신청서, 휴직신청서, 휴일근로신청서 등 자료
- 300인 이상 기업체 고용형태 고시준수 확인

● 노동법 Ⅱ /사회보험법/사회적 책임 준수결과

- 고충처리 상담실 운영 여부
- 노사협의회 규정/단체협약 검토
- 단체교섭 일지(회의록) 등 검토
- 노사협의회 회의록 등 검토 (과거 3년간의 자료와 최근의 자료 비교)
- 노사 협력을 위한 행사 등에 관련된 자료
- 부당노동행위 사례 자료 및 점검
- 직원 부양가족 누락 사실은 없는가?
- 급여대장 4대사회보험료 공제금액 점검
- 자격취득 또는 자격상실신고서철
- 회사의 사회적 책임 이행 실적
- 직원들의 사회적 책임 참여 실적(봉사활동 실적 등)
- 4대사회보험 업무 절차 교육실적
- 직장어린이집 설치 여부
- 매년 정부시책 이행여부
- 지난 회 인증 심사 시 개선 지적 사항의 개선 여부

# 03 노사상생관계우수기업 인증 심사기준(지표)

노사상생관계우수기업인증 심사지표


- 공 통 -


노 사 공 포 럼 인 증 원

## 노사상생관계우수기업인증 현장심사의 Framework

　국가와 국내 기업들의 생산성과 경쟁력을 한 차원 높이기 위하여 실시하는 노사상생관계우수기업 인증제도는 기업 및 국가 경쟁력 제고와 일·가정의 균형과 근로자의 삶의 질 향상과 권익보호를 위한 기대효과를 창출하기 위한 것이다.

　현장평가기준은 추진력 부문에 20%, 노동법 준수 및 사회적 책임 부문에 30%의 비중을 두고 노사관계 상생을 하기 위한 시스템 부문은 50%의 비중을 두어 심사하는 것으로 구성되어 있다.

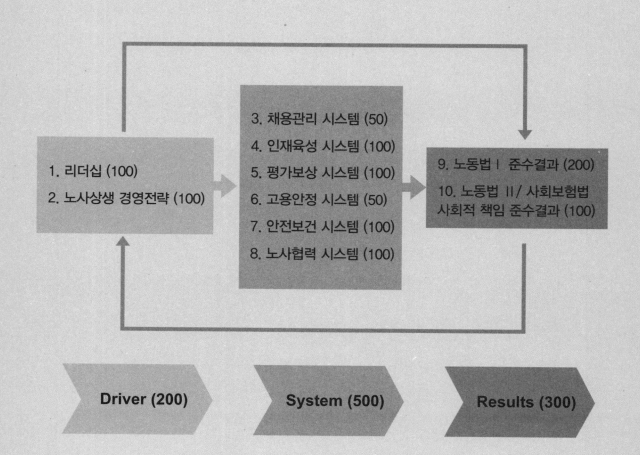

## 노사상생관계우수기업인증 (          )심사기준 및 배점(공통)

| 심사항목 | 세부평가내용 | 배점 | | 평가범위 | | |
|---|---|---|---|---|---|---|
| | | | | 접근 | 방법 | 결과 |
| 1. 리더십 | 1-1 CEO 경영철학<br>1-2 노사관계 리더십과 기업문화<br>1-3 기업윤리와 사회적 책임 | 30<br>50<br>20 | 100<br>(10%) | ●<br>●<br>● | ●<br>●<br>● | |
| 2. 노사상생 경영전략 | 2-1 노사상생 목표수립 및 실천계획과 전개<br>2-2 노사관계 평가체제와 정보 활용<br>　　(직원 사기조사 활용 등) | 50<br><br>50 | 100<br>(10%) | ●<br><br>● | ●<br><br>● | <br><br>● |
| 3. 채용관리 시스템 | 3-1 채용계획/모집절차/채용방법의 적정성<br>3-2 신입/경력 채용직원 근로계약의 적법성 | 20<br>30 | 50<br>(5%) | ●<br>● | ●<br>● | |
| 4. 인재육성 시스템 | 4-1 인재육성 목표수립 및 실천계획과 전개<br>4-2 사내교육(OJT) 및 사외교육, CDP (경력개발)<br>　　이행정도 | 50<br>50 | 100<br>(10%) | ●<br>● | ●<br>● | <br>● |
| 5. 평가보상 시스템 | 5-1 직원의 평가제도/평가방법/평가절차 등의 적<br>　　정성<br>5-2 직원의 동기부여/승진·승급/상·벌/급여관리<br>　　의 적정성 | 50<br><br>50 | 100<br>(10%) | ●<br><br>● | ●<br><br>● | |
| 6. 고용안정 시스템 | 6-1 비정규직 운영의 적절성과 해고절차준수 여부<br>6-2 고령/경력단절/장애인 등사회적 약자고용 및<br>　　처우실태 | 30<br>20 | 50<br>(5%) | ●<br>● | ●<br>● | |
| 7. 안전보건 시스템 | 7-1 안전사고 예방을 위한 조치 및 교육/훈련 이<br>　　행정도<br>7-2 안전사고 발생 여부 | 50<br><br>50 | 100<br>(10%) | ●<br><br>● | ●<br><br>● | ●<br><br>● |
| 8. 노사협력 시스템 | 8-1 고충처리제도/직원제안제도 등 참여제도<br>　　유무<br>8-2 복리후생제도/동호회/사우회 등 지원제도 이<br>　　행정도 | 50<br><br>50 | 100<br>(10%) | ●<br><br>● | ●<br><br>● | ●<br><br>● |
| 9. 노동법 Ⅰ 준수결과 | 9-1 노무기장 서류/취업규칙/근로계약서 등 작성<br>　　및 보관<br>9-2 근무시간/휴일, 휴게, 휴가/임금지급 등 기타<br>　　준수결과 | 100<br><br>100 | 200<br>(20%) | ●<br><br>● | ●<br><br>● | ●<br><br>● |
| 10. 노동법 Ⅱ 및 사회<br>　　보험법 준수결과 | 10-1 노조법/근참법 등 기타 준수 결과<br>10-2 사회보험법 등 기타 사회적 책임준수 결과 | 50<br><br>50 | 100<br>(10%) | ●<br><br>● | ●<br><br>● | ●<br><br>● |
| 총 점 | | 1,000 | 1,000<br>(100%) | | | |

| 심사항목 | 세부평가내용 | 평가점수 | | | |
|---|---|---|---|---|---|
| | | 배점 | 비율(%) | 점수 | 범주별평가 |
| 1. 리더십 (100) | 1-1 CEO 경영철학 | 30 | % | | ( % 점) |
| | 1-2 노사협력 리더십과 기업문화 | 50 | % | | |
| | 1-3 기업윤리와 사회적 책임 | 20 | % | | |
| 2. 노사상생 경영전략 (100) | 2-1 노사상생 목표수립 및 실천계획 전개 | 50 | % | | ( % 점) |
| | 2-2 노사협력평가체제와 정보 활용(직원 사기조사 활용 등) | 50 | % | | |
| 3. 채용관리 시스템 (50) | 3-1 채용계획/모집절차/채용방법의 적정성 | 20 | % | | ( % 점) |
| | 3-2 신입/경력 채용직원 근로계약의 적법성 | 30 | % | | |
| 4. 인재육성 시스템 (100) | 4-1 인재육성 목표수립 및 실천계획과 전개 | 50 | % | | ( % 점) |
| | 4-2 사내교육(OJT) 및 사외교육, CDP(경력개발) 이행정도 | 50 | % | | |
| 5. 평가보상 시스템 (100) | 5-1 직원의 평가제도/평가방법/평가절차 등의 적정성 | 50 | % | | ( % 점) |
| | 5-2 직원의 동기부여/승진.승급/상.벌/급여관리의 적정성 | 50 | % | | |
| 6. 고용안정 시스템 (50) | 6-1 비정규직 운영의 적절성과 해고절차준수여부 | 30 | % | | ( % 점) |
| | 6-2 고령/경력단절/장애인 등 사회적 약자 고용및처우실태 | 20 | % | | |
| 7. 안전보건 시스템 (100) | 7-1 안전사고 예방을 위한 조치 및 교육/훈련 이행정도 | 50 | % | | ( % 점) |
| | 7-2 안전사고 발생 여부 및 조치 이행정도 | 50 | % | | |
| 8. 노사협력 시스템 (100) | 8-1 고충처리제도/직원제안제도 등 참여제도 유무 | 50 | % | | ( % 점) |
| | 8-2 복리후생제도/동호회/사우회 등 지원제도 이행정도 | 50 | % | | |
| 9. 노동법 I 준수결과 (200) | 9-1 노무기장 서류/취업규칙/근로계약서 등 작성 및 보관 | 100 | % | | ( % 점) |
| | 9-2 근무시간/휴일,휴게,휴가/임금지급 등 기타준수결과 | 100 | % | | |
| 10. 노동법 II 및 사회보험법 준수결과 (100) | 10-1 노조법/근참법 등 기타 준수 결과 | 50 | % | | ( % 점) |
| | 10-2 사회보험법 등 기타 사회적 책임준수 결과 | 50 | % | | |
| 총 점 | | 1,000 | 100% | | |

**노사협력우수기업인증 (          ) 평가 집계표**

심사위원 :                    (인 또는 서명)

## 평가지표 서식에 관한 기준 설명서

| 심사항목(대항목) | 심사범주(중항목) | Framework |

| 개별심사항목(배점) | 정의 : 개별심사항목이 의미하는 바를 설명한다. |

| 세 부 평 가 내 용 | 확 인 자 료 |
|---|---|
| 이 항목을 평가하기 위한 구체적인 평가항목을 나열한다. 단. 평가진단을 위한 요구사항 해설로 필수적인 사항은 아님.<br> 1)<br> 2)<br> .<br> . | 이 항목을 평가하기 위해 점검 및 확인해야 할 자료의 목록을 나열한다.<br><br>주) 확인자료 중 법정보관 기간이 정해진 경우, 법정기간 보관자료를 확인한다. 최근에서부터 기산하여 자료를 준비하는 것으로 業歷이 법정보관 기간이 되지 않은 경우는 業歷에 해당하는 자료만 준비하면 됨. |

| 평가내용(수행/이행 내용 및 강점) | 개 선 사 항 | |
|---|---|---|
| 본 심사를 진행하면서 청취한 내용과 열람한 자료를 중심으로 평가한다.<br><br>관계 법령에서 요구하고 있는 기준을 준수하고 있는지 평가한다.<br><br>경쟁사에 비해 잘하고 있는 내용(강점)을 파악하여 정리한다.<br><br>지속적 경쟁우위 요소와 핵심역량을 파악하여 자세하게 기술한다.<br><br>필요한 경우 외부의 자료를 이용하여 Feedback 리포트로 활용한다. | 심사위원이 판단하기에 관계 법령 위반사항이 있거나 동업계 또는 벤치마커에 비해 부족하거나 보완이 요구되는 사항을 추출하여 개선점을 도출하고 Feedback 리포트에 활용한다. | |
| | 평가결과 | 배점 OO점 X  % [   점] |

## 평가지표 서식에 관한 기준 설명서

1. 심사위원은 심사보고서를 아래와 같은 형태로 작성해서 각각 노사공포럼인증원 심사위원실로 E-mail 또는 우편, 팩스로 보내 주시기 바랍니다. 다만 인터넷 온라인 솔루션에 입력하고 서명을 하는 경우에는 작성 제출한 것과 동일합니다.

2. 심사위원은 해당 기업의 심사에 따른 심사총평을 먼저 작성해 주시기 바랍니다. 심사하신 분야를 중심으로 기업에 대한 심사위원의 전반적인 심사총평을 작성하시면 됩니다.

3. 심사위원이 작성하신 보고서는 해당 기업에 Feedback 자료로 제공되오니 구체적으로 작성해 주시기 바랍니다.

4. 심사위원은 해당 심사항목에 대한 강점 및 개선점을 구분하여 세부평가에 따른 평가 내용을 작성해 주십시오.

5. 심사보고서는 될 수 있는 한 워드프로세서로 작성해 주시기 바랍니다.

6. 심사보고서는 해당 집행기관이 가지고 있으며 심사 전 심사위원에게 파일형태로 제공할 것입니다.

## 노사상생관계우수기업인증 (　　　) 현장평가 심사보고서 – 심사총평

| 심사기업 | ○○○ (주) | 심사일 | ○○년 ○○월 ○○일 |
|---|---|---|---|
| 심사위원 | 홍 길 동 | | |

〈 예 시 〉

1. CEO의 경영철학 즉 "최고의 ……………… 으로 ………" 개념을 業으로 승화시켜 전사적으로 공유하고 있는 것은 타 기업에서 벤치마킹할 좋은 점으로 평가됨.

2. 노사관계 리더십은 ………. 모든 직원들이 존경할 정도라 할 수 있다. 실제로 직원들과 등산을 함께하던 중 낙오를 한 직원이 발생하자 낙오한 직원을 찾기 위해 지나왔던 길을 다시 되돌아 샅샅이 찾도록 조를 편성하여 5시간 만에 쓰러져 정신을 잃은 직원을 찾아낸 사례가 있어 그 이후 직원들은 사장을 믿고 따른다고 평가됨.

3. 노사상생 경영전략은 『…………』을 발간하여 전 직원의 교육자료로 이용하는 것은 무엇보다 큰 성과일 것이다. 노사협력을 통한 생산성 향상성과를 피드백된 데이터를 가지고 실질적으로 홍보교육을 진행한다면 살아있는 교육으로 전체직원들에게 보다 좋은 업무지침서로 작용할 것으로 판단되기 때문임.

4. 채용관리는 고용노동부 워크넷을 주로 활용하며 이직률이 높지 않아서 공개채용이 쉽지는 않지만 가능한 공개적으로 채용을 하고 있음. 회사는 직원들이 성공하도록 동기를 부여하며 격려를 아끼지 않고 있다.

5. 조직문화에서는 비정규직을 「내부에 존재하는 국외자(inside outsider)」로 간주되고 있는 실정이므로 조직에 근무하는 모든 사람을 포괄하는 인사정책을 수립하기 위한 다각적인 노력과 체계적인 직업교육 및 훈련을 통한 인적자원의 품질 고급화·전문화를 꾀하길 바라며………

| 심사총평 | 심사대상 기업에 대한 심사위원의 전반적인 심사의견을 기술하여 주십시오. 본 자료는 해당 기업의 Feedback자료로 제공됩니다. |
|---|---|

| 노사상생관계우수기업인증 (　　　) 현장평가 심사보고서<br>– 세부 심사 항목 평가 |
|---|

〈예 시〉

1-1. CEO 경영철학

▶ 평가내용

○○○기업의 CEO는 회사발전의 기틀을 우수한 노사관계에서 찾으려 하는 경영철학
　을 수립하고 있으며..........



▶ 개선점

○○○기업은 경영철학을 보다 구체적으로 전파시킬 수 있도록........



1-2. 노사관계 리더십과 기업문화

▶ 평가내용

○○○기업의 CEO ○○○는..........



▶ 개선점

○○○기업의 기업문화는.........

| 세부평가 | 심사위원은 해당 세부평가 내용에 대한 심사의견을 강점과 개선사항으로 구분하여 자세히<br>기술해 주십시오. |
|---|---|

| 노사상생관계우수기업인증 (　　　) 현장평가 심사보고서 – 심사총평 | | | |
|---|---|---|---|
| 심사기업 | | 심사일 | |
| 심사위원 | 홍 길 동 | | |

|  |  |
|---|---|
| 심사총평 | 심사대상 기업에 대한 심사위원의 전반적인 심사의견을 기술하여 주십시오. 본 자료는 해당 기업의 Feedback자료로 제공됩니다. |

| 노사상생관계우수기업인증 (          ) 현장평가 심사보고서<br>– 세부 심사 항목 평가 |
| :---: |
| |
| **세부평가**    심사위원은 해당 세부평가 내용에 대한 심사의견을 강점과 개선사항으로 구분하여 자세히 기술해 주십시오. |

| 1. 리더십(100) | 1-1 CEO 경영철학(30)<br>1-2 노사상생 리더십과 기업문화(50)<br>1-3 기업윤리와 사회적 책임(20) | Driver | |
| | | System | |
| | | Results | |

| 1-1 CEO 경영철학(30) | 경영자는 노사상생 경영철학과 의지를 정립하고 있는가? |
| --- | --- |

| 세부평가내용<br>(해당 분야에 포함시킬 수 있는 부문) | 확인자료 |
| --- | --- |

▶ 조직의 장기적인 비전과 사명이 노사 참여로 수립되어 있는가?

| 10 | 9 | 8 | 7 | 6 | 5 | 4 | 3 | 2 | 1 |
|----|---|---|---|---|---|---|---|---|---|

▶ 노사관계에 대한 경영이념이 구체적으로 수립되어 있는가?

| 10 | 9 | 8 | 7 | 6 | 5 | 4 | 3 | 2 | 1 |
|----|---|---|---|---|---|---|---|---|---|

▶ 노사관계에 대한 최고 경영진의 역할과 의무에 대한 개념이 정립되어 있는가?

| 10 | 9 | 8 | 7 | 6 | 5 | 4 | 3 | 2 | 1 |
|----|---|---|---|---|---|---|---|---|---|

▶ 노사협력 공동선언문 또는 내부고객 주인의식 헌장은 비치되어 있는가?

| 10 | 9 | 8 | 7 | 6 | 5 | 4 | 3 | 2 | 1 |
|----|---|---|---|---|---|---|---|---|---|

확인자료:
- ▶ 경영이념
- ▶ 사훈
- ▶ 연도별 경영방침
- ▶ 내부고객 주인의식 헌장
- ▶ CEO면담<br>(노사관계를 구축하기 위한 추진력 및 열정측정)
- ▶ CEO의 대내·외 활동사항
- ▶ 노사관계 개선 경영어록, 조회사, 격려사 등

| 평가내용(수행/이행 및 강점) | 개선사항 |
| --- | --- |

**평가점수**

| 매우 우수 | | 우수 | | 보통 | | 미흡 | | 매우 미흡 | |
|---|---|---|---|---|---|---|---|---|---|
| 10 | 9 | 8 | 7 | 6 | 5 | 4 | 3 | 2 | 1 |

**평가의견(이유)**

| 평가결과 | 배점 20점 X    % [      점] |

| 1. 리더십(100) | 1-1 CEO 경영철학(30)<br>**1-2 노사상생 리더십과 기업문화(50)**<br>1-3 기업윤리와 사회적 책임(20) | Driver | |
| --- | --- | --- | --- |
| | | System | |
| | | Results | |

| 1-2 노사상생 리더십과 기업문화(50) | 경영자는 노사상생 문화를 이룩하기 위해 모범적인 역할을 수행하고 있는가? |
| --- | --- |

| 세부평가내용<br>(해당 분야에 포함시킬 수 있는 부문) | 확인자료 |
| --- | --- |

▶ 성과지향적 노사문화를 창조할 수 있는 윤리와 가치를 수립하고 있는가?

| 10 | 9 | 8 | 7 | 6 | 5 | 4 | 3 | 2 | 1 |
| --- | --- | --- | --- | --- | --- | --- | --- | --- | --- |

▶ CEO는 스스로 자신의 리더십에 대해 스스로 검토하고 개선하는가?

| 10 | 9 | 8 | 7 | 6 | 5 | 4 | 3 | 2 | 1 |
| --- | --- | --- | --- | --- | --- | --- | --- | --- | --- |

▶ CEO는 조직의 사명, 비전, 가치, 전략 및 세부실행 목표 등에 대하여 직원들과 직·간접적으로 커뮤니케이션하고 있는가?

| 10 | 9 | 8 | 7 | 6 | 5 | 4 | 3 | 2 | 1 |
| --- | --- | --- | --- | --- | --- | --- | --- | --- | --- |

▶ CEO는 자발적으로 조직의 경영시스템을 내부구성원들에게 확산시키고 개발, 수행하며 끊임없이 개선시키는가?

| 10 | 9 | 8 | 7 | 6 | 5 | 4 | 3 | 2 | 1 |
| --- | --- | --- | --- | --- | --- | --- | --- | --- | --- |

▶ CEO는 변화와 경쟁에서 필요한 리더십을 개발하여 솔선수범하는가?

| 10 | 9 | 8 | 7 | 6 | 5 | 4 | 3 | 2 | 1 |
| --- | --- | --- | --- | --- | --- | --- | --- | --- | --- |

▶ 조직내에 권한위양, 혁신 및 독창성을 지향하고 격려하는 제도가 마련되어 있는가?

| 10 | 9 | 8 | 7 | 6 | 5 | 4 | 3 | 2 | 1 |
| --- | --- | --- | --- | --- | --- | --- | --- | --- | --- |

확인자료:
▶ 경영방침 설명회 자료 (신년사, 간담회, 세미나 등)
▶ 회의체 구성자료
▶ 조직도(노사관계 전담부서)
▶ 노사관계 향상을 위한 지원활동사례
▶ CEO 면담
▶ CEO의 솔선수범 사례
▶ 의사소통통로 여부 (공식 및 비공식 채널)

| 평가내용(수행/이행 및 강점) | 개선사항 |
| --- | --- |

**평가점수**

| 매우 우수 | | 우수 | | 보통 | | 미흡 | | 매우 미흡 | |
| --- | --- | --- | --- | --- | --- | --- | --- | --- | --- |
| 10 | 9 | 8 | 7 | 6 | 5 | 4 | 3 | 2 | 1 |

**평가의견(이유)**

평가결과 | 배점 20점 X    % [       점]

| 1. 리더십(100) | 1-1 CEO 경영철학(30)<br>1-2 노사상생 리더십과 기업문화(50)<br>**1-3 기업윤리와 사회적 책임(20)** | Driver | ■ |
|---|---|---|---|
| | | System | |
| | | Results | |

| **1-3 기업윤리와 사회적 책임(20)** | 경영자는 사회적 책임과 기업윤리를 충실히 수행하고 있는가? |
|---|---|

| 세부평가내용<br>(해당 분야에 포함시킬 수 있는 부문) | 확인자료 |
|---|---|

▶ 윤리강령(방침, 지침 등)을 선포하고 이를 준수하고 있는가?

| 10 | 9 | 8 | 7 | 6 | 5 | 4 | 3 | 2 | 1 |
|---|---|---|---|---|---|---|---|---|---|

▶ 사회적 약자를 포함하여 지역사회에 어떠한 사회지원활동을 펼치고 있는가?

| 10 | 9 | 8 | 7 | 6 | 5 | 4 | 3 | 2 | 1 |
|---|---|---|---|---|---|---|---|---|---|

▶ 지역사회의 전문기관, 협의회 및 세미나 등에 참여하여 노사문화 구축을 촉진하고 지원하는가?

| 10 | 9 | 8 | 7 | 6 | 5 | 4 | 3 | 2 | 1 |
|---|---|---|---|---|---|---|---|---|---|

▶ 사회공헌활동이나 지역사회에 공헌활동을 하는 전담조직이 갖추어져 있는가?

| 10 | 9 | 8 | 7 | 6 | 5 | 4 | 3 | 2 | 1 |
|---|---|---|---|---|---|---|---|---|---|

▶ 변화하는 시대에 『선량한 기업시민』으로서 역할을 분석하고 적극적으로 대응하고 있는가?
  ❶ 윤리적 기업행동 등에 대한 몰입 ❷ 이해관계자 욕구의 균형화

| 10 | 9 | 8 | 7 | 6 | 5 | 4 | 3 | 2 | 1 |
|---|---|---|---|---|---|---|---|---|---|

**확인자료**

▶ 윤리강령

▶ 사내홍보자료

▶ 언론공개자료

▶ 사회지원 봉사프로그램 구축실적과 직원 참여실적
  ❶ 기부금
  ❷ 고아원 방문
  ❸ 양로원 방문
  ❹ 환경친화활동, 친환경 제품구입 영수증 등

| 평가내용(수행/이행 및 강점) | 개선사항 |
|---|---|

**평가점수**

| 매우 우수 | | 우수 | | 보통 | | 미흡 | | 매우 미흡 | |
|---|---|---|---|---|---|---|---|---|---|
| 10 | 9 | 8 | 7 | 6 | 5 | 4 | 3 | 2 | 1 |

**평가의견(이유)**

| 평가결과 | 배점 20점 X  % [      점] |
|---|---|

| 2. 노사상생 경영전략(100) | 2-1 노사상생 목표수립 및 실천계획 전개 (50) | Driver | |
|---|---|---|---|
| | | System | |
| | 2-2 노사협력 평가체제와 정보활용(50) | Results | |

| 2-1 노사상생 목표수립 및 실천계획 전개(50) | 노사상생 경영전략은 체계적으로 수립되어 있으며 실천은 적절히 하는가? |
|---|---|

| 세부평가내용 (해당 분야에 포함시킬 수 있는 부문) | 확인자료 |
|---|---|

**세부평가내용**

▶ 중·장기 경영계획에 노사관계 개선을 위한 내용이 포함되어 있는가?

| 10 | 9 | 8 | 7 | 6 | 5 | 4 | 3 | 2 | 1 |
|---|---|---|---|---|---|---|---|---|---|

▶ 노사관계 향상을 위한 경영전략은 직원을 포함한 이해관계자 중심으로 구성되어 있는가?

| 10 | 9 | 8 | 7 | 6 | 5 | 4 | 3 | 2 | 1 |
|---|---|---|---|---|---|---|---|---|---|

▶ 노사관계표준은 직원의 일·가정 균형을 반영하고 있는가?

| 10 | 9 | 8 | 7 | 6 | 5 | 4 | 3 | 2 | 1 |
|---|---|---|---|---|---|---|---|---|---|

▶ 직원을 세분화하여 욕구를 파악하는 시스템이 있는가?
욕구단계설에 입각하여 직원들의 욕구를 파악하려는 노력은 시도하였는가?

| 10 | 9 | 8 | 7 | 6 | 5 | 4 | 3 | 2 | 1 |
|---|---|---|---|---|---|---|---|---|---|

**확인자료**

▶ 연도별 경영목표(방침, 지침) 및 사업계획서
▶ 노사상생 경영전략의 내부 구성원 공유여부(면담)
▶ 노사상생 경영전략 수립에 있어 조직구성원 및 전사적인 참여의 기회를 부여한 입증 자료
▶ 노사관계지수(직원 사기조사) 모니터링을 통해 관찰되고 잴 수 있고, 계산될 수 있는 것 포함. 자기신고서 등 자료
▶ 노사상생 경영전략에 의거 실행된 자료 (최근과 과거의 자료분석 – 과거 3년간)

| 평가내용(수행/이행 및 강점) | 개선사항 |
|---|---|

**평가점수**

| 매우 우수 | | 우수 | | 보통 | | 미흡 | | 매우 미흡 | |
|---|---|---|---|---|---|---|---|---|---|
| 10 | 9 | 8 | 7 | 6 | 5 | 4 | 3 | 2 | 1 |

**평가의견(이유)**

평가결과 | 배점 50점 X     %[     점]

| 2. 노사상생 경영전략(100) | 2-1 노사상생 목표수립 및 실천계획 전개(50)<br>**2-2 노사협력 평가체제와 정보활용(50)** | Driver | |
| --- | --- | --- | --- |
| | | System | |
| | | Results | |

| 2-2 노사협력 평가체제와 정보활용(50) | 노사상생 경영전략은 핵심 프로세스의 체계를 통해 전개되는가? |
| --- | --- |

| 세부평가내용<br>(해당 분야에 포함시킬 수 있는 부문) | 확인자료 |
| --- | --- |
| ▶ 노사관계 향상을 위한 경영전략은 직원의 변화하는 필요나 욕구를 반영하여 매년 갱신되고 있는가?<br><br>\| 10 \| 9 \| 8 \| 7 \| 6 \| 5 \| 4 \| 3 \| 2 \| 1 \|<br><br>▶ 노사상생 경영전략이 내부 직원에게 체계적으로 전파되고 있는가?<br><br>\| 10 \| 9 \| 8 \| 7 \| 6 \| 5 \| 4 \| 3 \| 2 \| 1 \|<br><br>▶ 수립된 노사관계 표준의 실행여부를 일관성 있게 모니터링하는 시스템이 있는가?<br><br>\| 10 \| 9 \| 8 \| 7 \| 6 \| 5 \| 4 \| 3 \| 2 \| 1 \|<br><br>▶ 모니터링 결과를 분석·평가하여 실제로 개선하는 제도가 운영 중인가?<br><br>\| 10 \| 9 \| 8 \| 7 \| 6 \| 5 \| 4 \| 3 \| 2 \| 1 \|<br><br>▶ 목표의 우선순위에 부합되는 자원(인적, 물적)의 배분 및 전개가 이루어지고 있는가?<br><br>\| 10 \| 9 \| 8 \| 7 \| 6 \| 5 \| 4 \| 3 \| 2 \| 1 \|<br><br>▶ 노사협력 평가는 측정 가능하도록 설계되어 있는가? ❶ 정성적 측정 ❷ 정량적 측정<br><br>\| 10 \| 9 \| 8 \| 7 \| 6 \| 5 \| 4 \| 3 \| 2 \| 1 \| | ▶ 노사상생 경영전략의 실행결과를 정기적으로 직원들과 공유한 자료(월별, 분기별, 반기별, 부서 간담회 등)<br><br>▶ 노사상생 경영전략의 실행결과를 검토하여 새로운 목표수립 시 내부 직원의 의견을 반영한 자료(워크숍 등)<br><br>▶ 노사상생 경영전략의 주요 성공요인과 실패요인을 파악한 보고서<br><br>▶ 내부평가제도 시행여부–통합성과관리, 목표관리, BSC<br><br>▶ 연계 여부 |

| 평가내용(수행/이행 및 강점) | 개선사항 |
| --- | --- |
| **평가점수**<br><br>\| 매우 우수 \| \| 우수 \| \| 보통 \| \| 미흡 \| \| 매우 미흡 \|<br>\| 10 \| 9 \| 8 \| 7 \| 6 \| 5 \| 4 \| 3 \| 2 \| 1 \|<br><br>**평가의견(이유)** | |
| | 평가결과 \| 배점 50점 X    %[     점] |

| 3. 채용관리 시스템(50) | 3-1 채용계획/모집절차/채용방법의 적정성(20)<br>3-2 신입/경력 채용직원 근로계약의 적법성(30) | Driver | |
| | | System | |
| | | Results | |

| 3-1 채용계획/모집절차/채용방법의 적정성(20) | 직원 채용계획, 모집절차, 채용방법 등이 적법하게 이행되고 있는가? |
| --- | --- |

| 세부평가내용<br>(해당 분야에 포함시킬 수 있는 부문) | 확인자료 |
| --- | --- |
| ▶ 직원 채용 시 남녀의 차별, 연령의 차별, 학력의 차별, 지역적 차별, 외모 신체조건 등을 이유로 한 차별사실이있는가? 채용계획은 인력 수요조사를 통하여 합리적으로 수립하였는가?<br><br>\| 10 \| 9 \| 8 \| 7 \| 6 \| 5 \| 4 \| 3 \| 2 \| 1 \|<br><br>▶ 파견직원을 무허가 파견업체로부터 파견받은 사실이 있는가? 2년 이상 파견근무한 직원이 있는가?<br><br>\| 10 \| 9 \| 8 \| 7 \| 6 \| 5 \| 4 \| 3 \| 2 \| 1 \|<br><br>▶ 취직 인허증 발급받은 15세 미만인자 채용 사실이 있는가? 18세 미만자 가족관계증명서 및 친권자(후견인) 동의서를 받았는가? 전체 직원에게서 개인정보 사용동의서를 받았는가?<br><br>\| 10 \| 9 \| 8 \| 7 \| 6 \| 5 \| 4 \| 3 \| 2 \| 1 \|<br><br>▶ 법정 의무고용 비율을 준수하기 위한 노력은 하고 있는가?(장애인, 보훈대상자 등)<br><br>\| 10 \| 9 \| 8 \| 7 \| 6 \| 5 \| 4 \| 3 \| 2 \| 1 \|<br><br>▶ 모집 채용에 관한 서류를 3년간 보존하고 있는가? 서류전형, 면접전형, 필기시험 평가표는 있는가, 채용절차법에 따라 불합격자 채용서류 반환 또는 폐기하였는가?<br><br>\| 10 \| 9 \| 8 \| 7 \| 6 \| 5 \| 4 \| 3 \| 2 \| 1 \| | ▶ 직원 모집공고문<br><br>▶ 채용관련 서류(서류, 면접, 실기, 필기 평가표 등)<br><br>▶ 파견회사 허가증명서<br><br>▶ 기간제 직원 현황(직원명부) 자료<br><br>▶ 파견직원 현황 자료 및 파견직종 현황<br><br>▶ 15세 미만자 취직인허가증 및 친권자 동의서<br><br>▶ 개인정보 사용동의서 (개인정보보호법)<br><br>▶ 직무분석, 직무요건명세서, 적정인력진단평가서<br><br>▶ 인력수요조사표<br><br>▶ 채용 불합격자 채용서류 반환 또는 폐기여부 |

| 평가내용(수행/이행 및 강점) | 개선사항 |
| --- | --- |
| **평가점수**<br><br>\| 매우 우수 \| \| 우수 \| \| 보통 \| \| 미흡 \| \| 매우 미흡 \| \|<br>\| 10 \| 9 \| 8 \| 7 \| 6 \| 5 \| 4 \| 3 \| 2 \| 1 \|<br><br>**평가의견(이유)** | |

| 평가결과 | 배점 20점 X %[ 점] |
| --- | --- |

| 3. 채용관리 시스템(50) | 3-1 채용계획/모집절차/채용방법의 적정성(20) | Driver | |
| | 3-2 신입/경력 채용직원 근로계약의 적법성(30) | System | |
| | | Results | |

| 3-2 신입/경력 채용직원 근로계약의 적법성(30) | 직원 채용 시 적법하게 근로계약 조건을 갖추고 있는가? |
|---|---|

| 세부평가내용<br>(해당 분야에 포함시킬 수 있는 부문) | 확인자료 |
|---|---|

▶ 근로계약 체결 시 법령에 정하여진 모든 근로조건을 명시하였는가?

| 10 | 9 | 8 | 7 | 6 | 5 | 4 | 3 | 2 | 1 |
|---|---|---|---|---|---|---|---|---|---|

▶ 근로계약서 2부 작성하여 직원에게 1부 교부하였는가? 근로계약서 미작성 직원은 없는지?

| 10 | 9 | 8 | 7 | 6 | 5 | 4 | 3 | 2 | 1 |
|---|---|---|---|---|---|---|---|---|---|

▶ 취업규칙 내용을 설명하였는가? 직원이 자유롭게 열람할 수 있도록 게시하였는가?

| 10 | 9 | 8 | 7 | 6 | 5 | 4 | 3 | 2 | 1 |
|---|---|---|---|---|---|---|---|---|---|

▶ 법정 근로시간 이외의 근로시간에 대해 계약서에 명시를 하고 있는가?

| 10 | 9 | 8 | 7 | 6 | 5 | 4 | 3 | 2 | 1 |
|---|---|---|---|---|---|---|---|---|---|

▶ 미성년자, 임산부, 여성근로자 등에게 야간근무를 하도록 근로계약을 체결하지는 않았는지?

| 10 | 9 | 8 | 7 | 6 | 5 | 4 | 3 | 2 | 1 |
|---|---|---|---|---|---|---|---|---|---|

▶ 위약예정 금지, 전차금 상계 금지, 강제 저금 금지 등의 원칙은 지켜지고 있는가?

| 10 | 9 | 8 | 7 | 6 | 5 | 4 | 3 | 2 | 1 |
|---|---|---|---|---|---|---|---|---|---|

확인자료:

▶ 근로계약서 작성 시 필수 기재사항
❶ 임금(항목,계산방법,지급방법 등)
❷ 근로시간(시업과 종업) ❸ 휴게시간 ❹ 휴일 ❺ 연차유급휴가 ❻ 취업장소 담당업무 등 확인

▶ 근로계약서 교부 확인(수령증)

▶ 취업규칙 내용 설명을 하고 게시하였는가?(게시장소)

▶ 근로계약 시 금지 사항은 지켜지고 있는지?
(특히 문맹자, 장애인, 노약자들을 위한 설명은 잘 하였는지)

| 평가내용(수행/이행 및 강점) | 개선사항 |
|---|---|

**평가점수**

| 매우 우수 | | 우수 | | 보통 | | 미흡 | | 매우 미흡 | |
|---|---|---|---|---|---|---|---|---|---|
| 10 | 9 | 8 | 7 | 6 | 5 | 4 | 3 | 2 | 1 |

**평가의견(이유)**

평가결과 | 배점 30점 X    %[      점]

| 4. 인재육성 시스템(100) | 4-1 인재육성 목표수립 및 실천계획과 전개(50) | Driver | |
| | 4-2 사내교육(OJT) 및 사외교육, CDP(경력개발) 이행정도(50) | System | |
| | | Results | |

| 4-1 인재육성 목표수립 및 실천계획과 전개(50) | 회사는 인재육성이 곧 노사공생과 회사 발전의 초석이라고 인정을 하고 있는가? |
|---|---|

| 세부평가내용<br>(해당 분야에 포함시킬 수 있는 부문) | 확인자료 |
|---|---|

▶ 회사의 인적자원개발 계획이 수립되어 있고 전담요원이 있는가?

| 10 | 9 | 8 | 7 | 6 | 5 | 4 | 3 | 2 | 1 |
|---|---|---|---|---|---|---|---|---|---|

▶ 고용보험 환급과정 교육 참가 계획은 적정한가? 직원 1인당 연간 교육시간 및 교육훈련비는 수립되어 있는가? 또한 예산은 적정하게 편성되었나?

| 10 | 9 | 8 | 7 | 6 | 5 | 4 | 3 | 2 | 1 |
|---|---|---|---|---|---|---|---|---|---|

▶ 인재육성 계획과 경력개발프로그램(CDP)과 연계하고 있는가?

| 10 | 9 | 8 | 7 | 6 | 5 | 4 | 3 | 2 | 1 |
|---|---|---|---|---|---|---|---|---|---|

▶ 교육훈련 프로그램은 다양하며, 직원들이 선택을 할 수 있는 방법을 사용하는가?

| 10 | 9 | 8 | 7 | 6 | 5 | 4 | 3 | 2 | 1 |
|---|---|---|---|---|---|---|---|---|---|

▶ 직원교육에 대한 최고경영자의 의지는 어떠하며 교육훈련 계획이 전 직원들에게 공유되고 있는가?

| 10 | 9 | 8 | 7 | 6 | 5 | 4 | 3 | 2 | 1 |
|---|---|---|---|---|---|---|---|---|---|

확인자료:
▶ 교육훈련 예산(매출액 대비 %)
▶ 고용보험 환급과정 교육참가 계획표
▶ 직원 직장생활 라이프사이클 계획표
▶ 교육훈련 계획서 및 교육 대상자 명단
▶ 최고 경영자의 직원 교육의지 확인 (인터뷰)
▶ 직원들이 자신의 교육참가 일정을 숙지하고 있는지?

| 평가내용(수행/이행 및 강점) | 개선사항 |
|---|---|

**평가점수**

| 매우 우수 | | 우수 | | 보통 | | 미흡 | | 매우 미흡 | |
|---|---|---|---|---|---|---|---|---|---|
| 10 | 9 | 8 | 7 | 6 | 5 | 4 | 3 | 2 | 1 |

**평가의견(이유)**

평가결과 | 배점 50점 X  %[   점]

| 4. 인재육성 시스템(100) | 4-1 인재육성 목표수립 및 실천계획과 전개(50) | Driver | |
| | 4-2 **사내교육(OJT) 및 사외교육, CDP(경력개발) 이행정도(50)** | System | |
| | | Results | |

| 4-2 사내교육(OJT) 및 사외교육, CDP(경력개발) 이행정도(50) | 교육 훈련 계획에 의하여 실제적으로 교육 훈련을 실시하였는가? |
| --- | --- |

| 세부평가내용<br>(해당 분야에 포함시킬 수 있는 부문) | 확인자료 |
| --- | --- |

▶ 교육훈련 계획에 의한 교육훈련을 몇 % 실시하였는가?

| 10 | 9 | 8 | 7 | 6 | 5 | 4 | 3 | 2 | 1 |
| --- | --- | --- | --- | --- | --- | --- | --- | --- | --- |

▶ 사내교육(직무교육)을 실시한 자료는 있는가? 교육실시 결과를 평가하고 이를 피드백하는가?

| 10 | 9 | 8 | 7 | 6 | 5 | 4 | 3 | 2 | 1 |
| --- | --- | --- | --- | --- | --- | --- | --- | --- | --- |

▶ 사외 교육 이수 후 전달교육 체계는 갖추고 있는가? 전달교육 참가자들의 교육평가는 하는가?

| 10 | 9 | 8 | 7 | 6 | 5 | 4 | 3 | 2 | 1 |
| --- | --- | --- | --- | --- | --- | --- | --- | --- | --- |

▶ 온라인 교육도 적절하게 병행실시 하는가?

| 10 | 9 | 8 | 7 | 6 | 5 | 4 | 3 | 2 | 1 |
| --- | --- | --- | --- | --- | --- | --- | --- | --- | --- |

▶ 경력개발을 위한 교육이나 순환보직 제도를 잘 활용하고 있는가?

| 10 | 9 | 8 | 7 | 6 | 5 | 4 | 3 | 2 | 1 |
| --- | --- | --- | --- | --- | --- | --- | --- | --- | --- |

▶ 관리직 인사고과 시 부하직원 교육훈련 실시여부를 평가하고 있는지?

| 10 | 9 | 8 | 7 | 6 | 5 | 4 | 3 | 2 | 1 |
| --- | --- | --- | --- | --- | --- | --- | --- | --- | --- |

**확인자료**

▶ 교육훈련비 예산 집행 실적
▶ 고용보험 환급금 실적
▶ 교육훈련 참가자 명단
▶ 사내교육, 사외교육 교재(교안) 공유화 상태확인
▶ 교육참가자 교육 결과 설문조사 결과분석표 자료
▶ 경력개발 제도 활용 여부 확인
▶ 교육 이수율 (교육이수자/총인원 X 100)
▶ 관리직 인사고과표 항목

| 평가내용(수행/이행 및 강점) | 개선사항 |
| --- | --- |

**평가점수**

| 매우 우수 | | 우수 | | 보통 | | 미흡 | | 매우 미흡 | |
| --- | --- | --- | --- | --- | --- | --- | --- | --- | --- |
| 10 | 9 | 8 | 7 | 6 | 5 | 4 | 3 | 2 | 1 |

**평가의견(이유)**

평가결과 | 배점 50점 X    %[      점]

| 5. 평가보상 시스템(100) | 5-1 직원의 평가제도/평가방법/평가절차 등의 적정성(50) | Driver | |
| | | System | ■ |
| | 5-2 직원의 동기부여/승진·승급/상·벌/급여관리의 적정성(50) | Results | |

| 5-1 직원의 평가제도/평가방법/ 평가절차 등의 적정성(50) | 직원 평가제도가 공정하고 객관적이며, 평가 결과를 보상제도와 연계 하고 있는가? |
|---|---|

| 세부평가내용 (해당 분야에 포함시킬 수 있는 부문) | 확인자료 |
|---|---|

▶ 인사고과는 공정하고 객관적으로 시행되고 있는가? 평가자들에 게 고과 전 교육은 실시하였는가?

| 10 | 9 | 8 | 7 | 6 | 5 | 4 | 3 | 2 | 1 |
|---|---|---|---|---|---|---|---|---|---|

▶ 인사평가항목이 계량화로 설계되어 평가자의 주관적 평가를 억 제하려는 노력을 하는가?

| 10 | 9 | 8 | 7 | 6 | 5 | 4 | 3 | 2 | 1 |
|---|---|---|---|---|---|---|---|---|---|

▶ 목표관리제도와 업적평가를 연계 가능하도록 설계되었는가? 회 사 캠페인 참여활동을 반영하는가?

| 10 | 9 | 8 | 7 | 6 | 5 | 4 | 3 | 2 | 1 |
|---|---|---|---|---|---|---|---|---|---|

▶ 인사고과시 자기신고 또는 자기평가기회를 부여하고 있는가? 평가결과에 대해 이의신청, 면담신청 등의 제도를 시행하고 있 는가?

| 10 | 9 | 8 | 7 | 6 | 5 | 4 | 3 | 2 | 1 |
|---|---|---|---|---|---|---|---|---|---|

▶ 인사고과규정 내용은 제대로 준수되고 있는가? 부서(팀)별 편차 조정은 이루어지고 있는가?

| 10 | 9 | 8 | 7 | 6 | 5 | 4 | 3 | 2 | 1 |
|---|---|---|---|---|---|---|---|---|---|

확인자료:
▶ 인사고과표 및 인사고과규정
▶ 인사고과 결과표, 결과에 대한 이 의/면담신청 자료 (특히 인사고과에 대한 직원 만족도 조사자료)
▶ 목표관리제도의 목표설정은 적정한지?
▶ 제안제도, 품질관리, 원가절감, 봉사 활동 등 회사 캠페인 활동 참여 반 영여부
▶ 인사고과 실시 전 교육 실적 (교안 및 입증자료)

| 평가내용(수행/이행 및 강점) | 개선사항 |
|---|---|

**평가점수**

| 매우 우수 | | 우수 | | 보통 | | 미흡 | | 매우 미흡 | |
|---|---|---|---|---|---|---|---|---|---|
| 10 | 9 | 8 | 7 | 6 | 5 | 4 | 3 | 2 | 1 |

**평가의견(이유)**

평가결과 | 배점 50점 X      %[      점]

| 5. 평가보상 시스템(100) | 5-1 직원의 평가제도/평가방법/평가절차 등의 적정성 (50) | Driver | |
| | | System | |
| | 5-2 직원의 동기부여/승진·승급/상·벌/급여 관리의 적정성(50) | Results | |

| 5-2 직원의동기부여/승진·승급/ 상·벌/급여관리의 적정성 (50) | 동기부여제도, 복리후생제도, 승진/승급, 상/벌, 급여관리는 적정하게 운영되는가? |
| --- | --- |

| 세부평가내용<br>(해당 분야에 포함시킬 수 있는 부문) | 확인자료 |
| --- | --- |
| ▶ 직원의 승진/승급은 공정하고 객관적인 방법에 의하여 이루어지는가?<br><br>`10 9 8 7 6 5 4 3 2 1`<br><br>▶ 직원의 포상이나 징계는 명확한 입증자료에 근거하여 결정하는가? 우수 직원에 대한 포상은 다양한 방법으로 행하여지는가?<br><br>`10 9 8 7 6 5 4 3 2 1`<br><br>▶ 직원의 급여결정은 열심히 하는 사람이 대우를 받는 풍토로 이루어지는가?<br><br>`10 9 8 7 6 5 4 3 2 1`<br><br>▶ 성과배분제도와 같이 회사의 이익을 직원들에게 분배하는 제도가 있는가? 우리사주제도는?<br><br>`10 9 8 7 6 5 4 3 2 1`<br><br>▶ 직원 복지제도, 복지기금, 복지몰과 같은 혜택을 부여하고 있는가? 선택적 복지제도 운영 여부는?<br><br>`10 9 8 7 6 5 4 3 2 1`<br><br>▶ 급여대장 관리는 적법하게 운영하는가? 법정수당은 적법하게 지급되고 있는가?<br><br>`10 9 8 7 6 5 4 3 2 1` | ▶ 복리후생제도 종류와 실적 서류들<br>▶ 승진/승급 심사 매뉴얼<br>▶ 상·벌규정, 징계규정, 포상과 징계 관련 서류철<br>▶ 징계양정의 형평성, 적정성 여부 확인<br>▶ 임금대장과 급여명세서<br>▶ 성과배분제도 등 운영지침과 우리사주 등 자료<br>▶ 동기부여차원의 행사/여행/워크숍 실적 |

| 평가내용(수행/이행 및 강점) | 개선사항 |
| --- | --- |
| **평가점수**<br><br>| 매우 우수 | | 우수 | | 보통 | | 미흡 | | 매우 미흡 | |<br>| 10 | 9 | 8 | 7 | 6 | 5 | 4 | 3 | 2 | 1 |<br><br>**평가의견(이유)** | <br><br><br><br>평가결과   배점 50점 X    %[    점] |

| 6. 고용안정 시스템(50) | 6-1 비정규직 운영의 적절성과 해고절차준수 여부(30) | Driver | |
| | | System | |
| | 6-2 고령/경력단절/장애인 등 고용 및 처우실태(20) | Results | |

| 6-1 비정규직 운영의 적절성과 해고절차준수여부(30) | 상용직종(업무)에 비정규직 투입비율은 적정한가? 구조조정 시 법적인 절차를 준수하였는가? |
| --- | --- |

| 세부평가내용<br>(해당 분야에 포함시킬 수 있는 부문) | 확인자료 |
| --- | --- |
| ▶ 정규직과 비정규직 임금격차는? 복리후생제도 격차는? 차별대우를 하고 있지는 않는가?<br><br>┃10┃9┃8┃7┃6┃5┃4┃3┃2┃1┃<br><br>▶ 비정규직 근로계약서 서면 작성과 교부 실태는? 개인정보 보호노력과 직원동의서 비치는 했는지?<br><br>┃10┃9┃8┃7┃6┃5┃4┃3┃2┃1┃<br><br>▶ 최고경영자는 될 수 있는한 비정규직 채용이나 외주를 주는 것을 지양하고 정규직을 채용하는가?<br><br>┃10┃9┃8┃7┃6┃5┃4┃3┃2┃1┃<br><br>▶ 최고경영자는 경영상 어려울 경우라도 해고회피 노력을 하여 부당한 해고를 피하는 노력을 한다.<br><br>┃10┃9┃8┃7┃6┃5┃4┃3┃2┃1┃<br><br>▶ 회사는 해고 대상자에게 해고예고나 수당을 지급하였는가? 또한 해고자에게 서면 통지를 하였는가?<br><br>┃10┃9┃8┃7┃6┃5┃4┃3┃2┃1┃<br><br>▶ 업무상부상. 질병으로 요양기간, 산전후휴가기간과 그 후 30일 이전에 해고한 사실이 있는가?<br><br>┃10┃9┃8┃7┃6┃5┃4┃3┃2┃1┃ | ▶ 비정규직 임금격차에 대한 사유가 적정한가?<br><br>▶ 노동위원회 차별시정 명령받은 사실이 있는가?<br><br>▶ 노동위원회 부당해고 판정받은 사실이 있는가?<br><br>▶ 상시업무 직원 대비 비정규직 비율<br><br>▶ 비정규직 근로계약서 및 교부 증명 확인<br><br>▶ 비정규직 직원명부<br><br>▶ 퇴사자 명부(퇴직사유)<br><br>▶ 개인정보 사용동의서<br>(개인정보보호법) |

| 평가내용(수행/이행 및 강점) | 개선사항 |
| --- | --- |
| **평가점수**<br><br>| 매우 우수 | | 우수 | | 보통 | | 미흡 | | 매우 미흡 | |<br>| 10 | 9 | 8 | 7 | 6 | 5 | 4 | 3 | 2 | 1 |<br><br>**평가의견(이유)** | <br><br><br><br><br><br>평가결과 배점 30점 X   %[   점] |

| 6. 고용안정 시스템(50) | 6-1 비정규직 운영의 적절성과 해고절차준수여부(30) | Driver | |
| | 6-2 고령/경력단절/장애인 등 고용 및 처우실태(20) | System | |
| | | Results | |

| 6-2 고령/경력단절/장애인 등 고용 및 처우실태(20) | 사회적 약자 고령/경력단절/장애인/보훈대상자/청년 등 고용에 노력하고 있는가? |
|---|---|

| 세부평가내용<br>(해당 분야에 포함시킬 수 있는 부문) | 확인자료 |
|---|---|
| ▶ 회사는 사회적 약자 등의 고용정책을 사회적 책무로 생각하고 이행한 성과가 있는가? 고용보험의 채용 장려금 혜택을 받은 사실이 있는가?<br><br>[ 10 ][ 9 ][ 8 ][ 7 ][ 6 ][ 5 ][ 4 ][ 3 ][ 2 ][ 1 ]<br><br>▶ 회사는 사회적 약자를 고용하기 어려워 분담금을 성실히 납부하고 있는가?<br><br>[ 10 ][ 9 ][ 8 ][ 7 ][ 6 ][ 5 ][ 4 ][ 3 ][ 2 ][ 1 ]<br><br>▶ 고령 또는 주부 직원을 적절하게 채용하여 근무를 시키는가?<br><br>[ 10 ][ 9 ][ 8 ][ 7 ][ 6 ][ 5 ][ 4 ][ 3 ][ 2 ][ 1 ]<br><br>▶ 장애인 또는 보훈대상자를 법적 고용비율대로 채용하고 있는가?<br><br>[ 10 ][ 9 ][ 8 ][ 7 ][ 6 ][ 5 ][ 4 ][ 3 ][ 2 ][ 1 ]<br><br>▶ 사회적 약자 직원의 근로조건을 부당하게 차별하는 사례는 없는가? 차별이유가 적정한가?<br><br>[ 10 ][ 9 ][ 8 ][ 7 ][ 6 ][ 5 ][ 4 ][ 3 ][ 2 ][ 1 ] | ▶ 장애인/주부직원/고령자/보훈대상자 각각 비율<br><br>▶ 장애인/보훈대상자 고용분담금 납부 영수증(과거 3년간)<br><br>▶ 고용보험 채용 장려금 수령 실적<br><br>▶ 사회적 약자 근로계약서 및 교부확인자료<br><br>▶ 사회적 약자 차별대우 사례 또는 개선된 자료 |

| 평가내용(수행/이행 및 강점) | 개선사항 |
|---|---|
| **평가점수** | |

| 매우 우수 | | 우수 | | 보통 | | 미흡 | | 매우 미흡 | |
|---|---|---|---|---|---|---|---|---|---|
| 10 | 9 | 8 | 7 | 6 | 5 | 4 | 3 | 2 | 1 |

**평가의견(이유)**

| 평가결과 | 배점 20점 X    %[    점] |
|---|---|

| 7. 안전보건 시스템(100) | 7-1 안전사고 예방을 위한 조치 및 교육이행 정도(50)<br>7-2 안전사고 발생여부 및 조치 이행정도(50) | Driver | |
| | | System | |
| | | Results | |

| 7-1 안전사고 예방을 위한 조치 및 교육이행정도(50) | 직원 및 고객의 안전을 위한 노력을 충분히 하고 있는가? 안전 시스템은 갖추어져 있는가? |
| --- | --- |

| 세부평가내용<br>(해당 분야에 포함시킬 수 있는 부문) | 확인자료 |
| --- | --- |
| ▶ 전사적 차원에서 직원과 고객안전을 추구하고 있는가? 사업장 정리정돈은 잘 되어 있는가?<br><br>\| 10 \| 9 \| 8 \| 7 \| 6 \| 5 \| 4 \| 3 \| 2 \| 1 \|<br><br>▶ 화재 등 재난의 사태를 대비한 비상훈련과 교육을 실시하고 있는가? 사고 책임자를 선임했는가?<br><br>\| 10 \| 9 \| 8 \| 7 \| 6 \| 5 \| 4 \| 3 \| 2 \| 1 \|<br><br>▶ 각 공정별 위험성평가는 실시하였는가? 직원들에게 안전장구류는 지급하였는가?<br><br>\| 10 \| 9 \| 8 \| 7 \| 6 \| 5 \| 4 \| 3 \| 2 \| 1 \|<br><br>▶ 작업 도구에 안전장치는 설치되어 있는가? 안전보건을 위한 안내 문구는 갖추어져 있는가?<br><br>\| 10 \| 9 \| 8 \| 7 \| 6 \| 5 \| 4 \| 3 \| 2 \| 1 \|<br><br>▶ 성희롱 등을 예방하기 위한 교육을 연 1회 이상 실시하였는가? 성희롱 사건 은폐사실은 없는가?<br><br>\| 10 \| 9 \| 8 \| 7 \| 6 \| 5 \| 4 \| 3 \| 2 \| 1 \|<br><br>▶ 직원의 안전보건에 대한 사건발생 예상분야를 조사한 자료 및 초동 대응시스템을 갖추고 있는가?<br><br>\| 10 \| 9 \| 8 \| 7 \| 6 \| 5 \| 4 \| 3 \| 2 \| 1 \| | ▶ 안전/보건/화재 대책위원회 조직구성 및 활동<br><br>▶ 안전관리자/보건관리자 등 선임자료<br><br>▶ 안전장구류 지급확인서, 수령확인서 (유니폼 등)<br><br>▶ 작업 도구 안전장치 설치 및 주의문구 부착여부<br><br>▶ 성희롱예방교육 실시 결과자료 (교육자료)<br><br>▶ 위험성평가 실시 자료, 무재해 운동 실시자료<br><br>▶ 산재보험/근재보험 가입확인 및 보험금 수령실적 |

| 평가내용(수행/이행 및 강점) | 개선사항 |
| --- | --- |

**평가점수**

| 매우 우수 | | 우수 | | 보통 | | 미흡 | | 매우 미흡 | |
| --- | --- | --- | --- | --- | --- | --- | --- | --- | --- |
| 10 | 9 | 8 | 7 | 6 | 5 | 4 | 3 | 2 | 1 |

**평가의견(이유)**

평가결과  배점 50점 X       %[       점]

| 7. 안전보건 시스템(100) | 7-1 안전사고 예방을 위한 조치 및 교육이행정도(50)<br>**7-2 안전사고 발생여부 및 조치 이행정도(50)** | Driver | |
|---|---|---|---|
| | | System | |
| | | Results | |

| 7-2 안전사고 발생여부 및 조치<br>이행정도(50) | 안전사고가 발생한 사실이 있는가? 안전사고 시 조치는 적절하였는가? 이후 예방조치 하였는가? |
|---|---|

| 세부평가내용<br>(해당 분야에 포함시킬 수 있는 부문) | 확인자료 |
|---|---|
| ▶ 전사적인 차원의 안전사고가 발생한 사실이 있는가?(인명 또는 기계 장치 등)<br>\| 10 \| 9 \| 8 \| 7 \| 6 \| 5 \| 4 \| 3 \| 2 \| 1 \|<br><br>▶ 각 작업별, 기계별, 업무별 안전사고 시 행동수칙을 수립하고 있는가?(사고 수습 매뉴얼)<br>\| 10 \| 9 \| 8 \| 7 \| 6 \| 5 \| 4 \| 3 \| 2 \| 1 \|<br><br>▶ 관리자는 안전사고 발생 시 무엇을 지원해야 하는지를 알고 있는가? 직원들은 안전사고 발생 시 어떠한 행동을 어떻게 하여야 하는지를 설명할 수 있는가?<br>\| 10 \| 9 \| 8 \| 7 \| 6 \| 5 \| 4 \| 3 \| 2 \| 1 \|<br><br>▶ 회사는 직원의 건강상태를 고려하여 업무 재배정(조정)하는 등 2차 사고를 예방하는 제도가 있는가?<br>\| 10 \| 9 \| 8 \| 7 \| 6 \| 5 \| 4 \| 3 \| 2 \| 1 \|<br><br>▶ 안전사고 발생 징후 발견 시 작업이나 업무를 중단하고 사고를 미연에 방지하는 제도가 있는가?<br>안전사고 발생 시 적절한 조치를 수행하고 사고원인을 분석하고 피드백 하는가?<br>\| 10 \| 9 \| 8 \| 7 \| 6 \| 5 \| 4 \| 3 \| 2 \| 1 \| | ▶ 안전사고 발생자료(과거 3년간)<br><br>▶ 안전사고 발생 원인과 조치 성과의 비교자료<br><br>▶ 안전사고 발생 징후 발생 자료 및 조치결과<br><br>▶ 안전사고 발생 시 관리자와 직원들의 행동지침<br><br>▶ 안전사고 수습 매뉴얼<br><br>▶ 안전관리자 및 직원 면담(인터뷰) 확인 |

| 평가내용(수행/이행 및 강점) | 개선사항 |
|---|---|

**평가점수**

| 매우 우수 | | 우수 | | 보통 | | 미흡 | | 매우 미흡 | |
|---|---|---|---|---|---|---|---|---|---|
| 10 | 9 | 8 | 7 | 6 | 5 | 4 | 3 | 2 | 1 |

**평가의견(이유)**

| 평가결과 | 배점 50점 X | %[ | 점] |
|---|---|---|---|

| 8. 노사협력 시스템(100) | 8-1 고충처리제도/직원제안제도 등 참여제도 유무(50) | Driver | |
| | | System | ▨ |
| | 8-2 복리후생제도/동호회/사우회 등 지원제도 이행정도(50) | Results | |

| 8-1 고충처리제도/직원제안제도 등 참여제도 유무(50) | 회사는 경영 목표와 직원의 목표를 일치하기 위해 부단히 노력하고 있는가? |

| 세부평가내용<br>(해당 분야에 포함시킬 수 있는 부문) | 확인자료 |
|---|---|
| ▶ 최고 경영자는 조직의 목표와 목적을 달성하기 위해 직원이 조직에 기여하는 방법을 설명하는가?<br><br>\| 10 \| 9 \| 8 \| 7 \| 6 \| 5 \| 4 \| 3 \| 2 \| 1 \|<br><br>▶ 경영층은 각각의 직원과 조직의 목표에 대해 설명하고 공유하는가?<br><br>\| 10 \| 9 \| 8 \| 7 \| 6 \| 5 \| 4 \| 3 \| 2 \| 1 \|<br><br>▶ 직원 자신은 스스로 자신에게 주어진 역할에 적합한 조직의 목표와 목적을 수립할 수 있는가?<br><br>\| 10 \| 9 \| 8 \| 7 \| 6 \| 5 \| 4 \| 3 \| 2 \| 1 \|<br><br>▶ 직원 자신의 행동이 조직에 얼마만한 기여를 하는지 알고 있는가?<br><br>\| 10 \| 9 \| 8 \| 7 \| 6 \| 5 \| 4 \| 3 \| 2 \| 1 \|<br><br>▶ 직원이 적극적으로 경영에 참여할 수 있는 제도가 있는가?<br><br>\| 10 \| 9 \| 8 \| 7 \| 6 \| 5 \| 4 \| 3 \| 2 \| 1 \|<br><br>▶ 직원을 동기부여시키고 참여를 유도하기 위한 차별화된 제도나 프로그램이 있는가?<br><br>\| 10 \| 9 \| 8 \| 7 \| 6 \| 5 \| 4 \| 3 \| 2 \| 1 \| | ▶ 종업원의 동기부여를 위한 제도 등과 관련한 자료<br><br>▶ 고충처리 대장<br><br>▶ 제안제도 운영 실적<br><br>▶ 노사협력관련 목표관리제도 운영 실적<br><br>▶ 청년회의, 평사원의회, 노사협의회 등 활동 자료 |

| 평가내용(수행/이행 및 강점) | 개선사항 |
|---|---|
| **평가점수** | |

평가점수

| 매우 우수 | | 우수 | | 보통 | | 미흡 | | 매우 미흡 | |
|---|---|---|---|---|---|---|---|---|---|
| 10 | 9 | 8 | 7 | 6 | 5 | 4 | 3 | 2 | 1 |

**평가의견(이유)**

| 평가결과 | 배점 50점 X    %[        점] |
|---|---|

| 8. 노사협력 시스템(100) | 8-1 고충처리제도/직원제안제도 등 참여제도 유무 (50)<br>8-2 복리후생제도/동호회/사우회 등 지원제도 이행정도(50) | Driver |  |
|---|---|---|---|
| | | System | |
| | | Results | |

| 8-2 복리후생제도/동호회/사우회 등 지원제도 이행정도(50) | 노사협력 증진을 위해 복리후생/동호회/사우회/봉사활동 등의 지원은 확충되고 있는가? |
|---|---|

| 세부평가내용<br>(해당 분야에 포함시킬 수 있는 부문) | 확인자료 |
|---|---|
| ▶ 회사는 직원들의 안전과 건강한 업무환경을 위하여 인간 공학적인 측면과 환경에 대한 척도와 목표치를 고려한 평가와 개선이 이루어지는가?<br><br>10 9 8 7 6 5 4 3 2 1<br><br>▶ 회사는 복지서비스, 시설 및 기회를 제공함으로써 직원 만족, 복리 및 동기부여를 지원하는가?<br><br>10 9 8 7 6 5 4 3 2 1<br><br>▶ 회사의 복리후생 실태는 어떠한가? 만약 열악하다면 개선의 여지는 없는가? 직원의 근무환경 및 복리후생제고 등은 적절한 수준을 유지하고 있는가?<br><br>10 9 8 7 6 5 4 3 2 1<br><br>▶ 직원 만족도(ESI)는 정기적으로 조사 및 활용되고 있는가? 직원의 복리후생과 관련하여 노사 간의 불신은 없는가?<br><br>10 9 8 7 6 5 4 3 2 1<br><br>▶ 직원에 대한 책임과 권한위임은 명확하게 구분되어 있는가?<br><br>10 9 8 7 6 5 4 3 2 1<br><br>▶ 노사협력 증진을 위한 급여시스템이 개인 및 부서의 능력·성과에 따른 급여시스템이 도입되어 있는가?<br><br>10 9 8 7 6 5 4 3 2 1 | ▶ 직원 복지향상을 위한 지원 프로그램<br>▶ 급여 및 복리후생체계의 시계열 자료(3년간)<br>▶ 직원 만족도 조사자료(3년간)<br>▶ 직원 복리후생시설 점검<br>▶ 능력급(성과급) 도입자료<br>▶ 노사협력 증진을 위한 프로그램 목록 |

| 평가내용(수행/이행 및 강점) | 개선사항 |
|---|---|

**평가점수**

| 매우 우수 | | 우수 | | 보통 | | 미흡 | | 매우 미흡 | |
|---|---|---|---|---|---|---|---|---|---|
| 10 | 9 | 8 | 7 | 6 | 5 | 4 | 3 | 2 | 1 |

**평가의견(이유)**

평가결과 | 배점 50점 X %[ 점]

| 9. 노동법Ⅰ준수결과(200) | 9-1 노무기장 서류/취업규칙/근로계약서 등 작성 보관(100) | Driver | |
|---|---|---|---|
| | 9-2 근로시간/휴일·휴게·휴가/임금지급 등 기타 준수결과(100) | System | |
| | | Results | |

| 9-1 노무기장 서류/취업규칙/근로계약서 등 작성 보관(100) | 노동법Ⅰ(개별 노동법)의 의무적 기장 서류의 작성은 적절한가? 노무기장 서류의 보관상태는? |
|---|---|

| 세부평가내용<br>(해당 분야에 포함시킬 수 있는 부문) | 확인자료 |
|---|---|

▶ 직원명부/급여대장/건강진단자료/근로계약서/취업규칙 기타 노무기장 서류는 관리하고 있는가?

| 10 | 9 | 8 | 7 | 6 | 5 | 4 | 3 | 2 | 1 |
|---|---|---|---|---|---|---|---|---|---|

▶ 연차휴가대장/연차휴가사용촉진 통지서 등 연차휴가제도를 관리하는 서류가 있는가?

| 10 | 9 | 8 | 7 | 6 | 5 | 4 | 3 | 2 | 1 |
|---|---|---|---|---|---|---|---|---|---|

▶ 연장근로 동의서/탄력적·선택적 근로시간제 직원대표 합의서 등 근로시간 관련 서류관리는 ?

| 10 | 9 | 8 | 7 | 6 | 5 | 4 | 3 | 2 | 1 |
|---|---|---|---|---|---|---|---|---|---|

▶ 퇴직금중간정산신청서/퇴직연금동의서 등 퇴직금 관련 노무기장 서류는 관리하고 있는가?

| 10 | 9 | 8 | 7 | 6 | 5 | 4 | 3 | 2 | 1 |
|---|---|---|---|---|---|---|---|---|---|

▶ 유급휴가 대체와 관련한 직원 대표 합의서/취업규칙 변경 동의서/연소자증명서/사회보험 취득 및 상실신고서/산전산후휴가/육아휴직실시 자료 및 서류가 있는가?

| 10 | 9 | 8 | 7 | 6 | 5 | 4 | 3 | 2 | 1 |
|---|---|---|---|---|---|---|---|---|---|

확인자료:

▶ 취업규칙 게시 현황 및 내용상 위법 사항 여부

▶ 근로계약서 교부확인 및 필수 기재 사항 누락여부

▶ 근로시간 관련 직원대표 동의서/합의서

▶ 연차휴가 관련 노무기장 서류

▶ 급여대장의 제 수당 내용 및 적법성 여부

▶ 4대사회보험 관련 노무기장서류

▶ 4대사회보험 사무조합에 업무위탁 여부

| 평가내용(수행/이행 및 강점) | 개선사항 |
|---|---|

**평가점수**

| 매우 우수 | | 우수 | | 보통 | | 미흡 | | 매우 미흡 | |
|---|---|---|---|---|---|---|---|---|---|
| 10 | 9 | 8 | 7 | 6 | 5 | 4 | 3 | 2 | 1 |

**평가의견(이유)**

평가결과 | 배점 100점 X    %[      점]

| 9. 노동법 Ⅰ 준수결과(200) | 9-1 노무기장 서류/취업규칙/근로계약서 등 작성 보관(100) | Driver |  |
|---|---|---|---|
|  | **9-2 근로시간/휴일·휴게·휴가/임금지급 등 기타 준수결과(100)** | System |  |
|  |  | Results |  |

| 9-2 근로시간/휴일·휴게·휴가/임금지급 등 기타준수결과(100) | 직원들에게 법정근로시간, 휴일·휴게·휴가는 적법하게 이행되는가? |
|---|---|

| 세부평가내용<br>(해당 분야에 포함시킬 수 있는 부문) | 확인자료 |
|---|---|
| ▶ 회사는 법정 근로시간을 확실하게 준수하는가? 초과 근무 시 법정 수당은 지급하는가? 회사는 초과근로(연장근로)시간을 법정 한도 이내에서 운영하고 있는가?<br><br>| 10 | 9 | 8 | 7 | 6 | 5 | 4 | 3 | 2 | 1 |<br><br>▶ 회사는 근무시간 도중에 휴게시간을 적법하게 부여하고 있는가?<br><br>| 10 | 9 | 8 | 7 | 6 | 5 | 4 | 3 | 2 | 1 |<br><br>▶ 회사는 연차휴가를 적법하게 부여하고 있는가? 연차휴가 사용촉진제도를 적법하게 운영하는가? 회사는 회사사정으로 연차휴가 미사용 시 수당으로 지급하고 있는가?<br><br>| 10 | 9 | 8 | 7 | 6 | 5 | 4 | 3 | 2 | 1 |<br><br>▶ 회사는 출산 전후 휴가를 적법하게 부여하고 있는가? 회사는 육아휴직/가족돌봄휴직 등 적법한 휴직 신청 시 이를 허락하고 있는가?<br><br>| 10 | 9 | 8 | 7 | 6 | 5 | 4 | 3 | 2 | 1 |<br><br>▶ 회사는 급여를 매월 1회 정기적으로 직원에게 직접 통화로 전액을 지급하고 있는가?<br><br>| 10 | 9 | 8 | 7 | 6 | 5 | 4 | 3 | 2 | 1 | | ▶ 급여대장의 연장근로수당 등 법정수당 지급 금액(법정 한도 시간 대비 금액)<br><br>▶ 노동법 위반 사실 여부 직원 인터뷰(면담) 확인자료<br><br>▶ 근로계약서 근무시간, 휴게시간 확인<br><br>▶ 휴가신청서, 휴직신청서, 휴일근로 신청서 등 자료 |

| 평가내용(수행/이행 및 강점) | 개선사항 |
|---|---|
| **평가점수**<br><br>| 매우 우수 | | 우수 | | 보통 | | 미흡 | | 매우 미흡 | |<br>| 10 | 9 | 8 | 7 | 6 | 5 | 4 | 3 | 2 | 1 |<br><br><br>**평가의견(이유)** | <br><br><br><br><br><br>평가결과 \| 배점 100점 X    %[     점] |

| 10. 노동법Ⅱ/사회보험법 준수결과 (100) | 10-1 노조법/근참법 등 기타 준수결과(50)<br>10-2 사회보험법 등 기타 사회적 책임준수 결과(50) | Driver | |
| | | System | |
| | | Results | |

| 10-1 노조법/근참법 등 기타 준수결과(50) | 노조법/근참법의 의무사항을 노사 모두가 준수하고 있는가? |
|---|---|

| 세부평가내용<br>(해당 분야에 포함시킬 수 있는 부문) | 확인자료 |
|---|---|
| ▶ 회사에 노동조합이 결성되어 있는가? 노사는 노조법 위반 사실이 없는가?(노조가 없는 경우 노조법 준수 사항은 25점 배점)<br>10 9 8 7 6 5 4 3 2 1<br><br>▶ 회사는 노동조합을 회사 발전 동반자로 인식하고 협력적 분위기를 유지하고 있는가? 회사는 부당노동행위를 한 사례가 없는가?<br>10 9 8 7 6 5 4 3 2 1<br><br>▶ 노사협의회는 3개월마다 개최를 하고 있는가? 고충처리위원은 선임되어 있는가? 고충처리 실적은 고충처리 대장에 기록하여 관리하고 있는가?<br>10 9 8 7 6 5 4 3 2 1<br><br>▶ 회사는 협력적 노사관계 유지를 위해 지속적으로 근로자 참여 및 협력증진에 노력하고 있는가?<br>10 9 8 7 6 5 4 3 2 1<br><br>▶ 회사는 전임자인정과 타임오프제 적용을 법대로 준수하고 있는가?<br>10 9 8 7 6 5 4 3 2 1 | ▶ 고충처리 상담실 운영 여부<br>▶ 노사협의회 규정 / 단체협약 검토<br>▶ 단체교섭 일지(회의록) 등 검토<br>▶ 노사협의회 회의록 등 검토(과거 3년간의 자료와 최근의 자료 비교)<br>▶ 노사 협력을 위한 행사 등에 관련된 자료<br>▶ 부당노동행위 사례 자료 및 점검 |

| 평가내용(수행/이행 및 강점) | 개선사항 |
|---|---|

**평가점수**

| 매우 우수 | | 우수 | | 보통 | | 미흡 | | 매우 미흡 | |
|---|---|---|---|---|---|---|---|---|---|
| 10 | 9 | 8 | 7 | 6 | 5 | 4 | 3 | 2 | 1 |

**평가의견(이유)**

평가결과 | 배점 50점 X    %[    점]

| 10. 노동법Ⅱ/사회보험법 준수결과 (100) | 10-1 노조법/근참법 등 기타 준수결과(50)<br>**10-2 사회보험법 등 기타 사회적 책임준수 결과(50)** | Driver | |
|---|---|---|---|
| | | System | |
| | | Results | |

| 10-2 사회보험법 등 기타 사회적 책임준수 결과(50) | 회사는 사회보험 가입 및 관리를 적법하게 하고 있으며, 사회적 책임을 다하고 있는가? |
|---|---|

| 세부평가내용<br>(해당 분야에 포함시킬 수 있는 부문) | 확인자료 |
|---|---|
| ▶ 회사는 4대사회보험을 관리하면서 직원들에게 최대한의 혜택이 돌아가도록 노력하고 있는가?<br><br>\| 10 \| 9 \| 8 \| 7 \| 6 \| 5 \| 4 \| 3 \| 2 \| 1 \|<br><br>▶ 회사는 4대사회보험료 납부를 지연한 적은 없는가? 직원 분담금은 적절하게 공제를 하고 있는가?<br><br>\| 10 \| 9 \| 8 \| 7 \| 6 \| 5 \| 4 \| 3 \| 2 \| 1 \|<br><br>▶ 회사는 4대사회보험 가입(자격취득)신고 또는 퇴사(자격상실)신고를 법정 기일 내에 하는가?<br><br>\| 10 \| 9 \| 8 \| 7 \| 6 \| 5 \| 4 \| 3 \| 2 \| 1 \|<br><br>▶ 회사는 사회적 책임을 어느 정도 이행하고 있으며 직원들은 사회적 책임을 위해 노력하는가?<br><br>\| 10 \| 9 \| 8 \| 7 \| 6 \| 5 \| 4 \| 3 \| 2 \| 1 \|<br><br>▶ 직장어린이집 설치를 위해 노력을 하고 있는가? (상시 500인/여성 300인 이상 사업장은 의무설치)<br><br>\| 10 \| 9 \| 8 \| 7 \| 6 \| 5 \| 4 \| 3 \| 2 \| 1 \|<br><br>▶ 회사는 국가정책이나 시책을 성실하게 준수하였는가?<br><br>\| 10 \| 9 \| 8 \| 7 \| 6 \| 5 \| 4 \| 3 \| 2 \| 1 \| | ▶ 직원 부양가족 누락 사실은 없는가?<br>▶ 급여대장 4대사회보험료 공제금액 점검<br>▶ 자격취득 또는 자격상실신고서철<br>▶ 회사의 사회적 책임 이행 실적<br>▶ 직원들의 사회적 책임 참여 실적<br>▶ 4대사회보험 업무 절차 교육실적<br>▶ 직장어린이집 설치 여부<br>▶ 직전 심사 시 지적사항 개선 실적 |

| 평가내용(수행/이행 및 강점) | 개선사항 |
|---|---|

**평가점수**

| 매우 우수 | | 우수 | | 보통 | | 미흡 | | 매우 미흡 | |
|---|---|---|---|---|---|---|---|---|---|
| 10 | 9 | 8 | 7 | 6 | 5 | 4 | 3 | 2 | 1 |

**평가의견(이유)**

| 평가결과 | 배점 50점 X    %[    점] |
|---|---|

| 항목 | 상시 근로자 수 | | | |
|---|---|---|---|---|
| | 1~4인 | 5~9인 | 10~29인 | 30~49인 |
| 근로자명부 작성 | ○ | ○ | ○ | ○ |
| 근로계약서 작성 | ○ | ○ | ○ | ○ |
| 임금대장 작성 | ○ | ○ | ○ | ○ |
| 해고 예고 또는 수당 지급 | ○ | ○ | ○ | ○ |
| 재해보상의무 | ○ | ○ | ○ | ○ |
| 주휴일 | ○ | ○ | ○ | ○ |
| 최저임금법 적용 | ○ | ○ | ○ | ○ |
| 건강진단의무 | ○ | ○ | ○ | ○ |
| 해고제한(특별한 경우) | ○ | ○ | ○ | ○ |
| 해고제한(정당한 이유없는) | | ○ | ○ | ○ |
| 연차 및 생리휴가 | | ○ | ○ | ○ |
| 야간, 휴일근로 여성근로자 동의 | | ○ | ○ | ○ |
| 연장, 야간, 휴일수당 지급 | | ○ | ○ | ○ |
| 휴업수당 | | ○ | ○ | ○ |
| 퇴직금 지급의무 | | ○ | ○ | ○ |
| 안전보건교육의무 | | ○ | ○ | ○ |
| 기간제근로자 2년 이상 사용제한 | | ○ | ○ | ○ |
| 성희롱예방교육 | 게시배포 | | ○ | ○ |
| 취업규칙 작성신고 | | | ○ | ○ |
| 주 40시간제 시행 | | ○ | ○ | ○ |
| 노사협의회 설치 | | | | ○ |
| 고충처리위원회 설치 | | | | ○ |
| 안전관리자 선임 | | | | |
| 보건관리자 선임 | | | | |
| 산업보건의 선임 | | | | |
| 안전보건관리책임자 선임 | | | | |
| 산업안전 보건위 설치 | | | | |
| 안전보건관리규정 작성 | | | | |
| 비정규직 차별금지 및 시정 | | ○ | ○ | ○ |
| 직장보육시설 의무 | | | | |
| 직장보육시설 설치 의무 | | | | |

| 상시 근로자 수 | | | | 관계법 조항 |
|---|---|---|---|---|
| 50~99인 | 100~299인 | 300~499인 | 500인 이상 | |
| ○ | ○ | ○ | ○ | 근로기준법 제41조 |
| ○ | ○ | ○ | ○ | 근로기준법 제17조 |
| ○ | ○ | ○ | ○ | 근로기준법 제48조 |
| ○ | ○ | ○ | ○ | 근로기준법 제26조 |
| ○ | ○ | ○ | ○ | 근로기준법 제8장 내용 |
| ○ | ○ | ○ | ○ | 근로기준법 제55조 |
| ○ | ○ | ○ | ○ | 최저임금법 제3조 제1항 |
| ○ | ○ | ○ | ○ | 국민건강보험법시행령 제26조 |
| ○ | ○ | ○ | ○ | 근로기준법 제23조 제2항 |
| ○ | ○ | ○ | ○ | 근로기준법 제23조 제1항 |
| ○ | ○ | ○ | ○ | 근로기준법 |
| ○ | ○ | ○ | ○ | 근로기준법 제70조 |
| ○ | ○ | ○ | ○ | 근로기준법 제56조 |
| ○ | ○ | ○ | ○ | 근로기준법 제46조 |
| ○ | ○ | ○ | ○ | 근로기준법34조,근로자퇴직급여보장법 제3조 |
| ○ | ○ | ○ | ○ | 산업안전보건법 제31조 및 시행령별표 |
| ○ | ○ | ○ | ○ | 기간제 및 단시간근로자보호법 등에 관한 법률 |
| ○ | ○ | ○ | ○ | 남녀고용평등법 제13조 |
| ○ | ○ | ○ | ○ | 근로기준법 제93조 |
| ○ | ○ | ○ | ○ | 근로기준법 부칙 제4조 5호 |
| ○ | ○ | ○ | ○ | 근로자참여및협력증진에관한법률 제4조1항 |
| ○ | ○ | ○ | ○ | 근로자참여및협력증진에관한법률 제26조 |
| ○ | ○ | ○ | ○ | 산업안전보건법제15조(시행령별표3,업종별) |
| ○ | ○ | ○ | ○ | 산업안전보건법 제16조-제조업 |
| ○ | ○ | ○ | ○ | 산업안전보건법 제17조 |
| ○ | ○ | ○ | ○ | 산업안전보건법 제13조-제조업 |
| | ○ | ○ | ○ | 산업안전보건법 제19조 |
| | ○ | ○ | ○ | 산업안전보건법 제20조 |
| ○ | ○ | ○ | ○ | |
| | | ○ | ○ | 상시 여성근로자 300명 이상 |
| | | 여성 | ○ | 여성근로자 300 or 근로자 500명 이상 사업장 |

# 04 노사상생관계우수기업 인증운영 규정

제정 2015. . . 노사공포럼인증원 고시 제2015-000호

제1조(목적) 이 규정은 노사관계 발전지원에 관한 법률(이하 '법'이라 한다) 제4조에 의거 근로자와 사용자는 참여와 협력을 통하여 사업장 노사관계 발전 및 파트너십 증진을 위하여 노력하여야 한다는 의무 규정을 준수한 기업체를 발굴하여 인증하는 제도로 서 노사상생관계우수기업 인증심사 및 심사규정 사항을 정함으로써 인증의 객관성과 일관성을 통해 협력과 상생의 노사관계 발전을 도모하고 국민경제의 건전한 발전과 사회안정에 기여하는 기업을 확산시키는 것을 그 목적으로 한다.

제2조(정의) 이 규정에서 사용하는 용어의 정의는 다음과 같다.

1. '기업'이라 함은 「상법」 제172조에 따른 법인설립등기 또는 「소득세법」 제168조 및 「부가가치세법」 제5조에 따른 사업자등록을 한 영리 목적의 사업체를 말한다.

2. '기관'이라 함은 중앙정부, 지방정부 또는 민법이나 기타 법률의 규정에 따라 설립한 영리 또는 비영리 공공기관을 말한다.

3. '노사상생관계우수기업'이라 함은 '노사상생관계우수기업 인증'(이하 '인증'이라 한다) 을 신청한 기업 또는 기관이 이 규정에서 규정하는 인증기준을 만족하는 것으로 심 사·심사되어 노사공포럼인증원의 노사상생관계우수기업으로 선정되고 '한국노사상 생관계우수기업 인증서를 수여받은 기업'(이하 '인증기업'이라 한다)을 말한다.

4. '집행기관'이라 함은 노사공포럼인증원을 말하며, 노사상생관계우수기업 인증업무 를 효율적으로 수행하기 위해 이 규정에서 정하는 절차에 따라 사무가 위임된 '노사 상생관계인증 심사위원실'과 '노사상생관계인증 운영 사무국'을 포함한다.

5. '인증심사'라 함은 인증의 적합 여부를 판단하기 위하여 (사)노사공포럼부설노사관계 인증원이 구성·운영하는 '노사상생관계인증심사위원회'가 인증신청 기업 또는 기관

의 인증대상 여부 및 노사상생관계 인증심사결과 등이 인증기준을 만족하는지를 심사하는 것을 말한다.

6. '노사상생관계인증심사'라 함은 집행기관이 노사상생관계 인증심사기준에 따라 신청기업 또는 기관의 노사상생관계 수준을 심사하는 것을 말하며 현장심사, 서면심사, 면담심사로 구성한다.

7. '노사상생관계인증심사위원'(이하 '심사위원'이라 한다)이라 함은 이 규정에서 정하는 규정에 따라 위촉된 노사상생관계인증심사 전문가를 말한다.

8. '인증마크'라 함은 이 규정에서 정하는 규정에 따라 한국노사상생관계우수기업으로 인증받았음을 나타내는 표시를 말한다.

제3조(인증대상) ① 노사상생관계우수기업 인증의 대상은 국내의 모든 업종을 대상으로 하되 근로자를 고용한 '기업 또는 기관'(이하 '기업'이라 한다)으로 한다.
② 1항의 규정에도 불구하고 다음 각 호의 1에 해당하는 경우에는 인증대상에서 제외한다.

1. 노사관계가 객관적으로 성립되지 아니하거나 또는 성립되지 않을 우려가 있는 기업

2. 국민정서와 미풍양속에 반하거나 공공의 질서를 해할 우려가 있는 등 '노사상생관계우수기업'으로 인증하는 것이 적합하지 아니하다고 집행기관에서 판단하는 기업

제4조(인증의 범위) ① 하나의 기업에서 여러 종류의 사업을 경영하는 경우, 인증의 사업범위는 노사상생관계인증심사를 실시한 당해 업종에 한한다.
② 하나의 기업에 여러 개의 사업장이 있는 경우, 인증의 사업장 범위는 노사상생관계인증심사를 실시한 사업장에 한하는 것을 원칙으로 한다. 다만, 사업장마다 동일한 노사관계가 유지될 것으로 판단되는 경우에는 노사상생관계인증심사위원실에서 정하는 바에 따라 일부 사업장을 선택하여 노사상생관계인증심사를 실시하고 인증기준을 만족하는 경우 전체 사업장을 인증의 사업장 범위로 할 수 있다.

제5조(인증제도 운용 및 포상) ① 노사공포럼인증원장은 법 제4조(근로자와 사용자의 의무)

에 의거 노사관계 발전 및 파트너십 증진을 위해 성실히 이행하여 노사상생을 실현하고 있는 기업의 신청을 받아 이 규정에서 정하는 규정에 따라 심사하여 노사상생관계 우수기업으로 선정하고 별지 제1호 서식의 '노사상생관계우수기업 인증서'(이하 '인증서'라 한다)를 교부한다.

② 노사공포럼인증원장은 이 제도의 발전에 공로가 있는 자와 최우수 인증기업을 선정하여 포상을 실시할 수 있다.

③ 노사공포럼인증원장은 포상을 실시하는 때에는 포상시행 이전에 관계기관 등의 포상지침을 반영하여 포상규정을 제정 고시한다.

제6조(집행기관의 업무 및 지원 등) ① 노사공포럼인증원의 집행기관은 '인증운영사무국'과 '인증심사위원실'을 두며 이들의 주된 업무는 다음 각 호와 같다.

1. 인증 신청서 접수 및 서류검토
2. 노사상생관계인증 심사계획 수립 및 신청업체에게 심사일정 통보
3. 심사 수수료의 수납 및 노사상생관계인증심사위원 수당 지급
4. 노사상생관계인증 심사 실시 및 결과 보고
5. 홍보
6. 기타 노사공포럼인증원장이 정하는 업무

② 노사공포럼인증원장 및 집행기관 인증운영사무국장과 인증심사위원장은 노사상생관계심사위원들의 심사업무 수행이 원활하게 집행되도록 지원을 하여야 한다.

제7조(심사위원에 대한 교육·관리·감독) 노사공포럼인증원장과 집행기관 인증심사위원장은 심사업무를 수행하는 심사위원들이 청렴의무를 준수하고 노사상생관계인증 심사업무에 최선을 다할 수 있도록 교육을 실시하여야 한다. 심사위원들은 별지 제2호의 윤리강령서약서를 자필 서명하여 제출함은 물론 인증신청을 한 기업을 고객으로 생각하여야 하며, 심사자의 언행이 근로감독이나 감사관, 조사관 등으로 오해를 받지 않도록 각별히 유념하도록 심사위원들을 관리·감독하여야 한다.

심사위원은 별지 제3호의 교육신청서를 제출하고 교육을 수료하여야 한다.

제8조(인증신청) ① 노사상생관계우수기업 인증을 받고자 하는 기업은 제4조의 규정에 따라 전체 기업 또는 사업장 별로 인증을 받고자 하는 사업 범위에 대한 별지 제4호 서식의 인증신청서와 다음 각 호의 내용을 포함하는 노사상생관계인증 관련자료(공적서)를 집행기관의 인증사무국장에게 제출한다. 단, 인터넷 온라인 솔루션을 통하여 신청을 하는 경우에는 본 규정에 의한 신청으로 본다.

1. 최고경영자 리더십

2. 노사상생 경영전략

3. 채용관리 시스템

4. 인재육성 시스템

5. 심사보상 시스템

6. 고용안정 시스템

7. 안전보건 시스템

8. 노사상생관계 시스템

9. 노동법 I 준수결과

10. 노동법 II, 사회보험법, 사회적 책임 준수결과

② 집행기관의 인증사무국장은 제1항에 의해 제출된 신청서와 구비서류가 인증신청서 규정과 인증심사에 적합한지의 여부를 검토하고 그 결과를 노사공포럼인증원장에게 보고한 후 인증심사위원장에게 전달한다.

③ 인증심사위원장은 제1항의 규정에 의한 신청서의 구비서류가 미비한 사항이 있을 경우에는 이를 신청기업으로 하여금 보완하게 할 수 있다.

④ 인증심사위원장은 접수된 서류가 인증심사에 적합한 경우에는 노사상생관계 심사위원을 배정(추천)하여 인증운영사무국으로 전달한다. 인증운영사무국은 일정계획을 수립하여 심사 7일 전까지 신청기업에게 심사일정을, 심사위원에게는 위촉공문을 통보한다.

⑤ 인증심사 결과 제20조 제4항의 '보완'으로 의결된 경우에는 2개월이 경과하지 않으면 재신청할 수 없다.

⑥ 인증심사 결과 제20조 제4항의 '부적합'으로 의결된 경우에는 부적합 요인을 해소하기 이전에는 재신청할 수 없다.

제9조(심사수수료) ① 심사위원의 여비, 심사위원 수당 등 집행기관에서 수행하는 서류
검토와 노사상생관계 인증심사에 소요되는 비용은 신청인 기업이 인증심사 비용표에
따라 부담을 한다.

② 집행기관의 인증운영사무국장은 기본수수료, 심사위원 수당 및 출장비 등을 감안하
여 신청인이 부담할 심사수수료를 산정하여 매년 노사공포럼인증원장의 승인을 받아
야 한다.

③ 심사수수료는 신규인증과 재심사, 중간심사 또는 유효기간연장 심사를 구분하여 따
로 정할 수 있다. 최초 인증 이후 신청인의 선택에 따라 유효기간을 1년으로 하는 경
우에는 심사수수료를 유효기간 2년의 심사비의 65%를 적용한다.


제10조(노사상생관계인증 심사) ① 집행기관의 인증심사위원장은 신청서와 구비서류가
제8조 제2항의 규정에 적합한 것으로 판단되면 노사상생관계 인증심사를 실시한다.

② 제1항에 의한 노사상생관계인증 심사는 노사상생관계인증심사위원의 현장심사와 서
면심사 및 면담심사로 구성한다.

③ 현장심사는 본사, 사업장 및 지점 등에 대한 현장 실사를 병행하여 실시할 수 있다.

④ 서면심사와 면담심사는 현장심사의 보조 방법으로 실시한다.

⑤ 노사공포럼인증원장은 신청기업의 노사관계 개선 및 향상을 위해 심사 결과를 종합
하여 피드백(feed-back) 자료를 신청기업에게 제공하여야 한다.

⑥ 집행기관의 인증심사위원장은 노사상생관계인증 심사 종료 후 10일 이내에 노사상생
관계인증 심사 결과를 노사공포럼인증원장에게 보고하여야 한다.


제11조(노사상생관계 심사위원의 위촉) ① 노사공포럼인증원장은 집행기관의 인증심사
위원장의 추천을 받아 노사상생관계인증 심사위원으로 위촉할 수 있다. 인증심사위
원장은 심사위원을 추천함에 있어 별첨 1의 심사위원 선정기준표에 의하여 객관적이
고 공정한 기준을 적용하여 선정을 하여야 한다.

② 노사공포럼인증원장은 제1항에 의해 위촉한 노사상생관계인증 심사위원에게 별지 제
5호 서식의 위촉장을 교부할 수 있다.

제12조(노사상생관계인증 심사위원의 자격기준) 노사상생관계인증 심사위원의 자격기준
은 다음 각 호의 조건을 충족하는 자로 한다.

1. 공인노무사자격증을 소지한 자로 노사공포럼인증원장이 실시하거나 또는 인증심사
위원장이 실시하는 소정의 노사상생관계인증심사위원 양성교육을 이수하고 소정의
전형에 합격한 자. 소정의 전형을 실시할 때에는 객관성과 공정성을 위하여 별지 제
4호의 심사위원 선정 기준표를 활용한다.

2. 고등교육법 제2조의 규정에 의한 대학, 산업대학, 기술대학 또는 방송·통신대학 등
에서 인증심사 업무의 범위에 해당하는 분야를 전공하고 학사 이상의 학위를 취득한
자(외국에서 동등 이상의 학위 취득자 포함), 인증심사 분야의 자격인 노사상생관계인증
심사사 자격증을 취득한 자로서 노사공포럼인증원장이 실시하거나 또는 인증심사위
원장이 실시하는 소정의 심사위원 직무교육을 이수하고 소정의 전형에 합격한 자

제13조(노사상생관계인증 심사위원 위촉의 취소 및 배제) 노사공포럼인증원장은 다음 각
호에 해당하는 노사상생관계인증 심사위원은 위촉을 취소하거나 2년의 범위 안에서
노사상생관계인증 심사위원으로 위촉하지 아니할 수 있다.

1. 노사상생관계인증 심사 과정에서 부정·부실 심사를 초래하여 인증 업무에 중대한
지장을 초래한 자

2. 노사상생관계인증 심사위원의 활동에 영향을 줄 수 있는 상업적, 재정적 또는 기타
압력이나 이해상충 요소가 발생한 경우

3. 노사상생관계인증 심사 중 해당기업으로부터 금품 또는 향응을 제공받은 경우 또는
요구한 경우

4. 기타 상기와 유사 또는 동등한 범주의 행위를 한 자와 하려고 한 경우

제14조(노사상생관계인증 심사단의 구성) ① 집행기관의 인증심사위원장은 제10조에 의
거하여 노사상생관계인증 심사를 실시하는 때에는 제11조에 따라 위촉된 노사상생관
계인증 심사위원 중에서 1인 내지 2인을 선정하여 노사상생관계인증 심사단(이하, 심
사단이라 한다)을 구성하여야 한다. 심사단의 구성 규모는 다음 각 호와 같다. 단 인터

넷 온라인 솔루션에 의한 심사 시에는 기업 규모와 상관없이 심사위원을 1인으로 운영할 수 있다.

1. 200인 미만 중소기업은 노사상생관계인증 심사위원 1인 (2MD)

2. 200~300인 미만 중견사업장은 노사상생관계인증 심사위원 2인(4MD)

3. 300인 이상 대기업은 노사상생관계인증 심사위원 2~3인 (4MD)

4. 기간연장 재심사는 노사상생관계인증 심사위원은 동일

② 노사상생관계인증 심사위원은 노사상생관계인증 심사에 심각한 지장을 초래하지 않는 경우 심사횟수에 제한을 두지 아니한다.


제15조(노사상생관계인증 심사위원의 준수사항) 노사상생관계인증 심사위원은 노사상생관계인증 심사 과정에서 지득한 개별기업의 모든 정보에 대하여 공표·누설하거나 업무수행을 위한 목적 외에 이용하여서는 아니 된다.


제16조(노사상생관계인증 심사기준 및 노사상생관계인증 심사 방법) ① 노사공포럼인증원장은 제10조에 의한 노사상생관계인증 심사에 필요한 현장심사기준, 서면심사기준, 면담심사기준 등의 노사상생관계인증 심사기준을 작성한다.

② 집행기관의 인증심사위원장은 제1항의 노사상생관계인증 심사기준을 적용하여 다음 각 호의 방법으로 인증신청기업의 노사관계를 심사한다.

1. 현장심사는 제14조에 의해 구성된 심사단이 제8조에 따라 제출한 공적서의 근거자료 확인, 실적 확인 및 사실관계 확인 등을 실시하여 심사한다.

2. 서면심사는 공적서 이외의 노무기장 서류의 작성, 보관 상태여부 등 신청기업이 노동관계법을 준수하고 있는지를 심사한다.

3. 면담심사는 사실관계를 관계자(경영자 및 근로자 대표) 등을 통하여 직접 구두(별표: 인터뷰 체크리스트)로 확인하는 절차로서 신청기업의 노사상생 노력 수준, 노사상생관계 이행사실 등을 심사한다.

제17조(인증심사위원실) ① 인증심사위원장은 인증심사 등 인증과 관련한 주요 사항을 심의하기 위하여 '인증심사위원회'(이하 '인증위원회'라 한다)를 구성·운영할 수 있다.

② 인증심사위원장은 인증위원회를 구성하는 때에는 상정된 안건의 내용을 감안하여 노사상생관계인증 심사위원과 인증운영사무국 간부 중에서 3인~10인 이내의 위원을 선정하여 위촉한다.

③ 인증심사위원장(이하 위원장이라 한다)은 심사위원 또는 인증운영사무국 위원 중에서 간사를 지명할 수 있다.

④ 인증위원회는 인증과 관련하여 회의에 상정된 다음 각 호 및 이와 관련된 사항을 심의한다.

 1. 제18조의 인증심사

 2. 신규 노사상생관계인증 심사기준(안) 및 인증대상 업종의 인증심사 진행여부 결정

 3. 기타 인증 제도와 관련된 주요사항

⑤ 노사공포럼인증원장은 인증심사비 집행업무를 인증운영사무국에서 수행토록 하며, 인증심사위원장의 청구에 의하여 심사위원의 심사수당과 여비를 지급한다. 다만 인증운영사무국 소속 위원이 위원회에 출석하는 경우에는 그러하지 아니하다.

제18조(인증기준 및 인증심사) ① 노사상생관계우수기업 인증기준은 다음 각 호와 같다.

 1. 제3조(인증대상)의 규정을 만족할 것

 2. 제16조 제1항에서 규정한 현장심사기준에 서면심사, 면담심사 등 보조심사를 반영한 노사상생관계인증 심사기준에 대하여 70% 이상의 점수를 득할 것

② 제1항 제2호의 판정에 필요한 중소기업의 분류는 본 규정에서 정한 바와 같이 직원규모 및 인증유효기간에 따라 아래의 인증심사 비용표와 같이 구분한다.

| | 직원수 구분 | 인증신청 수수료(2년) | 인증신청 수수료(1년) |
|---|---|---|---|
| 1 | 29인 ~ 이하 | 100만 원 | 65만 원 |
| 2 | 30인 ~ 49인 | 150만 원 | 95만 원 |
| 3 | 50인 ~ 99인 | 200만 원 | 130만 원 |
| 4 | 100인 ~ 199인 | 250만 원 | 160만 원 |
| 5 | 200인 ~ 299인 | 300만 원 | 195만 원 |
| 6 | 300인 ~ 이상 | 350만 원 | 225만 원 |

③ 인증위원회는 노사상생관계인증 심사의 적정성 여부를 판단하기 위하여 제4항의 인증심사에 앞서 다음 각 호의 사항을 검토한다.

　1. 적절한 노사상생관계인증 심사 기준을 적용하였는지의 여부

　2. 노사상생관계인증 심사결과의 적정성 여부

④ 인증위원회는 제3항에 의한 검토결과가 적정하다고 판단하는 때에는 제1항의 인증기준의 만족 여부를 심사하고 다음 각 호와 같이 의결한다.

　1. 제1항 제1호 및 제2호를 모두 만족하는 경우: '적합'

　2. 제1항 제1호는 만족하나 제2호는 만족하지 않는 경우: '보완'

　3. 제1항 제2호의 만족 여부에 관계없이 제1호를 만족하지 않는 경우: '부적합'

⑤ 인증위원회는 제4항에 의한 심사 결과 보완 또는 부적합으로 의결하는 때에는 그 사유를 의결서에 기재하여야 한다.

⑥ 인증위원회는 제4항에 의한 심사 결과 적합으로 의결한 신청건에 대해서는 제19조에 의거하여 인증기업에게 교부할 인증서의 기재내용을 검토한다.

⑦ 인증위원회는 특별한 경우를 제외하고는 위촉위원 과반수의 출석으로 개의하고, 출석위원 2/3 이상의 찬성으로 가결한다.

⑧ 노사공포럼인증원장은 인증위원회의 인증심사 결과를 신청인에게 통보하여야 한다.

⑨ 인증위원회는 개최가 필요할 때 개최하는 것을 원칙으로 하되, 월 1회 이상 개최하여야 한다.

제19조(노사상생관계우수기업의 선정 및 인증서의 교부 등) ① 노사공포럼인증원장은 제
18조 제4항에 따라 인증위원회에서 '적합'으로 의결한 기업을 노사상생관계우수기업
으로 선정하고 별지 제1호 서식의 인증서를 교부한다.

② 제1항의 규정에 의하여 인증서를 교부받은 인증기업은 다음 각 호의 1에 해당하는 사
유가 발생한 때에는 그 인증서를 노사공포럼인증원장에게 반납하여야 한다.

  1. 제25조 제1항의 규정에 의하여 인증이 취소된 때

  2. 폐업한 때

제20조(인증서 기재사항의 변경 및 재교부) 제19조 제1항의 규정에 의하여 인증서를 교
부 받은 기업은 다음 각 호의 1에 해당하는 사유가 발생한 때에는 사유가 발생한 날
로부터 1월 이내에 별지 제6호 서식에 따라 노사공포럼인증원장에게 인증서 기재사
항 변경 및 재교부 신청을 하고, 노사공포럼인증원장은 변경 및 재교부 내용에 대한
증빙서류를 확인하고 인증서를 교부한다. 1. 인증서를 분실 또는 훼손한 경우 2. 인
증서의 기재사항에 변경이 있는 경우

제21조(인증 유효기간 및 중간심사와 연장 재심사) ① 노사상생관계우수기업 인증의 유
효기간은 인증일로부터 만 2년으로 한다. 단, 최초 인증을 받은 기업으로서 인증일
로부터 만 1년마다 중간심사를 선택적으로 신청할 수 있으며 이 경우에는 심사비를
50%로 하여 유효기간을 1년씩으로 하는 단기간 인증제도를 운영할 수 있다.

② 노사공포럼인증원장은 인증기업에게 인증기간의 만료사실을 60일 이전에 통보하고,
통보를 받은 인증기업은 인증기간 만료 30일 이전에 별지 제7호 서식에 의한 기간연
장 재심사를 신청할 수 있다.

③ 제19조 제1항의 규정에 의하여 인증서를 교부받은 기업은 업종변경 또는 법인(사업장)
의 합병, 분리, 직원규모의 변경, 조직개편, 노동조합 결성, 경영진의 변경 등으로 경
영여건이나 노사관계가 변동된 때에는 증빙서류를 첨부하여 별지 제7호 서식에 따라
노사공포럼인증원장에게 중간심사 또는 재심사를 신청하여야 한다.

④ 노사공포럼인증원장은 제2항 및 제3항에 의거 재심사 신청을 받았을 경우에는 제14

조에 따라 심사단을 구성하여 제10조의 노사상생관계인증 심사를 실시하고 제18조에 따라 인증심사를 실시하여 인증에 적합한 경우에는 제19조 제1항의 규정에 따라 인증서를 교부한다.

제22조(인증마크의 표시 및 홍보) 인증기업은 '표시·광고의 공정화에 관한 법률'에서 정하는 규정을 위배하지 않는 범위 이내에서 인증마크를 사업장에 게시하거나 홍보물, 방송 및 신문 등 언론매체에 인증마크와 인증획득 사실을 공표 및 홍보할 수 있다. 인터넷 매체에서 사용하는 경우에도 또한 같다.

제23조(우대지원 노력) 노사공포럼인증원장은 인증기업을 지원하기 위하여 다음 각 호의 업무를 관장하는 기관의 장에게 지원을 요청하는 등 노력을 하여야 한다. 단, 지원에 대한 세부사항은 각 지원기관이 정하는 바에 따른다.
1. 조달구매에서의 신인도 심사
2. 중소기업구조개선자금 중 지식서비스육성자금 지원심사
3. 신용보증기금의 보증심사
4. 신뢰경영대상 기업 선정 시 가점
5. 서울보증보험의 보증심사
6. 고용노동부(지방고용노동청) 근로감독 면제
7. 노사문화우수기업 심사 시 가점
8. 기타 지원을 요청함이 타당한 경우

제24조(지도점검) ① 노사공포럼인증원장은 필요한 경우 인증기업에 대해 지도점검을 실시할 수 있다.
② 노사공포럼인증원장은 다음 각 호에 해당하는 경우에는 특별지도점검을 실시할 수 있다.
1. 사회적 물의를 야기하여 중앙언론에 보도된 경우
2. 인증의 범위에 해당하는 민원이 3회 이상 제기된 경우

3. 관련 노동조합 및 유관기관 등의 요구가 있는 경우

4. 기타 노사공포럼인증원장이 필요하다고 인정하는 경우

③ 지도점검은 직원 설문조사 심사 및 면담심사를 실시하며, 필요시 다음 자료를 요구할 수 있다.

1. 노사상생관계 우수기업 인증에 대한 설문지

2. 인증에 따른 효과

3. 인증 홍보 계획과 실적

4. 인증 심사 시 개선 요구된 사항에 대한 조치 결과

5. 인증 이후 추가된 노사관계 변동사항

④ 노사공포럼인증원장은 지도점검을 위해 심사위원을 위촉하는 경우에는 예산의 범위 내에서 위원의 심사수당과 여비 등을 지급할 수 있다.

제25조(처분) ① 노사공포럼인증원장은 제24조의 규정에 의거하여 지도점검을 실시한 결과에 따라 다음 각 호와 같이 조치한다.

1. 다음 각 목의 1에 해당하는 경우에는 시정을 요구할 수 있다.

　가. 제20조의 규정을 위반하여 변경사항을 통보하지 아니한 경우

　나. 제21조 제3항의 규정을 위반하여 재심사를 신청하지 않은 경우

　다. 제22조의 규정을 위반하여 인증마크의 표시를 한 경우

　라. 제24조의 규정에 의한 지도점검을 실시한 결과 인증에는 적합하나 특정 세부심사 항목의 관리상태가 미흡한 경우

2. 다음 각 목의 1에 해당하는 경우에는 인증을 취소할 수 있다.

　가. 제1호의 규정에 의한 처분을 받고 기일 내 시정하지 아니한 경우

　나. 제24조의 규정에 의한 지도점검을 실시한 결과 인증에 적합하지 아니한 경우

　다. 허위 또는 부정한 방법으로 인증을 받은 것이 판명된 경우

　라. 부도 등으로 정상적인 경영을 지속하기 곤란하거나 업체의 소재 파악이 불가한 경우

② 제1항 제1호에 의거 처분을 받은 자는 처분받은 날로부터 30일 이내에 시정결과를

노사공포럼인증원장에게 통보한다.

③ 제1항 제2호에 의거하여 처분을 받은 자는 인증서를 즉시 반납하고 처분받은 날부터 인증마크를 사용할 수 없다.

④ 노사공포럼인증원장은 제2항의 시정결과를 통보받았을 경우 현장실사를 할 수 있다.

⑤ 노사공포럼인증원장은 제1항 제2호에 해당되어 처분을 한 경우 그 내용을 공표할 수 있다.

제26조(청문) 노사공포럼인증원장은 제25조 제1항 제2호의 규정에 의하여 인증을 취소하는 때에는 청문을 실시하여야 한다.

제27조(이행실태조사) ① 노사공포럼인증원장은 노사상생관계인증 및 우수기업 포상과 관련하여 분쟁의 발생 또는 타기관의 유사한 행위로 인하여 동 업무의 공정하고 효율적인 시행이 방해받았다고 판단될 경우에는 조사단을 구성하여 실태조사를 실시할 수 있으며, 관련기관에 시정조치 등 필요한 조치를 취할 수 있다.

② 노사공포럼인증원장은 제1항에 의한 실태조사를 할 때는 인증운영사무국 직원과 인증심사위원실 소속 심사위원으로 조사단을 구성·운영할 수 있다.

제28조(온라인 접수 등 준용) 노사상생관계우수기업 인증절차와 관련한 제반 규정에 대하여 온라인 솔루션을 통하여 접수, 심사인증 등을 시행할 경우 본 규정을 준용하며 동일한 효력을 가진다.

## 부 칙

이 규정은 공포한 날부터 시행한다.

별지 제1호 서식 노사상생관계우수기업 인증서

별지 제2호 서식 심사위원 윤리강령서약서

별지 제3호 서식 심사위원 확약서

별지 제4호 서식 심사위원 선정 기준표

별지 제5호 서식 노사상생관계 우수기업인증 신청서

별지 제6호 서식 위촉장

별지 제7호 서식 인증서 기재사항 변경 및 재교부 신청서

별지 제8호 서식 노사상생관계인증 재심사 신청서

## 05 노사상생관계우수기업 인증서

【별지 제1호 서식】

제    호

# 노사상생관계우수기업(기관) 인증서

회 사 명 (기관명) :

대    표    자 :

소    재    지 :

법인(사업자)등록 번호 :

인 증 유 효 기 간 :

위 업체는(기관은) 노사관계발전지원에관한법률 제4조 규정에 의거 노사상생시스템을 구축하여 참여와 협력을 통해 노사관계 발전 및 파트너십 증진을 함으로써 국가경쟁력 향상에 기여하였기에 노사상생관계우수기업인증규정 제19조의 규정에 따라 노사상생관계우수기업(기관)으로 인증합니다.

20   년   월   일

# 노사공포럼인증원장

주) 인증서의 명칭은 인증기업의 성격에 따라 '노사상생관계우수기업' 또는 '노사상생관계우수기관'으로 기재함.

# 06 심사위원 윤리강령 서약서

## 심사위원 윤리강령 서약서

본인은 전문가로서의 지식과 양식에 따라 행동할 것이며 노사상생관계우수기업 인증사업에 참여하는 심사위원으로서 한국기업의 노사관계 증진에 기여한다는 사명감을 깊이 인식하여 직무수행에 있어 아래의 윤리강령을 충실히 준수할 것을 서약합니다.

ㅇ 노사상생관계우수기업 인증사업을 성실하고 공정하게 직무를 수행하기 위해 사적인 친분관계 또는 심사를 수행하면 공정성을 해할 우려가 있는 기업체는 자발적으로 기피신청을 한다.

ㅇ 심사위원으로 심사를 수행함에 있어 어떠한 향응이나 접대를 받지 않을 것이며 공명정대하게 심사를 한다.

ㅇ 심사위원으로서의 명예, 품위, 청렴을 준수하며, 전문지식(기술) 향상을 위해 지속적으로 노력한다.

ㅇ 직무수행 과정에서 알게 된 정보를 이용하여 법률과 사회적 윤리에 위배되는 행위를 하지 않는다.

20 . . .

노사상생관계우수기업 인증 심사위원 : _____(서명)

# 07 확약서(심사위원용)

【별지 제3호 서식】

# 확  약  서
(심사위원용)

노사상생관계우수기업 인증사업과 관련, 노사공포럼인증원 사업참여 수수료 규정에 의거하여 지급되는 수수료 및 출장비 외에는 어떠한 명목으로도 신청 기업에 청구하지 아니할 것을 확약합니다.

| | |
|---|---|
| 심사위원 명 | |
| 소속회사 명 | |
| 자택주소 | |
| 연락처 | |

20 년  월  일

심사위원 :　　　　　　　　(서명 또는 인)

노사공포럼인증원장 귀하

# 08 노사상생관계우수기업 인증 신청서

【별지 제5호 서식】 [앞면]

| 노사상생관계우수기업(인증)신청서 | | | 처리기한 |
|---|---|---|---|
| | | | 60일 |
| ① 회 사 명<br>(영문명) | | ③ 사업자(또는 법인)등록<br>번호 | |
| ② 대 표 자 | 한글 | ④ 인증신청업종<br>(한국표준산업분류번호) | |
| | 한자 | ⑤ 인증유효기간 | 선택 2년( ), 1년( ) |

| ⑥ 주소 및<br>담당부서 | 본 사 | ( - ) | | |
|---|---|---|---|---|
| | 사업장 | ( - ) | | |
| | 담당부서 | 부서명 | 직책 | 성명 |
| | | 전화 | | 팩스 |
| | | E-mail | | |

| ⑦ 회사현황 | 자본금<br>(억 원) | 종업원 수 총( 명) | | 주 사업분야 | ⑧ 매출현황 (최근 3년간) | |
|---|---|---|---|---|---|---|
| | | 정규직 | 임시직 | | 년도 | 매출액(억 원) |
| | | | | | | |
| | | | | | | |
| | | | | | | |

| ⑨ 각종 포상 및<br>인증획득 현황 | 포상 및 인증획득마크 | 수상 및 인증일자 |
|---|---|---|
| | | |

「노사관계발전 지원에 관한 법률」 제4조 및 「노사상생관계우수기업인증규정」 제8조의
규정에 의하여 위와 같이 신청합니다.

20 년 월 일

신청기업 : (인)

노사공포럼인증원장 귀하 추천인 :

구비서류: 사업자등록증 사본 1부, 인증 준비 공적서 5부

# 작 성 요 령

① 회사명은 사업자등록상의 공식명칭을 기재합니다.

② 대표자명은 사업자등록상의 대표자명을 기재합니다.

③ 사업자등록번호를 기재합니다. (예 : 123 – 45 – 67890)

④ 업종은 사업자등록상의 업종을 기재합니다.

⑤ 인증유효기간 선택은 2년(    )과 1년(    ) 중 선택합니다.

⑥ 주소 및 담당부서는 우편물 수령이 가능한 주소와 부서, 담당자명을 기재합니다.

⑦ 회사현황은 신청일 당시 자본금과 직원수를 기재합니다.

⑧ 신청 당해연도는 매출목표를 그 외에 2년치는 실적을 기재합니다.

⑨ 각종 포상 및 인증획득 현황은 정부 또는 지자체, 학계 등 타 기관으로부터 받은 훈 장·포상을 포함하여 각종 인증획득 실적이 있는 경우 획득 연월일과 명칭을 모두 기 재합니다.

⑩ 추천인은 본 인증제도를 직접 소개하여 신청을 하도록 추천을 한 컨설팅위원 또는 심 사위원 이름을 기재합니다.

【참고】인증심사비

| | 직원 수 구분 | 인증신청 수수료(2년) | 인증신청 수수료(1년) |
|---|---|---|---|
| 1 | 29인 ~ 이하 | 100만 원 | 65만 원 |
| 2 | 30인 ~ 49인 | 150만 원 | 95만 원 |
| 3 | 50인 ~ 99인 | 200만 원 | 130만 원 |
| 4 | 100인 ~ 199인 | 250만 원 | 160만 원 |
| 5 | 200인 ~ 299인 | 300만 원 | 195만 원 |
| 6 | 300인 ~ 이상 | 350만 원 | 225만 원 |

# 09 위촉장(심사위원)

【별지 제6호 서식】

제  호

# 위 촉 장

성 명(주민등록번호) :

소     속 :

위촉기간 : 20  년    월  일 ~ 20  년    월   일

　노사상생관계우수기업인증규정 제11조의 규정에 의하여 귀하를 노사상생관계
인증 심사위원으로 위촉합니다.

20  년  월  일

노 사 공 포 럼 인 증 원 장  (인)

# 10 인증서 기재사항 변경 및 재교부 신청서

【별지 제7호 서식】

| 인증서 기재사항 변경 및 재교부 신청서 | | | | 처리기간 | |
|---|---|---|---|---|---|
| | | | | 1월 | |
| 신 청 인 | 회사명 | | 사업자등록 | | |
| | 대표자 | | 번  호 | | |
| | 주  소 | | 전화번호 | | |
| 인증번호 | | | 인증일자 | | |
| 신청사항 | 기재사항 변경 (   ), 인증서 재교부 (   ) | | | | |
| 변경 및 재교부 사유 | | | | | |

「노사상생관계우수기업인증규정」 제20조의 규정에 의하여 위와 같이 변경/재교부를 신청합니다.

20 년    월    일

신청기업 :            (인)

**노사공포럼인증원장** 귀하        추천인 :

| 첨부서류<br>1. 노사상생관계우수기업 인증서<br>2. 증빙서류 1부 | 수수료 |
|---|---|
| | 없 음 |

# 11 노사상생관계우수기업 인증 재심사 신청서

【별지 제8호 서식】

| 노사상생관계우수기업 인증 재심사 신청서 | | | 처리기한 |
|---|---|---|---|
| | | | 60일 |
| ① 회 사 명 (영문명) | | ③ 사업자(또는 법인)등록 번호 | |
| ② 대 표 자 | 한글 한자 | ④ 인증신청업종 (한국표준산업분류번호) | |
| | | ⑤ 인증유효기간 | 선택 2년( ), 1년( ) |

| ⑥ 주소 및 담당부서 | 본 사 | ( - ) |
|---|---|---|
| | 사업장 | ( - ) |
| | 담당부서 부서명 | 직책 성명 |
| | 전화 | 팩스 |
| | E-mail | |

| ⑦ 회사현황 | 자본금 (억 원) | 종업원 수 총( 명) | | 주 사업분야 | ⑧ 매출현황(최근 3년간) | |
|---|---|---|---|---|---|---|
| | | 정규직 | 임시직 | | 년도 | 매출액(억 원) |
| | | | | | | |
| | | | | | | |
| | | | | | | |

| ⑨ 각종 포상 및 인증획득 현황 | 포상 및 인증획득마크 | 수상 및 인증일자 |
|---|---|---|
| | | |

「노사관계발전 지원에 관한법률」 제4조 및 「노사상생관계우수기업인증규정」 제21조의 규정에 의하여 위와 같이 신청합니다.

20 년    월    일

신청기업 :              (인)

**노사공포럼인증원장** 귀하          추천인 :

| 구비서류 | 1. 노사상생관계우수기업 인증서 2. 노사상생관계우수기업인증규정 제8조에 규정한 인증 관련서류 1부 |
|---|---|

## 12 노사상생관계우수기업 표시

【별표 1】

# 13 노사상생관계우수기업 인증 심사위원 선정 기준표

【별지 4호】

## 노사상생관계우수기업 인증 심사위원 선정 기준표

※ 빨간 글씨는 참조용, 파란 글씨는 안내 사항이니 삭제하여 제출해 주시면 감사하겠습니다.

☐ 신청자 정보

| 신청번호 | 신청자명 | 핸드폰 | 활동지역 | 자격 구분 | 심사점수 |
|---|---|---|---|---|---|
| ※협회에서 종합하여 작성 | | | | ☐ 노무사 ☐ 기타자격 | ※협회에서 종합하여 작성 |

※ 활동지역은 심사위원의 사무실 소재지를 표기(출퇴근이 용이한 활동지역)

☐ 심사기준

| 구 분 | 총 점 | 노무사 자격 | 관련분야 실무경력 | 교육이수 및 전문성 | 학위,전공 적합성 | 관련분야 강의실적 | 가점 |
|---|---|---|---|---|---|---|---|
| 배 점 | 100( ) | 10 | 20 | 30 | 10 | 30 | (17) |

☐ 심사 세부항목

| 항 목 | | 심사 점수 | 자가 진단 | 산출근거 |
|---|---|---|---|---|
| 노무사자격(10점) | | | | |
| 공인노무사 자격증 취득 기수 | 10기 이전 | 10 | | |
| | 15기 이전 | 8 | | |
| | 20기 이전 | 6 | | |
| | 21기 이후 | 5 | | |

| 항 목 | | 심사<br>점수 | 자가<br>진단 | 산출근거 |
|---|---|---|---|---|
| **관련분야 실무경력(20점)** | | | | |
| 노사관계(인사/노무<br>관리) 관련 유관 단<br>체 근무경력 (노무<br>법인,컨설팅회사,<br>연구회, 학회 등) | 5년 이상 | 10 | | |
| | 3~4년 | 5 | | |
| | 2년 미만 | 3 | | |
| 인사/노무관리 분야<br>관련 직종 근무경력 | 10년 이상 | 10 | | |
| | 5년 이상~10년 미만 | 5 | | |
| | 5년 미만 | 3 | | |
| **교육이수 및 전문성(30점)** | | | | |
| 노사상생관계심사사<br>교육이수 실적<br>: 유관기관 포함 | 3회 이수 | 15 | | |
| | 2회 이수 | 10 | | |
| | 1회 이수 | 5 | | |
| 노사관계 심사사<br>자격취득<br><br>노사관계 심사관련<br>회의 참석 | 심사사 자격 취득<br>또는 3회 이상 참석 | 15 | | |
| | 2회 참석 | 10 | | |
| | 1회 참석 | 5 | | |

| 항 목 | | 심사 점수 | 자가 진단 | 산출근거 |
|---|---|---|---|---|
| **전공분야 학위 및 적합성(10점)** | | | | |
| 최종학위 | 박사학위 졸업 | 5 | | |
| | 박사과정 이수 | 4 | | |
| | 석사학위 졸업 | 3 | | |
| | 석사과정 이하 | 2 | | |
| 전공(석, 박사과정) 적합성여부 : 경영학계열과 노동 법계열을 최고 적합 분야 간주 | 적합성이 아주 높다 | 5 | | |
| | 판단모호(전공) | 3 | | |
| | 적합성이 낮다 | 2 | | |
| **관련분야 강의 및 활동실적(30점)** | | | | |
| 인사/노무 및 경영관련 외래강의실적 | 대학 강의 | 10 | | |
| | 일반기관 외부 전문강사 | 5 | | |
| 정부기관 심사 및 자문 참여 실적 : 높은 점수만 반영 | 정부기관 심사위원 참여 | 15 | | |
| | 정부기관 자문위원 참여 | 10 | | |
| | 관련 실적 없음 | 5 | | |
| 노사관계 관련 논문/ 저서 실적 | 4회 이상 | 10 | | |
| | 3회 미만 | 7 | | |
| | 논문/저서 실적 없음 | 4 | | |

| 항 목 | | 심사 점수 | 자가 진단 | 산출근거 |
|---|---|---|---|---|
| 가점(17점) | | | | |
| 활동 예정분야 조정점수 | 단독 활동 예상 | 10 | | |
| | 2회 지원 예상 | 8 | | |
| | 3회 지원 예상 | 6 | | |
| | 4회 지원 예상 | 4 | | |
| 대학교 교수 및 경영컨설턴트 자격과 연계성 | 인사/조직분야 | 5 | | |
| | 마케팅분야, 재무분야 | 4 | | |
| | 생산, 기술분야 | 3 | | |
| 기존 심사위원 | 연수별 2점 | | | |
| 총 점 (자가진단결과 점수) | | | | |

첨부서류   e-mail : nomoosa@korea.com 첨부(   ) 또는 fax : (02)545-8007 송부(   )

1. 건강보험자격취득확인서 1매
2. 경력증명서 (   )매, 세금계산서 (   )매
3. 학위증, 자격증사본, 논문, 저서 표지 등 소지자에 한함

# 14 노사상생관계우수기업 인증제도 개요

## 1. 목   적

○ 노사상생관계우수기업 인증제도의 시행으로 근로자의 복지증진, 권익보호, 근로생활의 질 향상 등으로 협력적 노사관계향상을 통한 노사상생경영으로 기업의 지속성장과 국가산업 전반의 경쟁력 강화

※ 근거 : 노사관계발전지원에 관한 법률 제4 및 노사상생관계우수기업인증평가운영규정(노사공포럼인증원 고시)

## 2. 인증 신청

○ 신청기간 – 연중 수시
○ 접수기관 – 노사공포럼인증원

## 3. 인증 방법

○ 평가기준 – 공통평가지표와 노사상생관계우수기업인증 평가기준 적용
○ 평가단 구성  – 공인노무사 등 전문가로 구성
○ 평가 및 인증 방법
  – 현장평가(1,000점), 서면평가 및 면담평가(보조방법)
  – 현장평가, 서면평가 및 면담평가 결과를 토대로 노사상생관계인증 심사위원회에서 최종 심의결정

## 4. 사후관리 및 인증마크 활용

ㅇ 사후관리

    - 인증유효기간은 2년이며 기업의 선택에 따라 유효기간 1년으로 신청이 가능하며 기간 만료 시 재평가에 의한 기간연장

    - 인증 후 사후관리를 실시하여 노사협력 수준 유지

ㅇ 인증마크 활용

    - 인증 기업체의 사업장 게시, 제품·용기·포장에 표시

    - 광고 시 인증내용 홍보(각종 홍보물 표시)

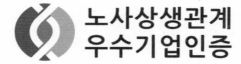

노사상생관계우수기업 인증마크

5. 인증기업에 대한 지원(관련 기관에 협조요청 노력)

ㅇ 조달구매에서의 신인도 평가, 중소기업청의 경영자금 지원, 신용보증기금 및 서울 보증보험의 보증심사에서 우대

ㅇ 신뢰경영우수기업 선정 및 가족친화우수기업 및 유공자에 대한 정부 포상 추천

6. '노사상생관계우수기업 인증제도'는 노사상생 경영으로 기업경쟁력 강화와 근로자들의 삶의 질 향상을 위하여 노사관계가 우수한 기업임을 대내외에 공포할 수 있도록 인증을 해주는 인증제도임

○ 2016년 상반기부터 노사상생경영의 모범적인 기업들과 협력사 거래조건에 노사관계 안정이 요구되는 기업들 그리고 정기적인 경영평가를 받는 공기업과 평판관리가 필요한 기업을 대상으로 인증

7. 인증기업에 대해서는 <u>정책적 지원방안을 관계 기관에 요청하여 승낙을 받도록 노력하여 노사상생관계우수기업들이 지원받음</u>으로써 경쟁력이 있는 기업으로 육성

○ 고용노동부의 근로감독 면제, 중소기업청의 경영자금 지원, 조달청 일반용역 적격심사의 신인도 평가, 신용보증기금 및 서울보증보험의 보증심사 등에서 우대
○ 정부포상제도 심사 시 가점부여, 신뢰경영대상, 가족친화경영 포상 심사 시 가점 부여

# 15 심사위원 연합 교육 일정표

◆ 일시 : 20    년    월    일(    ) 09:00~18:00

| 시 간 | 내 용 | 강 사 |
|---|---|---|
| 08:30~09:00 | 참가자 등록 | |
| | ■ Session 1 : 노사상생관계인증제도의 이해 및 인증절차 | |
| 09:00~09:30 | 인사말 / (사)노사공포럼 소개<br>심사위원(심사원)의 윤리 | 운영위원장<br>(사)노사공포럼 |
| 09:30~09:50 | 인증요령 제정사항<br>집행기관 소개 (노사공포럼 노사관계인증원) | |
| 10:00~10:50 | 노사상생관계인증 개요(절차/평가방법/요령 등)<br>심사보고서 작성법 및 강평요령(인터넷 온라인 솔루션) | |
| | ■ Session 2 : 노사관계인증시스템 요구사항 I | |
| 11:00~12:50 | 인증제도 주요사항 설명<br>심사위원으로서 준비할 사항<br>세부항목별 평가 시 착안사항(인터넷 솔루션 작성 요령)<br>항목 1. 리더십<br>항목 2. 노사상생 경영전략<br>항목 4. 인재육성 시스템 | |
| 13:00~14:00 | 중 식 | 개별 |
| | ■ Session 3 : 노사관계인증시스템 요구사항 II | |
| 14:00~15:50 | 항목 3. 채용관리 시스템<br>항목 5. 평가보상 시스템<br>항목 6. 고용안정 시스템<br>항목 7. 안전보건 시스템<br>항목 8. 노사협력 시스템 | |
| | ■ Session 4 : 노사관계인증시스템 요구사항 III | |
| 16:00~16:50 | 항목 9. 노동법 1 준수결과<br>항목 10. 노동법 2, 사회보험법, 국가정책 준수결과<br>항목별 주요 질의 사항 및 확인 자료<br>평가 항목별 점수 부여 기준 범위 | |
| 17:00~17:50 | 연습과 실습 사례발표 | 최승오 위원장<br>(인증심사실) |

※ 교육프로그램은 사정에 따라 변경될 수 있음.

◆ 교육장소 약도 : 추후 공지

# 16 심사위원 연합 교육 신청서

# 교 육 신 청 서

(노사상생관계우수기업인증 심사위원 연합교육)

## ◆ 신청자 인적사항

| 신 청 자 격 | 노사상생우수기업인증 심사위원 (신규위촉 /재위촉) | | |
|---|---|---|---|
| 활동 희망지역 | | | |
| 주 요 경 력 | | | |
| 소      속 | | 직      책 | |
| 성      명 | | 보유 자격증 | |
| 휴 대 폰 | | 전 자 메 일 | |
| 자 택 주 소 | | | |

## ◆ 신청서 제출 및 문의처

참가신청 :　　교육신청서를 작성하시어 월　일(  ) 17:00까지 제출해 주시기 바랍니다.

접 수 처 :　　전화　　　　　　　팩스　　　　　　　메일

담 당 자 :

20　년　월　일

교육신청자 :

# 17 노사상생관계우수기업 심사·평가위원 지원서

| 노사상생관계우수기업인증 심사·평가위원 지원서 | | | | |
|---|---|---|---|---|
| 사진 | 심사분야 (3개업종) | □ 건설업　　□ 공기업　　□ 서비스업 | | |
| | 성　명 | 한　글 :<br>한　문 :<br>영문(성) :<br>영문(이름) : | 주민등록번호 | |
| | | | 은행(예금주) | |
| | | | 계 좌 번 호 | |
| 소　속 | | | 직　위 | |
| 전공 (학위) | | | 보유차량 | |
| 주　소 | 회사 : ( 　－ 　) | | | |
| | 자택 : ( 　－ 　) | | | |
| 연 락 처 | 회사 : ( ) 　－ | | 휴대전화 : 　－　－ | |
| | 자택 : ( ) 　－ | | E-mail : | |

| 주요 활동 경력 (정부기관, 학회, 단체, 학교, 민간기업 등) | | | |
|---|---|---|---|
| 기　간 | 소속 및 활동 기관명 | 활 동 내 용 | 직　위 |
| | | | |
| | | | |
| | | | |
| | | | |
| | | | |
| | | | |
| | | | |

\* 본인은 노사상생관계 우수기업인증 심사위원으로서 본인의 개인정보가 본 사업을 운영하면서 이용되는 것에 동의를 합니다. (성명:　　　　　　　　　　　인)

# 이 력 서

<table>
<tr><td rowspan="2">성 명</td><td>한글</td><td></td><td rowspan="2">한문</td><td></td><td>주민등록<br>번 호</td><td></td></tr>
<tr><td>영문</td><td></td><td></td></tr>
<tr><td>노무사<br>등 록</td><td>합격<br>기수</td><td></td><td>자격<br>번호</td><td></td><td>회원구분</td><td></td></tr>
<tr><td rowspan="2">연락처</td><td>자택주소</td><td></td><td rowspan="2">전화</td><td>H.P</td><td colspan="2"></td></tr>
<tr><td>E.M</td><td colspan="2"></td></tr>
<tr><td>근 무 처<br>(직위)</td><td></td><td>전화</td><td>FAX</td><td colspan="2"></td></tr>
</table>

<table>
<tr><td rowspan="3">학 력</td><td>대 학</td><td></td><td>학과</td><td></td><td>전공</td><td></td><td>학사학위<br>취득년도</td><td></td></tr>
<tr><td rowspan="2">대학원</td><td rowspan="2"></td><td>학과</td><td></td><td>전공</td><td></td><td>학사학위<br>취득년도</td><td></td></tr>
<tr><td>학과</td><td></td><td>전공</td><td></td><td>학사학위<br>취득년도</td><td></td></tr>
<tr><td rowspan="4">주요<br>근무<br>경력</td><td colspan="8"></td></tr>
<tr><td colspan="8"></td></tr>
<tr><td colspan="8"></td></tr>
<tr><td colspan="8"></td></tr>
<tr><td rowspan="4">주요강의실적<br>(경영, 노사관계<br>노동법 분야)</td><td colspan="2">년 월</td><td colspan="2">대 상</td><td colspan="4">주 제</td></tr>
<tr><td colspan="2"></td><td colspan="2"></td><td colspan="4"></td></tr>
<tr><td colspan="2"></td><td colspan="2"></td><td colspan="4"></td></tr>
<tr><td colspan="2"></td><td colspan="2"></td><td colspan="4"></td></tr>
<tr><td rowspan="4">교육이수 현황<br>(인증심사분야)</td><td colspan="3"></td><td colspan="5"></td></tr>
<tr><td colspan="3"></td><td colspan="5"></td></tr>
<tr><td colspan="3"></td><td colspan="5"></td></tr>
<tr><td colspan="3"></td><td colspan="5"></td></tr>
<tr><td>저서 및 특기사항</td><td colspan="8"></td></tr>
</table>

권선복(도서출판 행복에너지 대표이사,
대통령직속 지역발전위원회 문화복지 전문위원)

대한민국은 세계 역사상 유례를 찾아보기 힘든 비약적인 경제성장을 이루었지만 아직까지도 노사관계에 있어서는 OECD 선진국들에 비해 많이 못 미치는 것이 현실입니다. 끊임없이 노사 분규가 일어나 사회적인 비효율을 낳는 이유는 노사 간의 신뢰를 잃어버렸기 때문일 것입니다. 한강의 기적을 이뤄낸 경제발전에 걸맞는 노사관계의 개혁을 이루기 위해서는 경쟁과 대립 중심으로만 점철되던 종래의 관점에서 벗어나 이제는 사용자와 근로자가 서로 협력하여 상생하는 관계로 나아가야 할 필요가 있습니다.

최승오 저자는 공인노무사이자 경영지도사로서 인사노무관리 분야에서 일하면서 누구보다도 노사관계의 향상을 위해 힘써왔던 전문가입니다. 저자는 오로지 성장 위주의 정책으로만 일관하며 정부에 의해 주도되던 노사관계를 탈피하고 공생하는 체제로 변화해나가야 한다고 주장합니다. 그리고 그것을 구체화시키는 방안으로 노사상생관계와 노사협력관계를 자율적인 방법으로 정착시키는 노사상생관계우수기업 평가인증제도를 제안하고 있습니다. 이러한 저자의 열정이 대한민국의 노사관계에 큰 개선을 가져다줄 수 있으리라는 확신이 들었기에 흔쾌히 출간을 결심하였습니다.

『노사상생을 위한 평가인증 시스템』은 최승오 저자가 어떻게 하면 노사분규가 줄어들 수 있을까에 관하여 고심한 흔적을 담은 책입니다. 무엇보다도 노사상생을 향한 저자의 열망을 담아 기존의 틀을 깨고자 하는 참신한 시도가 엿보입니다. 바로 이 책이 노사상생시대를 여는 매개체가 될 수 있기를 기대해보며 모든 독자들의 삶에 행복과 긍정의 에너지가 팡팡팡 샘솟기를 기원드립니다.

## 중국 사회 각 계층 분석

**양효성 지음, 이성권 번역 | 값 27,000원**

"한중 수교 20여 년, 우리는 과연 중국에 대해 얼마나 깊이 알고 있는가?" 중국의 발자크라 불리는, 중국 최고의 知靑 양효성의 10년에 걸친 역작! 이 책은 모택동 사후 시기의 중국(中國) 사회를 가장 심층적으로 분석하고 있다. 인문학적 시각으로 들여다본 중국사회에 대한 깊은 연구는 대한민국의 성장과 밝은 미래를 위한 하나의 전환점을 제시하고 있다.

## 제안왕의 비밀

**김정진 지음 | 값 15,000원**

『제안왕의 비밀』은 대한민국을 대표하는 14인의 제안왕 이야기를 담아내고 있다. 자신의 삶은 물론 몸담고 있는 조직까지 변화시키는 제안의 놀라운 비밀을 이야기한다. 제안 하나로 청소부, 경비원, 기능공에서 대기업 임원, 교수, CEO로 등극하는 드라마 같은 인생이 펼쳐진다. 또한 제안왕이 되기 위해 반드시 숙지해야 할 십계명과 비결 등을 공개한다.

## 그대, 늦었다고 걱정 말아요

**감민철 지음 | 값 13,800원**

『그대, 늦었다고 걱정 말아요』는 바로 이렇게 힘겨운 시기를 보내고 있는 젊은이들에게 따뜻한 위로의 메시지를 전하는 책이다. 현재 주어진 암울한 환경이 아닌, 어려움을 통해 더욱 성장하게 될 미래의 자신을 바라보라고 주문한다. 우리가 늘 부정적으로만 여겼던 고난의 진정한 의미는 과연 무엇일까? 지금 이 책에서 그 해답을 확인해보자.

## 주인공 빅뱅

**이원희 지음 | 값 13,800원**

세상의 기준은 상대평가에 따르기 때문에 항상 서로를 비교하게끔 만든다. 그 과정에서 우리는 우월감과 열등감을 오가며 천국과 지옥을 경험하곤 한다. 하지만 『주인공 빅뱅』은 그러한 악순환에서 벗어나 자기 자신이 평가의 기준이 될 것을 권한다. 스스로가 객관적으로 자기 자신을 평가함으로써 정서적·지적·영적·인격적 성장을 이룰 필요에 대해 강변한다.

## 제4차 일자리 혁명

**박병윤 지음 | 값 15,000원**

JBS일자리방송의 박병윤 회장이 전하는, '일자리 혁명을 통해 선진국으로 도약할 대한민국의 청사진'을 담은 책이다. 현재 대한민국의 일자리 문제가 현 정부에서 추진하는 창조경제 정책이 올바로 시행되지 않고 있음에서 그 원인을 찾고 '방통융합 활용 일자리창출 콘텐츠'의 실행을 통해 일자리 혁명을 일으켜 해결책을 찾을 것을 제안하고 있다.